Jörg Baberowski (Hrsg.)

Moderne Zeiten?

Schriftenreihe Band 585

Jörg Baberowski (Hrsg.)

Moderne Zeiten?

Krieg, Revolution und Gewalt im 20. Jahrhundert

bpb: Bundeszentrale für politische Bildung

Jörg Baberowski ist Professor für Geschichte Osteuropas
an der Humboldt-Universität Berlin.

Bonn 2006
Lizenzausgabe für die Bundeszentrale für politische Bildung
Adenauerallee 86, 53113 Bonn

www.v-r.de

Umschlaggestaltung: Michael Rechl, Kassel
Umschlagabbildung: akg-images
Kasimir Malewitsch, „Die rote Kavallerie“, um 1932

Redaktion: Dörte Rohwedder
Druck und Bindung: Hubert & Co., Göttingen

ISBN 3-89331-725-2

www.bpb.de

Inhalt

Jörg Baberowski

Moderne Zeiten?

Einführende Bemerkungen

In einem 1999 erschienenen Aufsatz sprach Stephen Kotkin davon, dass die Regime der Nationalsozialisten und der Kommunisten »modern« gewesen seien. Ihre Monumentalarchitektur und ihre industriellen Großbauprojekte seien Repräsentationen der Moderne gewesen, so wie auch die scheinbar rationale, staatliche Lenkung der Wirtschaft und die Bevölkerungs- und Familienpolitik dem Geist der Moderne entsprochen hätten, in den USA ebenso wie im nationalsozialistischen Deutschland und in der bolschewistischen Sowjetunion. Sie waren Ausdruck »moderner Zeiten«. Und dabei hätten sich die Regime der Nationalsozialisten und der Kommunisten für die bessere Variante jener modernen Welt verstanden, in der doch alle zu leben vorgaben.[1] Wolfgang Schivelbusch hat in seinem Versuch, die USA Roosevelts mit dem nationalsozialistischen Deutschland zu vergleichen, geurteilt, es seien die sozialistischen Komponenten und die Gleichheitsversprechen des Hitler-Regimes gewesen, die seinen Erfolg und seine Massengefolgschaft begründet hätten. Dieser Strategie sei auch der New Deal Roosevelts gefolgt, und selbst in Großbritannien habe man in den dreißiger Jahren von Planung und Ordnung gesprochen und darin den Glauben zum Ausdruck gebracht, die chaotische Naturgewalt des Kapitalismus könne durch die rationale Steuerung des Staates gebändigt werden. Vor allem die Nationalsozialisten hätten sich mit ihrer »politischen Religion der Klassenlosigkeit« an der Herstellung eines »Gegen-Amerika« in Europa versucht, nach 1945 hätten dann die USA die Amerikanisierung Europas betrieben, unter anderen Bedingungen, »wohlgenährt und voller Spaß.«[2]

Und auch die Sowjetunion ist in diesen Kontext eingeordnet worden: als extreme Variante des Versuchs, Ordnung auf eine Weise zu schaffen, die sich für die eigentliche Verkörperung der

Moderne hielt.[3] In ihrer Fixierung auf die Modernität der totalitären Regime sind manchen Historikern freilich die Maßstäbe verloren gegangen. Wer nur noch Modernes sah, erkannte am Ende auch schon keine Unterschiede mehr. Montana und Kasachstan seien die gleichen Orte gewesen, Orte der Moderne, so ließ die amerikanische Historikerin Kate Brown ihre Leser wissen.[4]

Es ist wahrscheinlich kein Zufall, dass keiner dieser Vergleiche von der Gewalt spricht. Zygmunt Bauman, James Scott und Paul Weindling haben in unterschiedlichen Varianten argumentiert, dass die Gewaltexzesse des 20. Jahrhunderts, der Terror, die Völkerverschiebungen, die Genozide und Massenvernichtung von Menschen Resultat des modernen Denkens über die Gesellschaft gewesen seien. Sei seien Versuche gewesen, das menschliche Leben zu verbessern, die Gesellschaft wie einen schönen Garten neu zu entwerfen und zu ordnen, eingebildete Störenfriede aus ihr zu entfernen und neue Menschen zu schaffen. Der Glaube an die beliebige Veränderbarkeit und Formbarkeit von Mensch und Natur habe die modernen Regime dazu verleitet, ihre Phantasien von der schönen neuen Welt rücksichtslos und gegen alle Widerstände durchzusetzen, seien es soziale oder biologische Konzepte von Eindeutigkeit.[5] James Scott sah einen unmittelbaren Zusammenhang zwischen der Gewalt und dem modernen Streben nach Vollkommenheit. »Thus it has happened that so many of the twentieth century's political tragedies have flown the banner of progress, emancipation and reform.«[6]

Was aber ist mit dem Hinweis gewonnen, die Gewaltexzesse des 20. Jahrhunderts seien Resultate des modernen Strebens nach Ordnung, seien Reflexe einer Ideologie des »high modernism« (James Scott), wenn nicht zugleich bedacht wird, dass Ideologien von verschiedenen Menschen repräsentiert werden, die in verschiedenen Ordnungen zu Hause sind und dass es vom Kontext abhängt, in dem eine Vorstellung zur Ausführung gebracht wird, welche Wirkungen sie entfalten kann. Die staatsfernen Gewalträume in der Sowjetunion und in China waren nicht modern, und auch die Massentötungen der Nationalsozialisten waren nur dort möglich, wo sich vom Modernen nichts zeigte. Wo die Gewalt sich verselbstständigte und zur alles beherrschenden Struktur wurde, gerieten die Anlässe, die sie ins Werk gesetzt hatten, ins Vergessen. Stalin und Mao träumten nicht nur von der schönen neuen Welt, sie kamen aus der alten Welt und sie handelten so, wie man es von vormodernen Herrschern erwarten konnte. Ihre Herrschaft war weder bürokratisch noch ordentlich. Man könnte auch sagen, dass die monumentalen Fassaden, die den totalitären Regimes des 20. Jahrhunderts ein »ordentliches« Gesicht gaben, nur verdeckten, dass hinter diesen Fassaden vormoderne Kriege geführt wurden: nicht nur gegen benachbarte Staaten, sondern auch gegen die Bevölkerung im eigenen Land.[7]

Wo in der historischen oder politikwissenschaftlichen Literatur von modernen oder neuen Kriegen die Rede ist, da wird in Wahrheit von alten Kriegen gesprochen, solchen nämlich, die in den meisten Gegenden der Welt geführt wurden und geführt werden: als Auseinandersetzung, die auf die vollständige Unterwerfung oder Vernichtung des Gegners zielt und die Zivilisten nicht schont. Die Begrenzung der kriegerischen Auseinandersetzung auf die militärischen Kombattanten und die Schonung der Zivilbevölkerung war eine Errungenschaft des 19. Jahrhunderts, und sie blieb auf die Mitte und den Westen Europas beschränkt. Der »zivilisierte« Krieg zwischen Staaten ist die Ausnahme, der »grenzenlose« Krieg die Regel. Vernichtungskriege, die die gesamte Bevölkerung zum Objekt der Mobilisierung und der Vernichtung machen, sind also weder modern, noch sind sie neu.[8]

Ähnliches ließe sich auch über die Völkerverschiebungen, den Massenterror und die Gewalt sagen, die von den totalitären Regimes des 20. Jahrhunderts ausgingen. Die Täter rationalisierten ihr Handeln, indem sie auf Erlösungsideologien verwiesen, auf Klassen, Nationen und Rassen, die aus der Welt geschafft werden mussten. »Insofern«, so hat Ian Kershaw geurteilt, »stellte die Menschenvernichtung des Nationalsozialismus durchaus einen Teil der Moderne dar.« So konnte man es auch bei Eric Weitz lesen, der die Genozide des 20. Jahrhunderts in einen Zusammenhang stellen wollte.[99] Aber es war doch kein Zufall, dass der moderne Diskurs über Rassen und Klassen in Deutschland, in der Sowjetunion und in China, nicht aber in den USA oder in Westeuropa in den organisierten Massenmord führte.

Die in diesem Buch versammelten Beiträge verstehen sich als Versuch, Krieg, Revolution und Gewalt an ihre historischen Orte zu bringen, in denen sie sich entfalteten. Wir werden die Gewalt nur verstehen, wenn wir uns den kulturellen Kontexten zuwenden, in denen sie geschehen konnte. Denn wo nur noch die Gewalt spricht, bringt sie die ideologischen Motive zum Schweigen. Wer genau hinschaut, wird möglicherweise entdecken, dass die »modernen« Diktaturen sich auf den neuen Menschen und auf »gesunde« Gesellschaftskörper beriefen, wenn sie ihre Vernichtungsstrategien rechtfertigten. Aber er wird auch erkennen, dass die Kontexte, in denen sich diese Vernichtung vollzog, nicht modern waren. Die »modernen« Diktaturen bewegten sich nicht in »modernen Zeiten«.

Im Jahr 2001 fand anlässlich des 60. Geburtstages von Dietrich Beyrau in Tübingen eine Konferenz über Krieg und Revolution im 20. Jahrhundert statt, die von der Fritz-Thyssen-Stiftung großzügig finanziert wurde. Aus ihr sind die Beiträge in diesem Buch hervorgegangen. Dass dieses Buch überhaupt möglich wurde, habe ich Förderern und Freunden zu verdanken: der Fritz-Thyssen-Stiftung, die mit einem Druckkostenzuschuss half, das Manuskript zum Buch zu machen und meinen studentischen Mitarbeitern, Franziska Exeler, Ulrike Huhn, Robert Kindler, Manuela Putz, Natalia Stüdemann und Manfred Zeller sowie Monika Schunder, die bei der Durchsicht und der Vereinheitlichung der Fußnoten halfen. Zu großem Dank bin ich schließlich auch Felix Hermann verpflichtet, der sich bereit erklärt hat, das Layout und die Druckvorlagen der Abbildungen und Tabellen zu erarbeiten.

Berlin, im August 2005 Jörg Baberowski

Anmerkungen

1 St. Kotkin: Modern Times. The Soviet Union and the Interwar Conjuncture, in: Kritika 2 (2001), S. 111–164.

2 W. Schivelbusch: Entfernte Verwandtschaft. Faschismus, Nationalsozialismus, New Deal 1933–1939, München 2005, S. 15–21.

3 Vgl. dazu auch D. Hoffmann: Stalinist Values. The Cultural Norms of Soviet Modernity, 1917–1941, Ithaca/N.Y. 2003; D. Hoffmann / Y. Kotsonis (Hg.): Russian Modernity. Politics, Knowledge, Practices, London 2000; kritisch dazu: K. Gestwa: Das Besitzergreifen von Natur und Gesellschaft im Stalinismus. Enthusiastischer Umgestaltungswille und katastrophischer Fortschritt, in: Saeculum 56 (2005), S. 105–138.

4 K. Brown: Gridded Lives. Why Kazakhstan and Montana are Nearly the Same Place, in: American Historical Review 106 (2001), S. 17–48.

5 Z. Bauman: Moderne und Ambivalenz. Das Ende der Eindeutigkeit, Frankfurt am Main 1995; J. Scott: Seeing Like a State. How Certain Schemes to Improve the Human Condition Have Failed, New Haven 1998; P. Weindling: Epidemics and Genocide in Eastern Europe, 1890–1945, Oxford 2000.

6 Scott, Seeing Like a State, S. 343.

7 J. Baberowski: Zivilisation der Gewalt. Die kulturellen Ursprünge des Stalinismus, in: Historische Zeitschrift 281 (2005), S. 59–102; zur Kritik am Moderne-Konzept in der Sowjetunion-Historiographie vgl.: T. Martin: Modernization or Neo-Traditionalism? Ascribed Nationality and Soviet Primordialism, in: S. Fitzpatrick (Hg.): Stalinism. New Directions, London 2000, S. 348–367, sowie: M. David-Fox: Beyond Modernity. Perceptions of Backwardness and Superiority in the Historiography and History of the Soviet Union, in: Jahrbücher für Geschichte Osteuropas, im Druck.

8 Vgl. dazu die Thesen von: J. Horne: War and Conflict in Contemporary European History, 1914–2004, in: Zeithistorische Forschungen 1 (2004), S. 347–362; und: H. Münkler: Die neuen Kriege, Reinbek 2002, die die modernen Kriege als Vernichtungskriege oder als entstaatlichte Kriege interpretieren. Vgl. auch: C. Dittmer: Neue oder alte Kriege?, in: Zeithistorische Forschungen 2 (2005), S. 125–130.

9 I. Kershaw: Adolf Hitler und die Realisierung der nationalsozialistischen Rassenutopie, in: W. Hardtwig (Hg.): Utopie und politische Herrschaft im Europa der Zwischenkriegszeit, München 2003, S. 133–144, hier S. 144; E. Weitz: A Century of Genocide. Utopias of Race and Nation, Princeton 2003.

Dieter Langewiesche

Eskalierte die Kriegsgewalt im Laufe der Geschichte?

I.

»Der Mensch muß nie, kann aber immer gewaltsam handeln, er muß nie, kann aber immer töten – einzeln oder kollektiv – gemeinsam oder arbeitsteilig – in allen Situationen, kämpfend oder Feste feiernd – in verschiedenen Gemütszuständen, im Zorn, ohne Zorn, mit Lust, ohne Lust, schreiend oder schweigend (in Todesstille) – für alle denkbaren Zwecke – jedermann.« Mit diesen Worten umschreibt Heinrich Popitz die »anthropologische Entgrenzung des Gewaltverhältnisses«.[1] Als eine besondere Form von Macht sei Gewalt zu jeder Zeit allgegenwärtig, doch mit der Fähigkeit des Menschen, technische Effizienz ständig zu steigern, bekomme er »scheinbar uferlos effizientere Gewaltmittel in die Hand«.[2] Die »Technisierung der Vernichtung«, die im 20. Jahrhundert entwickelt wurde, begreift Popitz deshalb als eine »neue Macht des Tötens, [...] eine menschliche Handlung neuer Art«.[3]

Auch in Wolfgang Sofskys anthropologischen Erkundungen ist Gewalt unentrinnbares »Schicksal der Gattung« Mensch.[4] »Sie durchzieht die Geschichte des Gattungswesens von Anfang bis Ende. Gewalt schafft Chaos, und Ordnung schafft Gewalt.«[5] Der Glaube an die gewaltregulierende Zivilisation sei nur »ein eurozentrischer Mythos, in dem sich die Moderne selber anbetet«.[6]

Statistische Daten über *Demozide* – »alle vorsätzlich oder bewusst in Kauf genommenen menschen- bzw. regierungsgemachten Megatötungen außer Krieg«[7] – bestätigen diese Einschätzungen des Gewaltwesens Mensch, relativieren sie aber auch. Demozide ziehen sich zwar als eine nie abreißende Kette durch die Geschichte, und im 20. Jahrhundert nahm ihre Häufigkeit und die Zahl der demozidalen Regime zu, doch es ist auch eine positive gegenläufige Linie zu erkennen: Demokratische Staaten stehen hinsichtlich der Demozidopfer, die sie zu verantworten haben, besser dar als autoritäre oder totalitäre Regime.[8] Demokratisierung senkt demnach die staatliche Gewaltbereitschaft. Dies gilt auch für das Kriegspotenzial. Demokratien haben im 19. und 20. Jahrhundert zwar in großer Zahl Kriege gegen nichtdemokratische Staaten geführt, nicht jedoch gegen andere Demokratien.[9]

Demokratisierung von Staaten, nicht der Staat an sich, senkt Gewalt- und Kriegsbereitschaft. Kriegstreibend wirken insbesondere Staatsbildungsprozesse, wie die enorme Zahl von Staatsbildungskriegen bezeugt, die sich durch das frühneuzeitliche Europa bis in das 19. und frühe 20. Jahrhundert ziehen, als nahezu alle neuen Nationalstaaten erneut aus Kriegen hervorgingen. Auch die Verstaatlichung des Krieges, die in Europa seit dem 17. Jahrhundert weitgehend durchgesetzt werden konnte, hat keineswegs die Bereitschaft der Staaten verringert, ihre politischen Ziele militärisch durchzusetzen.[10] Mit dem staatlichen Kriegsmonopol ging jedoch der Versuch einher, Kombattanten und Zivilbevölkerung zu separieren, die Räume des Krieges und des Zivilen möglichst auch in Kriegszeiten zu trennen. Das 20. Jahrhundert hat diese Bemühungen um Einhegung des Krieges blutig widerrufen. In Kriegen, die im Namen der gesamten Nation geführt werden und den Einsatz aller nationalen Ressourcen verlangen, gilt die Leistungsfähigkeit der Zivilbevölkerung als kriegsentscheidend, und deshalb wird sie zum Kampfobjekt. Ob das 20. Jahrhundert hier »eine neue Macht des Tötens« (H. Popitz) geschaffen hat, soll nun geprüft werden. Dazu ist es notwendig, den Blick zeitlich und räumlich zu weiten.

II.

Gemeinhin wird als selbstverständlich unterstellt, dass in den Kriegen der Moderne, vor allem in denen des 20. Jahrhunderts, die Gewaltschwellen radikal gesunken seien. Die Kriegsgewalt unterschied nicht mehr zwischen der kämpfenden Truppe und der Zivilbevölkerung, und der Anteil der Gesamtbevölkerung, der für diese Kriege mobilisiert wurde und in ihnen umkam, habe nie gekannte Ausmaße erreicht – Überzeugungen, die in der unvergleichlichen Vernichtungsgewalt der beiden Weltkriege begründet liegen und durch sie jeder Nachfrage enthoben erscheinen. Hier soll dennoch gefragt werden, ob dies zutrifft.

Am Anfang steht die Beobachtung, dass die Einschätzung der Kriege des 20. Jahrhunderts offensichtlich davon abhängt, ob man sie in die europäisch-nordamerikanische Kriegsgeschichte der Neuzeit einordnet oder über diese zeitliche und kulturräumliche Begrenzung hinausblickt – im Unterschied etwa zu Michael Geyer, der die Kriege des 20. Jahrhunderts einzigartige »Kriege der gesellschaftlichen Vernichtung« nennt: »Menschheits-Katastrophen«, die sich dem herkömmlichen Kriegskalkül von Sieg oder Niederlage entziehen und sich nur noch als die »Geschichte der militärischen Traumatisierung Europas und der europäischen Moderne« erforschen ließen.[11]

Ganz anders als das Urteil des Zeithistorikers fällt die Einschätzung des britischen Generals und Militärhistorikers Sir John Hackett aus, der die Kriege des vergangenen Jahrhunderts, die Geyer als einzigartig begreift, mit den Kriegen in der Antike vergleicht. Weder der totale Krieg zwischen Staaten noch die totale Vernichtung als Bedrohung für den, der ihn verliert, seien Ereignisse unserer Zeit. Den Peloponnesischen Krieg nennt er das wohl »most outstanding example« eines totalen Krieges; das Schicksal von Melos 416 v. Chr. – die siegreichen Athener töten alle männlichen Einwohner und versklaven alle Frauen und Kinder – oder die systematische Zerstörung von Städten wie Korkyra durch Sparta, um nur zwei Beispiele aus diesem Krieg zu nennen, setzt er auf die gleiche Gewaltstufe wie das, was im Zweiten Weltkrieg in Hamburg, Dresden und Hiroshima geschah.

Es geht nicht darum, diese Vergleiche uneingeschränkt als angemessen zu verteidigen. Doch der Neuzeithistoriker, der als Zeitgenosse des 20. Jahrhunderts von der Unvergleichbarkeit der Kriegsgewalt, deren Schrecken dieses Jahrhundert gezeichnet hat, überzeugt ist, sollte sich durchaus von der Auffassung eines Hacketts provozieren lassen, seit den napoleonischen Kriegen habe sich der Krieg jener Totalität erst wieder angenähert, die in ferner Vergangenheit die Regel gewesen sei.[12] Dass im antiken

Rom die Kriegseröffnung zwar rechtlich geregelt, die Kriegsführung hingegen schrankenlos war, ist unter Althistorikern unstrittig.[13] Der Rang des Feldherrn wurde an der Zahl der getöteten Feinde gemessen,[14] und Massaker an der Bevölkerung eroberter Städte – »a small holocaust«[15] – gehörten zur Kriegsführung. Man versuchte nicht, sie zu verbergen. Exzessive Kriegsgewalt öffentlich zur Schau zu stellen, diente vielmehr dazu, die eigene Stärke allen vor Augen zu führen. Die Auspeitschung, Pfählung und Häutung von Menschen eroberter Städte und die Deportation Überlebender auf Reliefs zu verewigen, gehörte auch zur imperialen Propaganda des neuassyrischen Reiches (ab 9. Jh. v. Chr.), das mit dieser »Strafvernichtung« die durch seine Götter geschaffene Ordnung stabilisieren und den Widerstand gegen die assyrische Hegemonie brechen wollte.[16]

Die eingeschliffene Nahperspektive, verkürzt auf die Geschichte des neuzeitlichen Staates oder gar auf den Kurzzeitblick des bloßen Zeithistorikers, dem epochenübergreifende Vergleiche fremd sind, wird aber nicht nur durch den Blick zurück in Frage gestellt. Auch Anthropologen, die nicht-staatlich verfasste Gesellschaften von der Frühgeschichte bis heute untersuchen, bieten eine andere Sicht. Der amerikanische Anthropologe Lawrence H. Keeley hat 1996 in seinem aufregenden Buch »War before civilization« systematisch die verfügbaren Informationen über die Kriege sogenannter primitiver Gesellschaften von den Anfängen bis heute ausgewertet. Von dem Glauben, mit dem der bekannte britische Militärhistoriker John Keegan seine erfolgreiche Weltgeschichte des Krieges würzt – die sogenannten primitiven Völker könnten der Gegenwart »Selbstbeschränkung, Diplomatie und Verhandeln« lehren –, von dieser Hoffnung der Rousseauisten, wie Keeley sie nennt, auf einen unbefleckten Urzustand, bleibt bei ihm nichts übrig.[17] Bezogen auf die Bevölkerungszahl lag der Mobilisierungsgrad in vielen Stammeskriegen, heutigen und denen ferner Vergangenheit, höher als in den Staatenkriegen des 20. Jahrhunderts, und dasselbe gilt für die Todesraten, d.h. für den Anteil der gesamten Bevölkerung, der im Krieg oder an seinen Folgen starb (Abbildungen 1–3)[18].

Wenn man Kriegsgewalt anhand der Bevölkerungs*anteile* misst, die am Krieg teilnahmen und in ihm getötet oder verletzt wurden, dann gab es keineswegs einen Anstieg dieser Kriegs-

Abb. 1: Für den Krieg mobilisierte Männer in Prozent der Bevölkerung

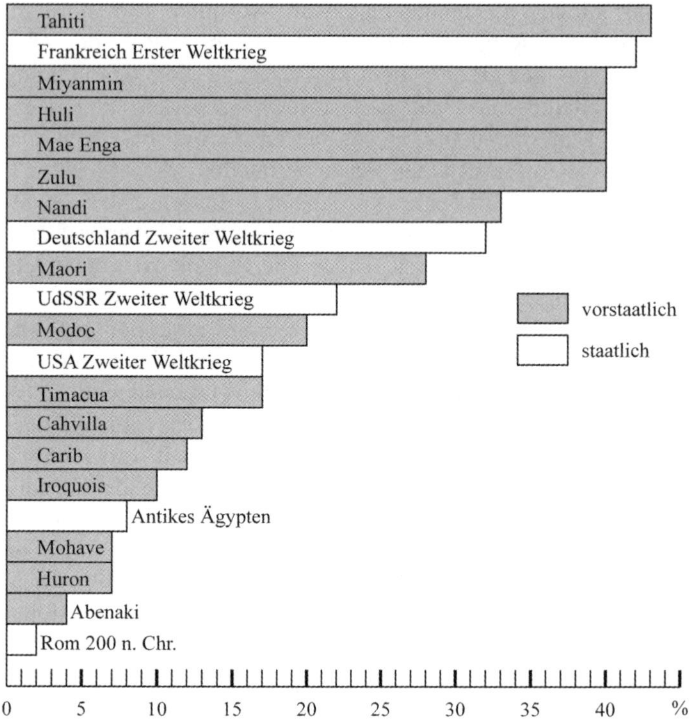

Quelle: Keeley, 34

Abb. 2: Kriegstote pro Jahr in Prozent der Bevölkerung

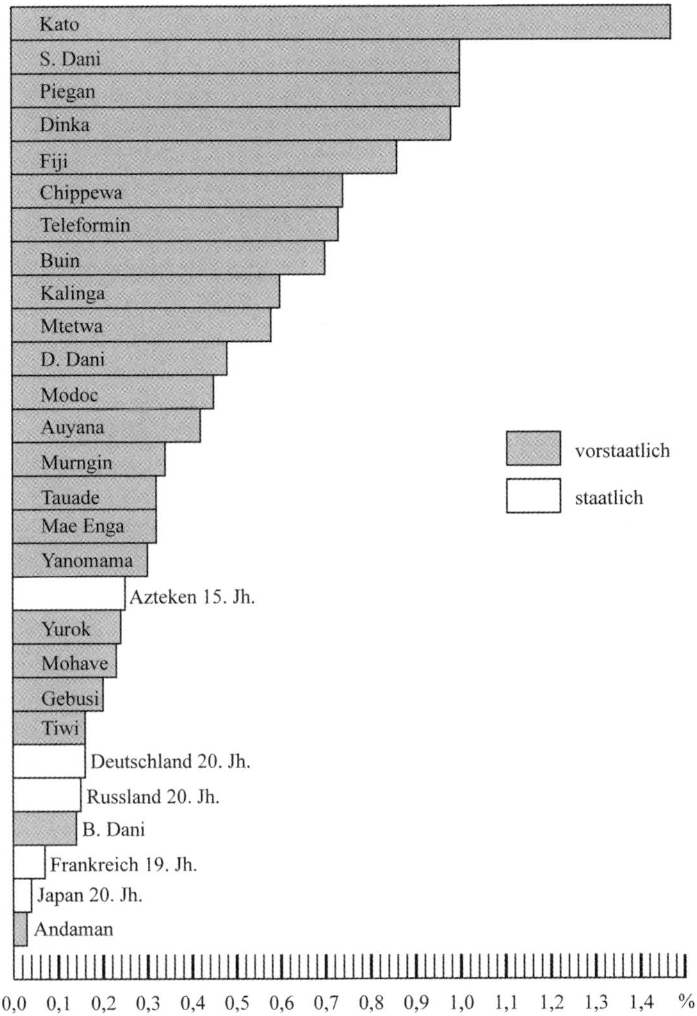

Quelle: Keeley, 89

Abb. 3a: Kriegstote in Prozent der männlichen Bevölkerung

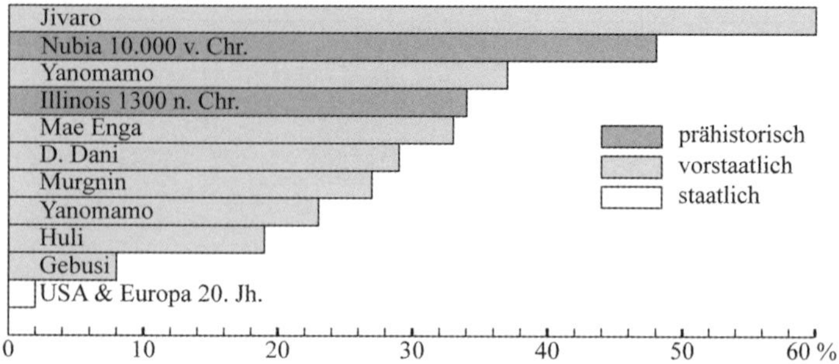

Quelle: Keeley, 90

Abb. 3b: Kriegstote in Prozent der gesamten Bevölkerung

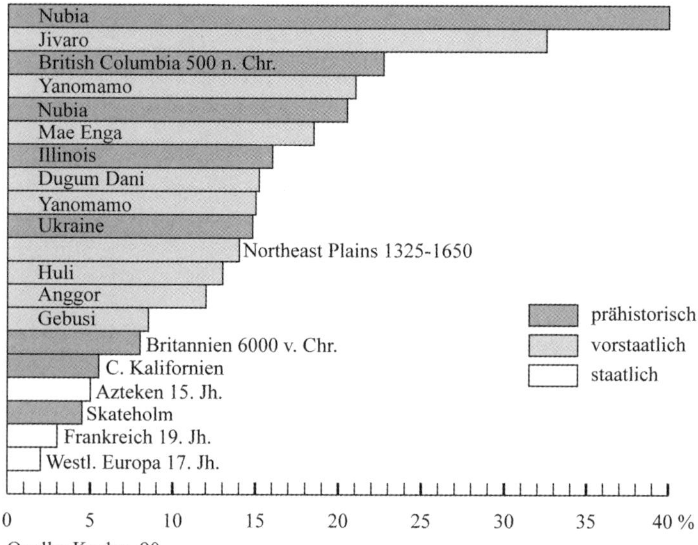

Quelle: Keeley, 90

gewalt im historischen Verlauf von der Vergangenheit in die Gegenwart. Selbst die katastrophalen Weltkriege des 20. Jahrhunderts mit ihren unvergleichbar riesigen absoluten Zahlen an getöteten oder verletzten Menschen verändern nichts an dieser Feststellung, die sich so gar nicht der Selbstwahrnehmung der Generationen des 20. Jahrhunderts fügen will.

Kriegsgewalt quantitativ erfassen zu wollen, reicht gewiss nicht. Aber kann man davon absehen? Das hieße, von vornherein auf den Versuch zu verzichten, die Kriegserfahrungen einer bestimmten Epoche in eine langfristige Perspektive mit entsprechend langfristig angelegten Bewertungskriterien zu stellen, um so eine Möglichkeit zu schaffen, das Besondere als das Epochenspezifische dieser Kriegserfahrung zu erkennen.[19] Qualitative Veränderungen wird man nur vor dem Hintergrund langfristiger quantitativer Entwicklungslinien angemessen einschätzen können. Das gilt auch für die Frage, ob sich in den Kriegen des 20. Jahrhunderts die Gewaltschwellen gesenkt haben und welche Bedeutung dabei dem Ersten Weltkrieg zukommt. Dazu muss man zunächst einmal wissen, ob und wie sich die Auswirkungen von Kriegen auf die Bevölkerung langfristig verändert haben.

Die Daten, die der Anthropologe Keeley zusammengestellt hat, sprechen eindeutig gegen die Annahme, die Tendenz zur totalen Mobilisierung der Bevölkerung im Krieg und die damit verbundene Verwischung der Gewaltgrenze zwischen Soldaten und Zivilisten sei ein Phänomen moderner Gesellschaften. Keeleys Befunde werden bestätigt durch die Berechnungen von Sozialwissenschaftlern, die im Unterschied zu dem Anthropologen ihre Analysen auf staatlich organisierte komplexe Gesellschaften begrenzen. Historiker schauen an diesen Studien, den anthropologischen und auch den soziologischen, beharrlich vorbei. Das ist befremdlich, denn schließlich tun diese Sozialwissenschaftler das, was man als Aufgabe von Historikern ansehen sollte: Da Krieg etwas ist, das zur Geschichte der Menschen seit ihren Anfängen gehört, verfolgen diese Sozialwissenschaftler die historischen Erscheinungen des Krieges über lange Zeiträume hinweg. Sie tun es allerdings in einer Weise, die der gegenwärtigen kulturalistisch gestimmten Geschichtswissenschaft, die keine Statistiken mag, fremd ist: Sie zählen und rechnen.

Hier sind nur die vier berühmtesten Beispiele zu nennen, berühmt jedenfalls in den Sozialwissenschaften: Die methodische Pionierstudie von Lewis Richardson – ein Meteorologe, der die statistischen Verfahren seines Fachs auf das Studium des Krieges anwandte. Dies war so ungewöhnlich, dass sein Werk »Statistics of Deadly Quarrels« erst 1960 posthum veröffentlicht werden konnte – dank einiger Soziologen. Zu ihnen gehörte Quincy Wright, dessen monumentale »Study of War«, 1942 erstmals erschienen, ein Grundlagenwerk sozialwissenschaftlicher Kriegsanalyse bis heute, bereits auf Richardson aufbaut. Ebenso der dritte herausragende Autor: Pitirim Sorokin mit seinem mehrfach aufgelegten Werk »Social and Cultural Dynamics«. Dass man über sozialen und kulturellen Wandel nicht schreiben kann, ohne auf den Krieg einzugehen, war ihm selbstverständlich. Und schließlich sind viertens die quantitativen Analysen aller zwischen- und innerstaatlichen Kriege seit 1816 zu erwähnen, die Melvin Small und J. David Singer publiziert haben. Ihre Studien und vor allem die von ihnen begonnene Datenbank, die bis heute ständig ergänzt wird, sind für Sozialwissenschaftler, die sich mit Krieg und Frieden in der Moderne befassen, *die* statistische Grundlage schlechthin. Ein anregendes Beispiel bietet die Studie des Politologen Klaus Jürgen Gantzel »Tolstoi statt Clausewitz!? Überlegungen zum Verhältnis von Staat und Krieg seit 1816 mittels statistischer Beobachtungen«.[20] Alle diese Werke begegnen einem in den Arbeiten von Historikern in aller Regel nicht.

III.

Führten die Kriege des 20. Jahrhunderts zu einer Herabsetzung der Gewaltschwelle? Mit dieser Frage sollen nun zunächst einige Ergebnisse Sorokins und Small / Singers vorgestellt werden, um daran Überlegungen anzuschließen, wie man Einsichten dieser quantitativen Studien nutzen könnte, um Besonderheiten der Kriegsgewalt des 20. Jahrhunderts zu erkennen und insbesondere die Bedeutung des Ersten Weltkrieges für jenen Prozess zu bestimmen, in dem sich die Kriegsgewalt – oder die Wahrnehmung von ihr – veränderte.

Abb. 4: Entwicklung der Weltbevölkerung

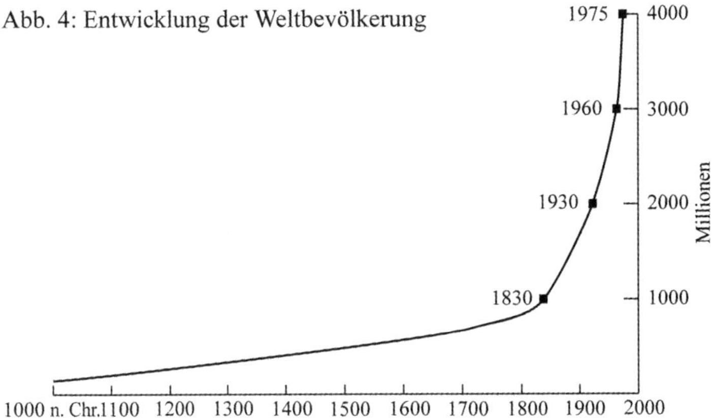

Quelle: McKeown, 2

Sorokin betrachtet ausschließlich die Kriege europäischer Mächte von der Antike bis in das zweite Jahrzehnt des 20. Jahrhunderts, also einschließlich des Ersten Weltkrieges, vor allem aber die vier Jahrhunderte ab dem siebzehnten.[21] Im Unterschied zu Keeley und zu Richardson erfasst er nur die Verluste des Militärs – Tote und Verwundete –, nicht aber der Zivilbevölkerung.[22] Insgesamt hat er nahezu eintausend (967) Kriege berücksichtigt. Seine Daten bestätigen für die Antike wie für die Neuzeit, was auch Keeley in seinem Vergleich von Staaten- und Stammeskriegen herausarbeitet: Mit der Modernität der Gesellschaften und ihrer Militärtechnologie steigen nicht die Anteile der Bevölkerung, die für den Krieg mobilisiert werden und in ihm umkommen oder verletzt werden. Die absoluten Zahlen steigen zwar enorm zur Gegenwart hin, doch sie müssen selbstverständlich in Relation zum ebenfalls enormen Bevölkerungswachstum gesetzt werden. Absolute Zahlen reichen nicht; sie wären irreführend. Da sich die Bevölkerungszahl seit dem ersten Drittel des 19. Jahrhunderts, als die Weltbevölkerung erstmals die Milliardengrenze überschritt, in immer kürzeren Abständen verdoppelt (Abb. 4), müssten selbst bei einer sinkenden Quote der Mobilisierung und der Kriegstoten die absoluten Zahlen dramatisch steigen.

Abb. 5: Stärke der Armee und Unruhen in Relation zur Bevölkerung

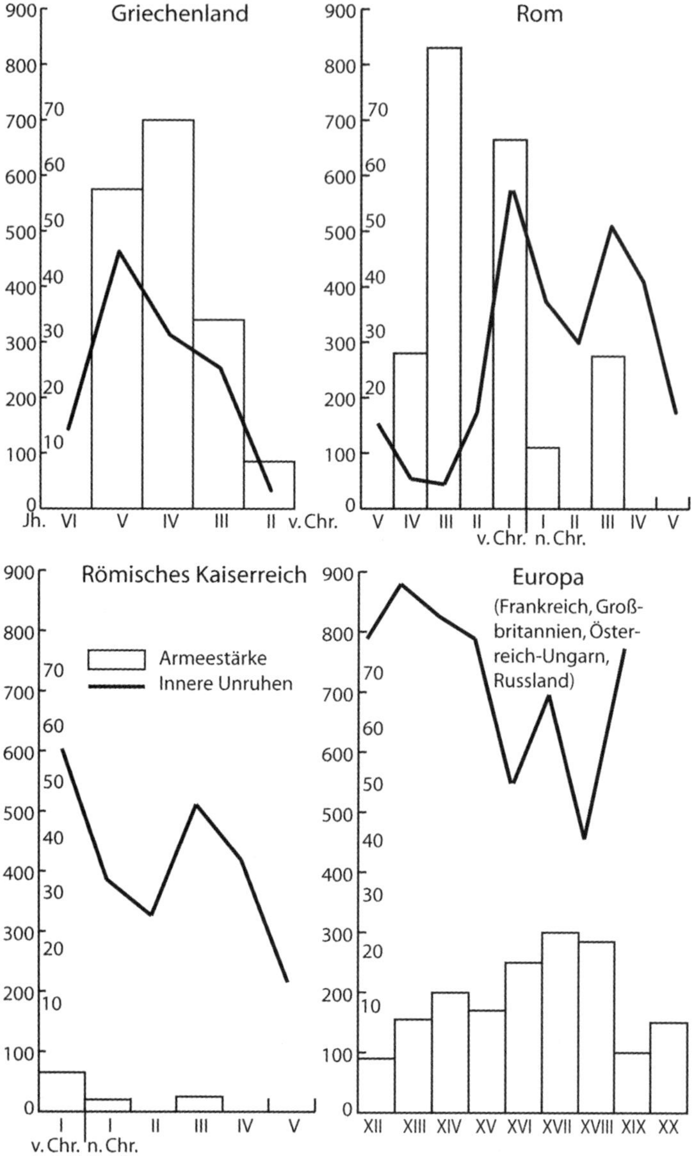

Quelle: Sorokin, 544

Abb. 6: Verluste (Krieg und Unruhen) in Relation zur Bevölkerung

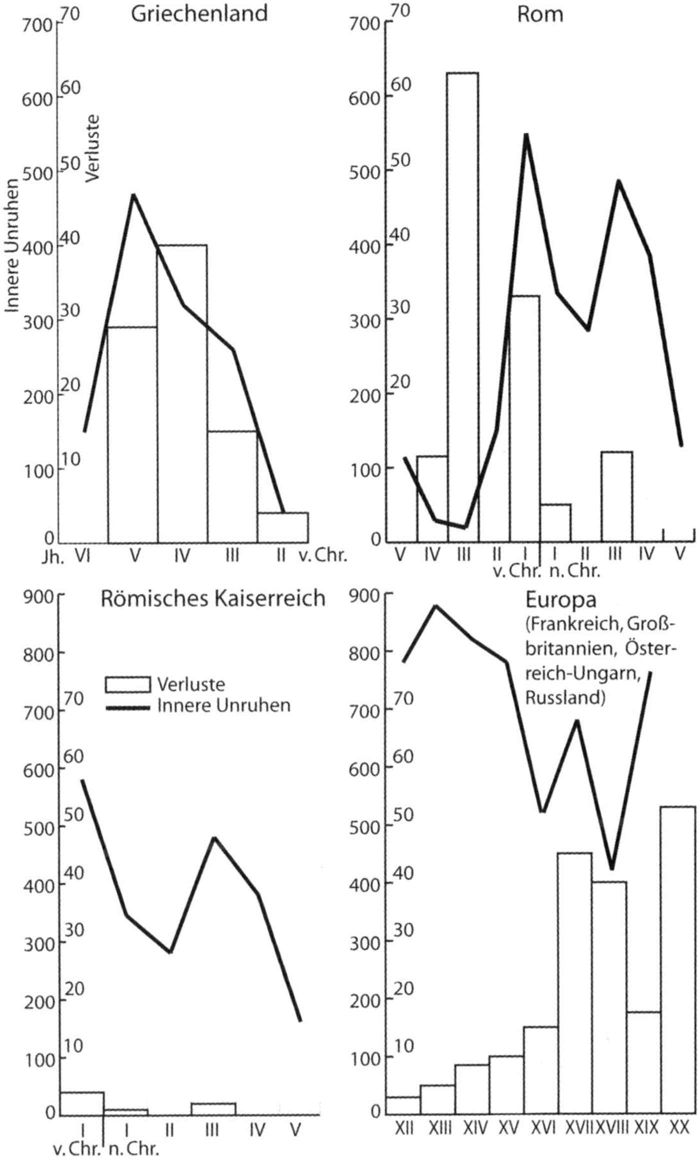

Quelle: Sorokin, 543

Der gesellschaftliche Mobilisierungsgrad, definiert als Anteil der Soldaten an der Bevölkerung, lag in den europäischen Kriegen der Neuzeit nicht höher als in den Kriegen der griechischen und römischen Antike (Abb. 5). Das gilt auch für die Verlustquoten, d.h. die Zahl der getöteten oder verletzten Soldaten bezogen auf die jeweilige Bevölkerung (Abb. 6). Die höchsten Verlustquoten waren im Italien des 3. Jahrhunderts vor unserer Zeitrechnung und im Europa des 17. und 20. Jahrhunderts zu beklagen. Diese quantitativen Gipfel der Kriegsgräuel liegen eng beieinander. Konkurrenzlos gut schneidet, gemessen an dieser Kriegslast, die Zeit der *Pax romana* ab.[23]

Für die europäische Neuzeit weisen Sorokins Berechnungen das 17. und das erste Viertel des 20. Jahrhunderts – weiter führt er seine Zahlenreihen nicht – als die Zeitalter mit den verlustreichsten Kriegen aus (Abb. 6; Tab. 1). Allerdings waren das keine gemeineuropäischen Erfahrungen, denn die europäischen Gesellschaften wurden sehr unterschiedlich von diesen Kriegen betroffen (Tab. 2). Es sei nur daran erinnert, wie unterschiedlich sich der Dreißigjährige Krieg ausgewirkt hat. Die Kernlandschaften des Alten Reiches traf es am härtesten. Sie wurden von einer »breiten Zerstörungsdiagonalen vom Nordosten zum Südwesten des Reiches«, mit Verlusten bis zu zwei Dritteln der Bevölkerung, durchzogen.[24] Das brennende und zerstörte Magdeburg stand den Menschen, so Hans Medick kürzlich, als »Metapher des Schreckens« vor Augen, die über Jahrhunderte nicht in Vergessenheit geriet.[25]

Wie verändert sich das Bild, wenn wir den Blick zeitlich verengen und nur auf das 19. und 20. Jahrhundert in Europa schauen? Diese beiden Jahrhunderte zeigen hinsichtlich der Kriegsmächtigkeit gegensätzliche Gesichter, was für die Erfahrung des Ersten Weltkrieges durch die Zeitgenossen des 20. Jahrhunderts als einzigartig und unvergleichbar von hoher Bedeutung ist. Im Vergleich zum kriegsgeschüttelten 17. und 18. Jahrhundert und zur ersten Hälfte des zwanzigsten nimmt sich das neunzehnte, gemessen an den Kriegstoten und -verletzten und auch an den Kriegsmobilisierten, geradezu friedlich aus (siehe Abb. 5 und 6; Tab. 3). Diese Feststellung soll nun mit den Daten verglichen werden, die Small und Singer weltweit zu den Kriegen seit 1816 bis in die 1970er Jahre zusammengestellt und in aufwendigen statistischen Verfahren aufbereitet haben. Aus statistischen Verfahren aufbereitet haben. Aus diesem reichen Arsenal an Daten wird hier lediglich geprüft, welche Kriege die verlustreichsten waren, um sich der Frage, ob der Erste Weltkrieg in diesem kurzen Zeitraum Gewaltschwellen verrückt hat, statistisch nähern zu können, ohne den Blick auf Europa zu verengen. Zu beachten ist: Diese Verlustzahlen beziehen sich wieder nur auf das Militär in Relation zur Gesamtbevölkerung. Die Verluste der Zivilbevölkerung erfassen Small und Singer, wie auch Sorokin, nicht.

Tab. 1: Kriegslasten in neun europäischen Staaten

Jahrhundert	*Stärke Armee absolut*	*Verluste absolut*	*Bevölkerung Millionen*	*Relation Armee - Bevölkerung*	*Verluste - Relation*
20. > 1925	60.425.000	22.035.150	401	150.685	54.955
19.	24.333.800	3.645.627	238	101.823	15.234
18.	31.055.500	4.505.990	135	230.041	33.377
17.	25.796.000	3.711.090	100	257.960	37.111

Quelle: Sorokin, 552

Tab. 2: Verluste in Relation zur Bevölkerung

Staat	*20. Jh. >1925*	*19. Jh.*	*18. Jh.*	*17. Jh.*
Russland	41,1	11,1	21,5	7,9
Österreich	48,0	5,8	94,0	130,0
Deutschland	94,7	13,1		
Frankreich	92,0	51,0	45,8	36,6
England	66,5	5,0	30,1	20,0
Italien	52,4			
Spanien	2,2	11,0	11,8	
Niederlande		5,7	84,8	161,0

Quelle: Sorokin, 557

Die Erhebungen Smalls und Singers zeigen: Die Katastrophenerfahrung, die der Erste Weltkrieg auslöste, war eine spezifisch europäische (Tab. 4). In Lateinamerika finden sich bereits im 19. Jahrhundert ähnlich hohe oder sogar noch höhere Verlustquoten in den dortigen Kriegen, die ungemein verlustreich für Militär und Zivilbevölkerung waren.[26] Für die europäische Bevölkerung hingegen bedeutete die Erfahrung solch katastrophal verlustreicher Kriege etwas Neues – genauer: Neu war diese Erfahrung für das kollektive Gedächtnis der Europäer, wenn man unter kollektivem Gedächtnis mit Maurice Halbwachs dasjenige Wissen versteht, das im lebendigen Generationenzusammenhang weitergegeben wird.[27] In diesem Gedächtnis, das Aleida Assmann das »bewohnte« nennt – sie spricht auch vom Funktionsgedächtnis im Gegensatz zum Speichergedächtnis, mit dem sich keine lebensweltliche Erfahrung verbinde –,[28] hatten die Kriege des 19. Jahrhunderts viel von ihrem früheren Schrecken verloren (Abb. 5–6, Tab. 1–2). Denn die europäischen Kriege des 19. Jahrhunderts[29] blieben relativ gering an Verlusten – im Vergleich zu den europäischen Kriegen in den Jahrhunderten zuvor bis zurück in die Antike und auch zu den Weltkriegen des 20. Jahrhunderts; relativ gering waren die Verluste auch im Vergleich zu den Stammeskriegen, die Anthropologen untersucht haben. Nur die Kriege, die im östlichen und südöstlichen Europa im 19. und frühen 20. Jahrhundert stattfanden – zunächst die russisch-türkischen Kriege von 1828 und 1877 und der Krimkrieg, vor allem aber die beiden Balkankriege von 1912 und 1913 – wiesen mit ihren hohen Verlustquoten für einen Teil der Staaten bereits auf die Vernichtungskraft des Weltkrieges voraus (Tab. 3–4). Dies allerdings erschließt sich nur im Rückblick. Die Zeitgenossen konnten es noch nicht wissen.

IV.

Mit dem Ersten Weltkrieg – dies wird man aus den in den Abbildungen und Tabellen aufgelisteten Zahlen schließen dürfen, so prekär z.T. ihre Erhebungsgrundlagen sind –, endete ein Jahrhundert des begrenzten Krieges: begrenzt hinsichtlich der Zahl der jeweils kriegführenden Staaten, begrenzt hinsichtlich der Verluste, die das Militär hinnehmen musste, begrenzt aber auch – das zeigen die präsentierten Zahlen nicht – gegenüber der Zivilbevölkerung. Die Kriege des 19. Jahrhunderts waren in viel stärkerem Maße als die Kriege früherer Jahrhunderte und die kommenden Kriege des 20. Jahrhunderts Kriege zwischen Armeen, die bemüht waren, die Zivilbevölkerung zu schonen. Was die Fürsten des frühneuzeitlichen Staates nach der Katastrophe des Dreißigjährigen Krieges zu erreichen suchten: der Krieg als ein Kampf zwischen Armeen, in den die Bevölkerung so wenig wie möglich verwickelt werden sollte – diesem auf das Militär begrenzten Krieg scheint ausgerechnet das Jahrhundert des Nationalkrieges am nächsten gekommen zu sein.[30]

Dies gehört zu den großen, bislang noch kaum gewürdigten Kulturleistungen dieses Jahrhunderts der Revolutionen und der Nationalstaatsgründungen: Es begann mit der blutigen Vision des neuen revolutionären Volkskrieges, dessen Theoretiker Carl von Clausewitz geworden ist, und es endete in einem Weltkrieg, für den den Zeitgenossen ein Vergleichsmaßstab fehlte, so fern waren ihnen die Kriege gerückt, in denen die Zivilbevölkerung auf keine Schonung rechnen durfte. Clausewitz brachte den Unterschied des Volkskrieges zum Kabinettskrieg des absolutistischen Monarchen scharf auf den Punkt: »Der Krieg einer – Gemeinheit – ganzer Völker – und namentlich *gebildeter* Völker, geht immer von einem politischen Zustande aus, und wird nur durch ein politisches Motiv hervorgerufen. Er ist also ein politischer Akt.«[31] »Je großartiger und stärker die Motive eines Krieges sind, je mehr sie das ganze Dasein der Völker umfassen, je gewaltsamer die Spannung ist, die dem Kriege vorhergeht, um so mehr wird der Krieg sich seiner abstrakten Gestalt nähern«[32], d.h. »einem Vernichtungskrieg um das politische Dasein«[33].

Im Angesicht dieser Gefahr des Volks- oder Nationalkrieges als Vernichtungskrieg gelang es im 19. Jahrhundert trotz der nationalen Emotionen, die der Krieg erregte und damit eine *levée en masse* als latente Drohung heraufbeschwor, ihn viel stärker als zuvor und danach als einen Kampf zwischen Armeen zu domestizieren, die kämpfende Truppe von der Zivilbevölkerung zu trennen. Die rousseausche Idee des republikanischen Krieges, der keine Privatheit kennt und deshalb auch keine Nichtkombattanten, hatte in den nationalen Öffentlichkeiten Europas zwar Hochkonjunktur,[34] doch die europäischen Kriege des 19. Jahrhunderts folgten dieser Idee nicht. Sie zielten im Gegenteil darauf, kämpfende Truppe und Zivilbevölkerung zu separieren. Am wenigsten gelang das, wie angedeutet, im europäischen Südosten, wo bereits die Staatsbildungskriege des ausgehenden 19. und frühen 20. Jahrhunderts mit dem gewalttätigen Versuch ethnischer Homogenisierung verbunden waren.[35]

Der Erste Weltkrieg bietet in dieser Perspektive ein widerspruchsvolles Bild. Die Vorstellung von ihm wird bis heute durch den Stellungskrieg im Westen geprägt.[36] Der Stellungskrieg aber war ein Krieg zwischen Truppen, nicht zwischen Truppen und Zivilisten. Dennoch stand dieser Krieg auch im Westen ganz unter der Drohung des Volkskrieges, der die Grenze zwischen dem Soldaten und dem Zivilisten verwischen und damit die Gewaltschwelle, die man zwischen den getrennten Bereichen des militärischen Kampfes und des zivilen Lebens aufrecht erhalten wollte, niederreißen oder doch verringern würde. John Horne und Alan Kramer haben das in ihrem Werk *German Atrocities 1914* eindrucksvoll gezeigt. In dem deutschen Wahnbild eines belgischen Volkskrieges – ihn hat es 1914 nicht gegeben – verdichtete sich der Franktireur-Mythus, in dem die Idee des republikanischen Revolutionskrieges fortlebte, zu einer Realität eigener Art. Sie führte dazu, dass in der nur drei Monate währenden Invasion die deutschen Truppen in Belgien und Nordfrankreich ca. 6.500 Zivilisten töteten und etwa 20.000 Gebäude zerstörten. Dieses Geschehen wurde begleitet und setzte sich fort in einem »Krieg der Worte« (»war of words«) und einer »battle of memories«, mit denen noch im Krieg und danach auf beiden Seiten das Geschehen in den Monaten des Invasionskrieges erinnert und gedeutet wurden. In diesem Kampf um die Deutung des Krieges wird man erneut die Zwischenstellung des Ersten Weltkrieg erkennen dürfen, die hier zunächst statistisch zu bestimmen versucht wurde.

V.

Der Erste Weltkrieg steht am Ende eines Jahrhunderts, zu dessen großen Leistungen die Trennung des kämpfenden Militärs und der Zivilbevölkerung im Nationalkrieg gehört, doch zugleich eröffnet er die *Wiederkehr* eines Krieges, der diese Trennung aufhebt. *Wiederkehr* – mit Blick auf Europa; außerhalb Europas gab es diesen Kriegstypus auch im 19. Jahrhundert, und soweit die europäischen Staaten Kolonialmächte waren, hatten sie selber daran Anteil. Hinsichtlich der Gewalt, die der Zivilbevölkerung in einem Krieg droht, der die Grenzen zur kämpfenden Truppe auflöst, wurden die Europäer im Ersten Weltkrieg eingeholt von ihrer eigenen Vergangenheit und zugleich von ihrer gegenwärtigen Praxis außerhalb Europas.[37] Das markiert, so scheint es, den historischen Ort des Ersten Weltkrieges in der Geschichte des Krieges der »zivilisierten Welt« seit der Antike. Es war nicht ausschließlich die »Technisierung der Vernichtung« als eine »neue Macht des Tötens« und »eine menschliche Handlung neuer Art«, um noch einmal Heinrich Popitz[38] zu zitieren, die den Ersten Weltkrieg als einen Bruch mit der bisherigen Kriegsgeschichte erfahren ließ. Dass der Krieg als ein »totaler« die gesamte Gesellschaft in die Pflicht nimmt und die »Heimatfront« an der Entscheidung über Sieg und Niederlage gleichrangig beteiligt wird, brach als eine neue Erfahrung über eine Bevölkerung herein, die den gehegten Krieg vor Augen hatte, der die Räume des militärischen Kampfes und des zivilen Lebens scharf voneinander zu trennen suchte. Auf die Rückkehr des enthegten Krieges waren die europäischen Gesellschaften nicht vorbereitet. Doch sie »lernten« rasch. Im Zweiten Weltkrieg gehörte die systematische Tötung von Zivilisten zur Kampfführung aller Kriegsmächte. Der europäische Staat kehrte zu den Anfängen der Kriegsgewalt zurück.

Tab. 3: Getötete Militärpersonen je 10.000 Personen der Bevölkerung kriegführender Staaten

Russland, Ottomanisches Reich 1828–29	**16,1**
Russland	8,8
Ottomanisches Reich	33,5
Habsburg, Italien 1848–49	**2,1**
Habsburg	1,5
Piemont	6,9
Modena	1,7
Römische Republik 1848–49	**0,2**
Papststaaten	4,7
Sizilien	0,1
Frankreich	0,1
Habsburg	0,0
Preußen, Dänemark 1848–49	**3,2**
Preußen	1,5
Dänemark	15,2
Krimkrieg 1853–56	**15,8**
Ver. Königreich	7,9
Kgr. Piemont	4,4
Frankreich	26,2
Ottoman. Reich	15,5
Russland	14,4
Ital. Einigungskrieg 1859	**2,8**
Piemont	4,9
Habsburg	3,3
Frankreich	2,1
Ital. Einigungskrieg 1860	**0,4**
Piemont	0,4
Papststaaten	2,1
Schleswig-Holstein 1864	**0,8**
Dänemark	11,1
Preußen	0,8
Habsburg	0,5
Deutscher Bundeskrieg 1866	
Habsburg	5,8
Preußen	4,5
Hannover	2,6
Sachsen	2,5
Mecklenburg	1,7
Deutschland, Frankreich 1870–71	**23,1**
Deutschland	11,6
Frankreich	36,4
Russisch-türkischer Krieg 1877–78	**23,1**
Russland	12,6
Ottomanisches Reich	58,5
Erster Balkan-Krieg 1912–13	**25,5**
Bulgarien	72,7
Serbien	50,0
Griechenland	18,5
Ottomanisches Reich	13,6
Zweiter Balkan-Krieg 1913	**15,6**
Serbien	61,7
Bulgarien	40,0
Ottomanisches Reich	9,4
Griechenland	9,3
Rumänien	2,0
Amerikanischer Bürgerkrieg 1861–1865	**20,2**
Erster Weltkrieg 1914–18	**141,5**
Rumänien	471,8
Frankreich	329,3
Deutschland	268,7
Österreich-Ungarn	228,1
Vereinigtes Königreich	196,5
Italien	184,7
Türkei	175,7
Belgien	115,1
Serbien	106,7
Russland	104,9
USA	13,1

Quelle: Small / Singer: Resort to Arms, 82-95, 223-232

Tab. 4: Getötete Militärpersonen je 10.000 Personen der Bevölkerung kriegführender Staaten

Russland, Ottomanisches Reich 1828–29		16,1
Russland	8,8	
Ottomanisches Reich	33,5	
Krimkrieg 1853–56		16,1
Ver. Königreich	7,9	
Kgr. Piemont	4,4	
Frankreich	26,2	
Ottomanisches Reich	15,5	
Russland	14,4	
Paraguay, Brasilien, Argentinien 1864–70		271,9
Argentinien	8,8	
Brasilien	33,5	
Paraguay	4000	
Deutschland, Frankreich 1870/71		23,1
Deutschland	11,6	
Frankreich	36,4	
Russ.-türk. Krieg 1877–78		23,1
Russland	12,6	
Ottomanisches Reich	58,5	
Chile, Bolivien, Peru 1879–83		215,4
Chile	136,4	
Bolivien	66,7	
Peru	357,1	
El Salvador, Guatemala 1885		50,0
El Salvador	28,6	
Guatemala	61,5	
Erster Balkan-Krieg 1912–13		25,5
Bulgarien	72,7	
Serbien	50,0	
Griechenland	18,5	
Ottomanisches Reich	13,6	
Zweiter Balkan-Krieg 1913		15,6
Serbien	61,7	
Bulgarien	40,0	
Ottomanisches Reich	9,4	
Griechenland	9,3	
Rumänien	2,0	
Erster Weltkrieg 1914–18		141,5
Rumänien	471,8	
Frankreich	329,3	
Deutschland	268,7	
Österreich-Ungarn	228,1	
Ver. Königreich	196,5	
Italien	184,7	
Türkei	175,7	
Belgien	115,1	
Serbien	106,7	
Russland	104,9	
USA	13,1	
Griechenland, Türkei 1919–22		31,8
Türkei	18,2	
Griechenland	63,8	
Paraguay, Bolivien 1932–35		382,4
Paraguay	555,6	
Bolivien	320,0	
Japan, China 1937–41		18,6
Japan	35,1	
China	16,1	
Zweiter Weltkrieg 1939–45		106,3
Deutschland	502,2	
UdSSR	436,0	
Rumänien	145,0	
Japan	141,6	
Finnland	107,7	
Polen	91,7	
Ver. Königreich	56,8	
Mongolei	50,0	
Australien	49,7	
Ungarn	43,5	
Kanada	34,5	
USA	31,4	
China	25,0	
Bulgarien	14,3	
Griechenland	14,1	
Italien	13,7	
Belgien	11,4	
UdSSR, Finnl. 1939–40		5,2
UdSSR	2,9	
Finnland	102,6	
Korea-Krieg 1950–53		19,7
VR Korea	536,1	
Republik Korea	202,4	
China	16,5	
USA	3,6	
Vietnam-Krieg 1965–75		35,5
VR Vietnam	403,7	
DR Vietnam	251,3	
USA	2,9	

Quelle: Small / Singer: Resort to Arms, 82-95

Tab. 5: Getötete Militärpersonen je 10.000 Personen der Bevölkerung kriegführender Staaten

Zwischenstaatliche Kriege			*Bürgerkriege*	
Paraguay, Brasilien, Argentinien1864–70		271,9	Portugal 1829–34	6,6
Paraguay	4000		Argentinien 1945–51	14,4
Chile, Bolivien, Peru 1879–93		215,4	Venezuela 1859–63	12,9
Peru	357,1		Amerikanischer Bürgerkrieg 1861–65	20,2
Erster Weltkrieg 1914–18		141,5	Kolumbien 1899–1903	24,3
Rumänien	471,8		Mexiko 1910–20	16,8
Frankreich	329,3		Russland/SU 1917–20	4,0
Deutschland	268,7		Spanien 1936–39	26,2
Österreich-Ungarn	228,1		Griechenland 1944–49	21,5
Vereinigtes Königreich	196,5		Kolumbien 1949–62	27,1
Italien	184,7		Vietnam 1960–65	21,3
Türkei	175,7		Jemen 1962–69	21,6
Belgien	115,1		Sudan 1963–72	19,2
Serbien	106,7		Nigeria 1967–70	19,6
Russland	104,9		Kambodscha 1969–75	22,4
USA	13,1		Burundi 1972	14,7
Paraguay, Bolivien 1932–35		382,4	Libanon 1976	9,3
Paraguay	555,6		Nikaragua 1978–79	15,0
Bolivien	320,0			
Zweiter Weltkrieg 1939–45		106,3		
Deutschland	502,2			
UdSSR	436,0			
Rumänien	145,0			
Japan	141,6			
Finnland	107,7			
Polen	91,7			
Korea-Krieg 1950–53		19,7		
VR Korea	536,1			
Republik Korea	202,4			
Vietnam-Krieg 1965–75		35,5		
VR Vietnam	403,7			
DR Vietnam	251,3			

Quelle: Small / Singer: Resort to Arms, 223-232

Anmerkungen

1 H. Popitz: Phänomene der Macht, Tübingen ^{2}1992, S. 50f.

2 Ebd., S. 71.

3 Ebd., S. 73f.

4 W. Sofsky: Traktat über die Gewalt, Frankfurt/M. 1996, S. 228. Auch das folgende Zitat.

5 Ebd., S. 10.

6 Ebd., S. 228.

7 G. Heinsohn: Lexikon der Völkermorde, Reinbek bei Hamburg 1998, S. 17.

8 Vgl. die Tabellen ebd., S. 51–59.

9 Ebd., S. 52, Tab. V-C. Die Tabelle wurde erstellt nach: M. Small / D. Singer u.a.: Resort to Arms. International and Civil Wars, 1816–1980, London 1982; R. J. Rummel: Death by Government, New Brunswick 1996.

10 Vgl. dazu und zum Ende des staatlichen Kriegsmonopols seit der Mitte des 20. Jahrhunderts: W. Reinhard: Geschichte der Staatsgewalt. Eine vergleichende Verfassungsgeschichte Europas von den Anfängen bis zur Gegenwart, München 1999, S. 351–363; D. Langewiesche: Zum Wandel von Krieg und Kriegslegitimation in der Neuzeit, in: Journal of Modern European History 2 (2004), S. 5–27; J. Burkhardt: Die Friedlosigkeit der frühen Neuzeit. Grundlegung einer Theorie der Bellizität Europas, in: Zeitschrift für Historische Forschung 24 (1997), S. 509–574.

11 M. Geyer: Eine Kriegsgeschichte, die vom Tod spricht, in: Mittelweg 26 (1995), S. 57–77, hier: S. 72.

12 J. Hackett: Introduction, in: Ders. (Hg.): Warfare in the ancient world, London 1989, S. 7–14, hier: 7f.

13 K.-H. Ziegler: Vae victis. Sieger und Besiegte im Lichte des Römischen Rechts, in: O. Kraus (Hg.): »Vae victis!« Über den Umgang mit Besiegten, Göttingen 1998, S. 45–66; M. Zimmermann: Vom Sinn der Gewaltdarstellung. Eine Einführung, in: Ders. (Hg.): Extreme Formen von Gewalt im Altertum in Bild und Text, Stuttgart (erscheint 2006); W. V. Harris: War and Imperialism in Republican Rome, Oxford 1979; B. Campbell: War and Society in Imperial Rome. 31 BC–AD 284, London / New York 2002; A. Chaniotis / P. Ducrey (Hg.): Army and Power in the Ancient World, Stuttgart 2002; A. B. Lloyd (Hg.): Battle in Antiquity, London 1996; V. D. Hanson: The Western Way of War. Infantry Battle in Classical Greece, Berkeley 1989; ders.: The Wars of the Ancient Greeks, London 1999; K. Raaflaub / N. Rosenstein (Hg): War and Society in the Ancient and Medieval Worlds. Asia, the Mediterranean, Europe, and Mesoamerica, Cambridge Mass. 1999.

14 Ziegler, Vae victis; Zimmermann, Sinn der Gewaltdarstellung.

15 Hanson, The Western Way, S. 201.

16 E. Otto: Zwischen Strafvernichtung und Toleranz. Kulturgeschichtliche Aspekte im Umgang des neu-assyrischen Reiches mit dem besiegten Feind, in: Kraus (Hg.), »Vae victis!«, S. 9–44; M. Heinz: Formen und Funktionen staatlicher Gewalt in Mesopotamien vom 4.–1. Jahrtausend v. Chr., in: R. P. Siegerle / H. Breuninger (Hg.): Kulturen der Gewalt. Ritualisierung und Symbolisierung von Gewalt in der Geschichte, Frankfurt/M. 1998, S. 30–52.

17 J. Keegan: Die Kultur des Krieges, Berlin 1995, S. 544; L. H. Keeley: War before civilization. The myth of the peaceful savage, Oxford 1996. Keeley setzt sich ausführlich mit der anthropologischen Kriegsforschung und ihren gegensätzlichen Positionen auseinander. »Civilized« und »primitive war« definiert er nicht historisch im Sinne von Kriege heute versus früher, sondern bezeichnet damit die Kriege von »civilized states« – d.h. Staaten mit Städten und Schriftlichkeit – und von »primitive societies« – d.h. nicht-städtischen oder nicht-literaten Gesellschaften. Keeley, War before civilization, S. 27.

18 Quelle für Abb. 1–3: Keeley, War before civilization, S. 34, 89, 90.

19 In seiner vorzüglichen, aber wenig beachteten Studie verneint Boris Zesarewitsch Urlanis die Möglichkeit eines Vergleichs der Verlustzahlen des 19. und 20. Jahrhunderts mit denen früherer Zeiten, weil die Qualität der Daten unvergleichbar sei. B.Z. Urlanis: Bilanz der Kriege. Die Menschenverluste Europas vom 17. Jahrhundert bis zur Gegenwart, Berlin (O) 1965, S. 37 (russisch 1960).

20 L.F. Richardson: Statistics of Deadly Quarrels, Q. Wright / C.C. Lienau, Pittsburgh 1960. Vgl. zu Richardsons Berufsweg und zu seinem Werk: D. Wilkinson: Lewis F. Richardson and the Statistical Study of War, Berkeley 1980; Q. Wright: A Study of War. Second Edition, with a Commentary of War since 1942. Chicago / London [3]1971; P. Sorokin: Social and Cultural Dynamics. A Study of Change in Major Systems of Art, Truth, Ethics, Law and Social Relationships, Boston [2]1970; Small / Singer, Resort to Arms; K.J. Gantzel: Tolstoi statt Clausewitz!? Überlegungen zum Verhältnis von Staat und Krieg seit 1816 mittels statistischer Beobachtungen, in: Kriegsursachen (= Friedensanalysen Bd. 21), Frankfurt/M. 1987, S. 25–97; Singer und Small haben ihre systematische Sammlung von Kriegsdaten erstmals veröffentlicht in: The Wages of War, 1816–1965. A Statistical Handbook, New York 1972. Auf dieser Grundlage haben sie die Datenbank »Correlates of War Project« (COW) aufgebaut, die von anderen Forschern vervollständigt wird und online zugänglich ist: http://cow2.la.psu.edu. Als Beispiel für eine systematische politikwissenschaftliche Auswertung dieser Datenbank: S. Chojnacki: Dyadische Konflikte und die Eskalation zum Krieg. Prozesse und Strukturbedingungen dyadischer Gewalt in Europa, 1816–1992, Diss. FU Berlin 1999; »dyadisch« meint hier im Wissenschaftsjargon »zwischenstaatlich«.

21 Sorokin, Dynamics, Kapitel 32–33, S. 535–570; Dort alle folgenden Zahlen.

22 Was unter Kriegsverlusten zu verstehen ist und wie man diese Größe differenzieren sollte, führt systematisch Urlanis, Bilanz der Kriege aus. Er unterteilt die Kriege in drei Gruppen: zwischenstaatliche; Bürgerkriege und nationale Befreiungskriege; Kolonialkriege. Seine vorzüglichen Ausführungen zu den Methoden der Berechnung von Kriegsverlusten bilden die Grundlage für den Aufbau seines Werkes: Gefechtsverluste; nicht im Gefecht erlittene Verluste; Gesamtzahl aller Menschenverluste (einschließlich Zivilbevölkerung: Kriegsverluste, erhöhte Sterblichkeit aufgrund der Kriegsbedingungen, Geburtenrückgang, Auswanderung). Für eine solche Analyse stehen erst seit dem Krimkrieg (1853–1856) hinreichend Daten zur Verfügung (S. 28). Dieses Werk auf der Grundlage der Daten, die seit seinem Erscheinen (1960) ermittelt worden sind, zu aktualisieren, ist ein dringliches Desiderat. Small / Singer und das COW-Projekt und ebenso Wilkinson in seiner methodologischen Studie kennen das materialreiche Buch von Urlanis nicht.

23 Abb. 5 und 6 aus: Sorokin, Dynamics, S. 543f., absolute Zahlen und Berechnungsverfahren S. 534–547.

24 J. Burkhardt: »Ist noch ein Ort, dahin der Krieg nicht kommen sey?« Katastrophenerfahrungen und Kriegsstrategien auf dem deutschen Kriegsschauplatz, in: H. Lademacher / S. Groenveld (Hg.): Krieg und Kultur. Die Rezeption von Krieg und Frieden in der Niederländischen Republik und im Deutschen Reich 1568–1648, Münster 1998, S. 3–19, hier: S. 4; Übersicht zu den unterschiedlichen Auswirkungen des Krieges nach dem gegenwärtigen Forschungsstand bei: G. Schmidt: Der Dreißigjährige Krieg, München 1995, S. 86–88; Urlanis, Bilanz der Kriege; wie groß die Unterschiede selbst in benachbarten Regionen sein konnten, zeigt: M. Asche: Neusiedler im verheerten Land. Kriegsfolgenbewältigung, Landeswiederaufbau und Migration in der Mark Brandenburg nach den Kriegen des 17. Jahrhunderts, Habil. Tübingen 2003 (im Druck).

25 H. Medick: Historisches Ereignis und zeitgenössische Erfahrung. Die Eroberung und Zerstörung Magdeburgs 1631, in: B. von Krusenstjern / H. Medick (Hg.): Zwischen Alltag und Katastrophe. Der Dreißigjährige Krieg aus der Nähe, Göttingen, 1999, S. 377–407, hier: S. 399; aus Reichsperspektive siehe: A. Schindlin: Die Deutschen und der Dreißigjährige Krieg. Zeiterfahrung des steten Wechsels und Reichspolitik, in: H. Neuhaus / B. Stollberg-Rilinger (Hg.): Menschen und Strukturen in der Geschichte Alteuropas, Berlin 2002, S. 185–200.

26 W. Höpken / M. Riekenberg (Hg.): Politische und ethnische Gewalt in Südosteuropa und Lateinamerika, Köln / Weimar / Wien 2001.

27 M. Halbwachs: Das kollektive Gedächtnis, Frankfurt/M. 1985.

28 A. Assmann: Mnemosyne. Formen und Funktionen der kulturellen Erinnerung, München 1991.

29 Die Kriege in der Ära der Französischen Revolution und Napoleons wären gesondert zu betrachten. Zu den Verlustzahlen differenzierte Angaben bei: Urlanis, Bilanz der Kriege. Wie schwer es angesichts der dürftigen Statistiken ist, die Wirkungen dieser Kriege genau zu erfassen, zeigt: U. Planert: Leben mit dem Krieg. Baden, Württemberg und Bayern zwischen Französischer Revolution und Wiener Kongress, Habil. Tübingen 2003 (im Druck).

30 Vgl. zum Folgenden mit weiterer Literatur: Langewiesche, Krieg und Kriegslegitimation.

31 C. von Clausewitz: Vom Kriege, in: Kriegstheorie und Kriegsgeschichte. Carl von Clausewitz, Helmuth von Moltke, Frankfurt/M. 1993 (Bibliothek und Geschichte der Politik, Bd. 23), S. 36.

32 Ebd., S. 37.

33 Ebd., S. 50.

34 K. Nabulski: Traditions of War. Occupation, Resistance, and the Law, Oxford 1999; verkennt diese Domestizierungsleistung, wenn er vornehmlich auf die Übergriffe der Okkupationsarmeen des 19. Jahrhunderts auf die Zivilbevölkerung verweist.

35 R.C. Hall: The Balkan Wars 1912/1913. Prelude to the First World War, London 2000; W. Höpken: »Blockierte Zivilisierung?« Staatsbildung, Modernisierung und ethnische Gewalt auf dem Balkan (19./20. Jh.), in: Leviathan (1997), S. 518–538; Report of the International Commission to Inquire into the Causes and

the Conduct of the Balkan Wars (Carnegie Endowment for International Peace, No. 4), Washington D. C. 1914.

36 Den besten Zugang dazu bietet nun: G. Hirschfeld / G. Krumeich / I. Renz (Hg.): Enzyklopädie Erster Weltkrieg, Paderborn 2003; R. Chickering / S. Förster (Hg.): Great War – Total War. Combat and Mobilization on the Western Front, 1914–1918, Cambridge 2000.

37 Auch zu den Kolonialkriegen bietet Urlanis, Bilanz der Kriege, detaillierte Berechnungen. Zur Rückwirkung der totalitären Methoden im Kolonialkrieg auf das Mutterland: H. Bley: Afrika. Geschichte und Politik. Ausgewählte Beiträge 1967–1992, Berlin 1996.

38 Popitz, Phänomene der Macht, S. 50f.

Jörg Baberowski

Diktaturen der Eindeutigkeit

Ambivalenz und Gewalt im Zarenreich und in der frühen Sowjetunion

»Nur in Rußland kann man Heimweh empfinden, ohne das Land zu verlassen. Ein grandioser Vorzug.« So sagt es der russische Schriftsteller Andrej Bitow in seinem kürzlich erschienenen »Georgischen Album«.[1] Er hätte auch sagen können, dass man Russland nicht verlassen müsse, um ein Fremder sein zu können. Denn nur, wer sich fremd fühlt, hat auch Heimweh. Zu Beginn des 21. Jahrhunderts müssen wir auch Deutschland oder Großbritannien nicht mehr verlassen, um Heimweh zu haben. Aber die Fremdheit ist uns zur zweiten Natur geworden, wir leben mit der Ambivalenz, weil sie unserem Lebensstil entspricht. Jedenfalls würden die meisten Intellektuellen so über die Umwelt urteilen, in der sie leben. Die Ordnungen der Anderen bleiben uns fremd, wir können sie ablehnen, aber sie erscheinen uns nicht mehr als »falsche« oder irrationale Ordnungen, die aus der Welt geschafft werden müssen. Wir leben mit Unterschieden.

Solche Erfahrungen lassen uns bisweilen vergessen, dass die Sinnbilder der europäischen Moderne eindeutig waren. Der moderne Staat verstand sich als Gärtner, der Natur in Landschaft verwandelte, Menschen rationalen Ordnungen unterwarf, sie zählte, ihnen Namen gab, sie definierte und kategorisierte. Der vormoderne Staat wusste nur wenig über die Untertanen, über die er Herrschaft auszuüben beanspruchte. Er besaß keine »Karten«, auf denen er die Bevölkerung lokalisieren konnte. Und er hatte keine Maßstäbe, die es ihm ermöglicht hätten, in eine standardisierte Begrifflichkeit zu übersetzen, was er über die Untertanen wusste. Er wusste nicht einmal, wozu er wissen sollte, wer oder was die Untertanen waren. Der vormoderne Mensch war ein Ausdruck göttlicher Ordnungen, über die er keine Verfügungsgewalt besaß. Der moderne Mensch aber war einer, der sich zu den Ordnungen, die ihn bestimmten, verhalten und sie verändern konnte, weil er sich als ihr Schöpfer verstand. Denn die Aufklärer hatten die Freiheit des Subjekts durch die Objektivierung der Natur und – sofern wir uns selbst Objekt sind – durch die Objektivierung der eigenen Natur gewonnen und damit das Subjekt und seine Außenwelt voneinander getrennt.[2] »Wir können uns die Moderne als eine Zeit denken, da Ordnung – der Welt, des menschlichen Ursprungs, des menschlichen Selbst, und der Verbindung aller drei – reflektiert wird; ein Gegenstand des Nachdenkens, des Interesses, einer Praxis, die sich ihrer selbst bewußt ist, bewußt, eine bewußte Praxis zu sein und auf der Hut vor der Leere, die sie zurücklassen würde, wenn sie innehalten oder auch nur nachlassen würde«, wie Zygmunt Bauman formuliert hat.[3] Anders gesagt: Ordnung als Vision und Zweck hätte nicht ausgedrückt werden können, hätte es nicht die Vorstellung gegeben, in der vorgefundenen Welt zeige sich nichts weiter als Ambivalenz und die Zufälligkeit des Chaos.

Es ist das Dilemma des modernen Strebens nach Ordnung, dass es die Unordnung, die es beseitigen will, stets neu hervorruft. Deshalb bestand der Daseinsgrund des modernen Staates darin, Unordnung zu beseitigen, Ambivalenz zu überwinden und Eindeutigkeit herzustellen: durch Vermessung des Territoriums und des Landes, das die Untertanen bewohnten und bearbeiteten, durch die Einführung von einheitlichen Maßen und Gewichten, durch die Standardisierung von Sprachen und Rechtsordnungen, durch die Planung von Städten und Siedlungen ebenso wie durch die Kategorisierung und Hierarchisierung von Menschen nach Sprachen, Religionen und Lebensformen.[4] Die modernen Kategorien bildeten die sozialen Ordnungen, die sie beschrieben und definierten, nicht ab. Sie waren vielmehr eine begriffliche Vereinfachung der Komplexität, sie waren Repräsentationen, die eine neue Welt erschufen, indem sie die vorgefundene negierten. Der moderne Staat benötigte ein Wissen, das es ihm ermöglichte, Chaos in Ordnung zu verwandeln. Wissen ist Macht, und diese Macht endet dort, wo der moderne Staat nicht mehr erfahren kann, wer seine Untertanen sind, wie sie leben und was im Land geschieht.[5] Lebensformen, die sich in die Ordnung nicht einfügten, wurden von den Beamten des Staates daraufhin beschrieben, was an ihnen barbarisch und rückständig war. Was sie für die

Menschen, die sie bewohnten, sonst noch waren, verlor in dieser Perspektive an Bedeutung. Das war dort, wo die Vollzugsbedürfnisse des Staates und die Lebensperspektiven der Menschen zueinander fanden, ein erfolgreiches Verfahren, vor allem dann, wenn die Lebenserfahrungen einer Gesellschaft sich in den Strategien der Macht nicht nur widerspiegelten, sondern sie auch konstituierten. So ließe sich beschreiben, was Historiker europäische Moderne genannt haben. Nun gibt es so viele Modernen wie es kulturelle Kontexte gibt, die sie ermöglichen. Die Wege in die Moderne waren verschieden. Sie waren keine Abwege oder Umwege, sie waren andere Wege. Manche führten in die Katastrophe.

James Scott nennt in seinem Buch »Seeing like a State« vier miteinander verwobene Ursachen für das Versagen staatlich gelenkter Modernisierungsprojekte in außereuropäischen Kontexten: 1. der Versuch, Natur und Gesellschaft von oben neu zu ordnen, 2. die Wirkungen einer modernistischen Ideologie (high modernist ideology), die auf die unbegrenzte Machbarkeit der Welt vertraut und auf die Lebenswelten, in denen Menschen zu Hause sind, keine Rücksicht nimmt, 3. die Zwangsgewalt eines autoritären Staates, der seine Vorstellungen von der modernen Welt gegen Widerstand rücksichtslos durchsetzt und 4. das Unvermögen der Gesellschaft, sich gegen solche Zumutungen zur Wehr zu setzen.[6] Man müsste freilich noch hinzufügen, dass die Strategien des social engineering für die modernistischen Regime vor allem dort an Grenzen stießen, wo sie sich in ethnisch und religiös heterogenen Kontexten zur Sprache und zur Anerkennung bringen mussten.[7]

Nun besteht zwischen der Moderne und jener monströsen Gewalt, die von Nationalsozialisten und Kommunisten in der ersten Hälfte des 20. Jahrhunderts entfacht wurde, kein zwingender Zusammenhang. Die Moderne ist nicht Urheber des totalitären Vernichtungsterrors. In der modernen Welt geht es geregelt zu: in ihr gelten rechtsstaatliche Ordnungen, es herrschen Regeln, die von Behörden garantiert und durch partizipatorische Verfahren vermittelt und ins Werk gesetzt werden. Der Einzelne konditioniert sich für das Leben in der Gesellschaft, er richtet sich ab, ohne dass ihn staatliche Institutionen dazu zwingen müssten, und darin wissen er und andere, was erlaubt und was untersagt ist. Deshalb ist die Herrschaft der Kategorien, Regeln und Sagbarkeitsregime weder für den Staat noch für den Bürger eine Ermächtigung, anderen nach Belieben ihren Willen aufzuzwingen. Die Techniken der Selbstabrichtung sind Vorrichtungen, die den Machbarkeitswahn in Grenzen halten. Jeder Bürger, der in der modernen Welt lebt, weiß, dass er nicht nur ein Sklave, sondern auch ein Meister jener eindeutigen Ordnungen ist, denen er sich unterwerfen muss. Er kann den Anderen daran hindern, sich über die gemeinsam verabredeten Regeln hinwegzusetzen, und in der täglich eingeübten Selbstbeschränkung untersagt er sich selbst, anderen seinen Veränderungswillen aufzuzwingen und sie dabei, wenn es ihm gefällt, um ihr Leben zu bringen. Darin besteht die eigentliche Errungenschaft des modernen Staates: dass er die Kommunikation zwischen Menschen verdichtet, dass er Partizipation ermöglicht, Regeln schafft, die jeder anzuerkennen bereit ist und dass er die Bürger einer Disziplinierung unterwirft, die sie als Ausdruck ihres eigenen Willens empfinden. Deshalb feierten die monströsen Gewaltexzesse des 20. Jahrhunderts vor allem in den vormodernen, staatsfernen Räumen ihre größten Triumphe, dort, wo sich der Hybris des modernen Interventionsstaates nichts mehr entgegenstellte. Denn es ist doch kein Zufall, dass die Nationalsozialisten ihr Mordprogramm nicht im eigenen Land, sondern im fernen Osteuropa, unter Bedingungen eines barbarischen Krieges vollendeten. Deshalb hatten die modernen rassistischen Diskurse in den USA eine andere politische Wirkung als in Deutschland, wenngleich sie sich aus verwandten intellektuellen Quellen speisten. Nicht anders verhält es sich mit den Gewaltexzessen und Massentötungen, die in der Sowjetunion, in China, in Korea und Kambodscha im Namen des Kommunismus verübt wurden. Kurz: der modernen Hybris blieb der Erfolg versagt, wo sie sich gegen die bürgerlichen Sicherungen, die auch Kennzeichen der Moderne sind, durchsetzen mussten. Seine tödlichen Wirkungen entfaltete das moderne Streben nach Eindeutigkeit vor allem dort, wo dem Machbarkeitswahn und dem Vernichtungswillen fanatisierter Ideologen keine Grenzen gesetzt wurden: in den staatsfernen, vormodernen Gewalträumen. Sie waren der eigentliche Ort des modernen Massenterrors. Davon hat die Eindeutigkeitssoziologie Zygmunt Baumans, in der sich die Vormoderne als friedfertige Idylle präsentiert, keinen Begriff.[8] Im Folgenden wird dieses Verhältnis von moderner Interventionspraxis und staatsfernen Gewalträumen am Beispiel des späten Zarenreiches und der frühen Sowjetunion beschrieben. Damit sichtbar wird, worauf diese Geschichte hinausläuft, ist von Modernisierungsstrategien im kolonialen Kontext die Rede. Zu diesem Kontext gehörten auch die russischen Bauern.

I. Das Zarenreich

Als Fedor Dostoevskij 1881 verkündete, es sei Russlands Mission, Europa nach Asien zu bringen, formulierte er einen Glaubenssatz, dem konservative Etatisten ebenso wie Liberale und radikale Sozialisten unbesehen hätten zustimmen können.[9] Es war der Glaube an die »zivilisierende« Kraft des europäischen Projekts, der die Eliten des Zarenreiches ungeachtet aller ideologischen Differenzen miteinander verband. Russlands Europa war eindeutig, es bestand aus ethnisch homogenen Nationalstaaten, die von Bürokratien und einheitlichen Regelwerken regiert und von Bürgerarmeen verteidigt wurden. Nur war die Sehnsucht nach Europa vor allem eine Erfahrung von Abwesenheit und Isolation. Europa war eine Wirklichkeit, die in den Köpfen der Eliten lebte, sie war der kulturelle Gegenentwurf zur »russischen« Wirklichkeit. Bis zur Mitte des 19. Jahrhunderts war, was Europa genannt werden kann, nichts weiter als eine Inszenierung, die über das elitäre Zentrum des Zarenreiches nicht hinauswies.[10]

»In Russland existierten wir nur faktisch«, wie der russische Satiriker Saltykov-Ščedrin über seinesgleichen schrieb. »Wir gingen ins Büro der entsprechenden Kanzleien, wir schrieben Briefe an die Eltern, speisten in Restaurants oder häufiger noch in Kantinen, trafen uns zu Gesprächen und so weiter. Aber geistig lebten wir in Frankreich.«[11] Die Autokratie und ihre höheren Beamten repräsentierten sich in ihren öffentlichen Inszenierungen als Eroberer, die sich in einer kulturell fremden Umgebung gegen konkurrierende Ordnungsentwürfe durchsetzen mussten. In Kleidung, Sprache, Hofzeremoniell und in den Begegnungen mit ausländischen Diplomaten gaben sich die Romanovs als europäische Herrscher zu erkennen.[12] Und auch die aufgeklärten Beamten des frühen 19. Jahrhunderts legitimierten ihre Reformphantasien im Verweis auf importierte symbolische Ordnungen: Man könnte sie als Sehnsucht nach der Überwindung des multiethnischen Imperiums beschreiben, als Verlangen nach einer Ordnung, in der sich die Eliten wieder erkannten.

Nur muss, wer Lebensweisen homogenisieren möchte, definieren, was aus der Ordnung herausfallen soll. Solche Versuche aber erschöpfen sich in bloßer Exklusion, wenn sie nicht mit den lokalen Kontexten rechnen, die sie neu ordnen wollen. So war es auch im späten Zarenreich. Die zarischen Bürokraten verwandelten Vertrautheit in Fremdheit, weil sie vertraute Herrschafts- und Lebensumstände neuen Maßstäben unterwarfen. Das Vielvölkerimperium und seine von Ort zu Ort variierenden Formen indirekter und indigener Herrschaft erschienen ihnen jetzt als Ausdruck von Unordnung. Normalität verwandelte sich in Chaos. Die Anderen, die sich in die neuen Ordnungen nicht einfügen ließen, verwandelten sich in Fremde, in Wilde, in Unaufgeklärte.[13] Denn die Rede von den dunklen, unaufgeklärten Massen, die in der Mitte des 19. Jahrhunderts den Sprachgebrauch und die Selbstrepräsentation der zarischen Eliten veränderte, ergab sich aus der Vorstellung, modern sei nur, was den importierten kulturellen Ordnungen entsprach. Die bäuerlichen Untertanen und »fremdstämmigen« Eliten des Zarenreiches verloren ihren Status als Andere und wurden zu Fremden, die man nicht länger ihren eigenen Ordnungen überlassen durfte. Man könnte auch sagen, dass die aufgeklärten Bürokraten Russland exotisierten. Sie brachen die Brücken ab, die sie mit den Untertanen noch verbanden, sie stellten Exklusivität und Abstand zwischen sich und dem Rest des Imperiums her.

Die importierten Ordnungen erzeugten aber nicht nur Exklusivität. Sie warfen die Eliten auf sich selbst zurück und bestärkten sie in ihrer Gewissheit, isoliert und ohnmächtig zu sein. Aus dieser Isolation konnten sie sich nur hinausbegeben, wenn die symbolischen Ordnungen, in denen sie selbst zu Hause waren, zu Ordnungen aller wurden, wenn sie sich in die Seelen der Untertanen einschrieben. Es waren die zentralstaatlichen Reformen im letzten Drittel des 19. Jahrhunderts, mit denen die aufgeklärten

Bürokraten versuchten, das Zarenreich in einen homogenen Nationalstaat nach europäischem Vorbild zu verwandeln und ihre Randposition zu überwinden.[14]

Russlands neue Ordnung war in ihrem Anspruch eine Negation des vormodernen Vielvölkerreiches. Sie repräsentierte den Willen der Reformer, das Zarenreich in einen zentralistischen Nationalstaat nach europäischem Muster umzuformen. Zu einem solchen Staat gehörten eine moderne Bürokratie mit Regeln und Verordnungen, deren Geltung sich auf das gesamte Imperium erstreckte ebenso wie eine Rechtsprechung, die sich an europäischen Verfahren des Rechtsstaates orientierte und das lokal variierende Recht der Gewohnheit nivellierte. In der Justiz, in der lokalen Selbstverwaltung, in der Schule und in der Wehrpflichtarmee sollten ehemalige Leibeigene lernen, sich als loyale Staatsbürger neu zu entwerfen. »Graždanstvennost'« (civilité) – so lautete das Zauberwort, das die Geistesverfassung des neuen Menschen beschrieb. Dieser Mensch war eine Kreatur des Staates und seiner Institutionen, die ihn formten und veränderten.[15]

Das ist auch der Grund, warum sich die autokratischen Inszenierungen von Allmacht im späten 19. Jahrhundert ungebrochen fortsetzten. Als Eroberer, die sich im Verweis auf ihre europäische Herkunft legitimierten, eröffneten sich für die Romanovs und die herrschenden Eliten keine anderen Möglichkeiten, als an den Allmachtsansprüchen der Autokratie festzuhalten. »The alternative to absolute power was disintegration, anarchy, and international humiliation. The conquest motif expressed the domination of an Imperial elite with foreign origins or associations that elevated them above the subject population, whether Russian or other nationality.« So hat Richard Wortman diesen Zusammenhang in seinem Buch »Scenarios of power« beschrieben. Selbst Nikolaj II., der sich als »nationaler« Herrscher verstand, sah sich nicht als Repräsentant der Nation. Für ihn war die Nation vielmehr in den symbolischen Handlungen des Zaren verkörpert. Sie war eine Verlängerung der monarchischen Repräsentation.[16] Jede Repräsentation der Autokratie war eine Repräsentation von Allmacht, die sich in der Liebe des Volkes zum Zaren zur Wirkung brachte. Auf sie zu verzichten hätte bedeutet, den Anspruch auf die kulturelle Homogenisierung des Vielvölkerreiches aufzugeben.

Die autokratischen Reformen kamen nicht nur von oben. Sie kamen auch von außen und sie nahmen auf die Bedürfnisse der Gesellschaften des Imperiums keine Rücksicht. Dafür standen nicht zuletzt die Justiz- und Verwaltungsreformen des Jahres 1864, die Versuche waren, das Imperium einer einheitlichen Rechtsordnung zu unterwerfen und das Zarenreich in einen Rechtsstaat nach europäischem Vorbild zu verwandeln. Aber die Reformer sahen im Recht und seinen Institutionen vor allem ein Instrument sozialen und kulturellen Wandels. In den Gerichten wurde nicht nur Recht gesprochen, in ihnen wurden Untertanen und Bauern zu Staatsbürgern erzogen.[17] Deshalb war die reformierte Justiz eine Totgeburt, weil sie weder die Vollzugsbedürfnisse der Verwaltung noch das Rechtsbewusstsein der Bevölkerung zum Ausdruck brachte. Zwar beriefen sich die Reformer auf »russische« Traditionen und den Willen des Selbstherrschers. Genau besehen aber schöpften auch diese »Traditionen« aus den Imaginationen einer europäisierten Elite, die vom Willen des Volkes zwar unablässig sprach, ihn aber nicht kannte. Die reformierte Justiz und der Geist, aus dem sie sich hervorbrachte, wurzelten im Reich der europäischen Aufklärung, das die Reformer, aber nicht die Untertanen bewohnten. In diesem Reich regierte der Glaube an die Kraft der Vernunft.[18] »Ein vernünftiges Gesetz kann niemals das Schlechte verursachen«, so brachte es der spiritus rector der Justizreform, Zarudnyi, auf den Begriff.[19] Deshalb kam es nur noch darauf an, solche Gesetze zu entwerfen, die den Vernunftbegriffen der aufgeklärten Beamten entsprachen. Das ist auch der Grund, warum die Reformer für den Abschluss ihres Gesetzeswerkes nur wenige Monate benötigten. Sobald sie den Zaren von der Notwendigkeit der Reform überzeugt hatten, gab es niemanden mehr, der sie an der Verwirklichung ihrer Pläne hätte hindern können.[20] Es war die Aufgabe der Justizreform, dass das Rechtsbewusstsein der aufgeklärten Beamten zum Bewusstsein aller wurde. Der europäische Rechtsstaat, so wie ihn die Reformer verstanden, war die Nivellierung des Imperiums und seiner Kulturen.[21]

Das Streben nach Homogenität durch Recht aber blieb nur ein unerfüllter Anspruch. Recht, das nicht im Konsens entsteht, lässt sich zwar verordnen, aber es lässt sich nicht durchsetzen. Russisches Recht war aus dem Ausland importiertes Recht, das auf gewachsene Traditionen keine Rücksicht nahm. Seine Begriffe richteten sich allenfalls an Richter und Beamte, nicht an die Bevölkerung, für die das Recht entweder unerreichbar oder unverständlich war. Unter diesen Umständen auf der Geltung von Normen zu bestehen, die sich nicht erfüllen ließen, hieß, den Respekt vor dem Recht zu untergraben. Rief der Staat seine Ansprüche nicht in Erinnerung, gerieten sie in Vergessenheit. Und wo Bauern in Geschworenengerichten Recht sprechen mussten, entschieden sie so, wie sie auch im Dorf entschieden hätten.[22]

In den Dörfern und in den Arbeitersiedlungen am Rande der großen Städte übten die zentralstaatlichen Reformen nur schwache Wirkungen aus, weil es dort weder staatliche Institutionen noch Staatsbeamte gab, die sie hätten vermitteln können. Die Untertanen lebten in selbstverwalteten, segregierten Gewalträumen, in denen die staatlichen Institutionen nur in Erscheinung traten, wenn sie Steuern eintrieben, Soldaten rekrutierten oder Ungehorsam bestraften. In der kulturellen Apartheid, die das späte Zarenreich auszeichnete, zerbrachen die Ordnungsentwürfe der Eliten. Und wo Eliten und Bauern aufeinander trafen: in der lokalen Selbstverwaltung, vor Gericht und in der Armee, lernten sie einander als Abgesandte einer fremden Welt kennen. Nicht einmal in der 1874 geschaffenen Wehrpflichtarmee stellte sich jene Gemeinschaft von Staatsbürgern her, von der die Reformer träumten. Das russische Militär brachte die Zerrissenheit des Imperiums zum Ausdruck, weil es Bauern-Soldaten und Offiziere voneinander trennte. Die Armee war ein Gefängnis, in dem sich Bauern, die von Offizieren beaufsichtigt wurden, selbst verwalteten. Zur Nivellierung des Imperiums trug sie nichts bei. Sie repräsentierte es vielmehr.[23]

Gleichwohl blieben die zentralstaatlichen Reformen und Ordnungsversuche nicht ohne Folgen. Denn sie exotisierten das Volk, weil sie den Eliten die Verschiedenheit des Imperiums erst recht zu Bewusstsein brachten. Vor allem dort, wo sich das Leben von seiner »finstersten« Seite zeigte, wo unverständliche Sprachen gesprochen wurden und fremde Gewohnheiten herrschten, wo indigene Eliten Recht sprachen und Verwaltung ausübten, sahen die aufgeklärten Bürokraten nicht mehr nur Verschiedenheit, sondern eine existenzielle Bedrohung ihres modernen Ordnungsentwurfes. Nunmehr wurden die ständischen Ordnungen in den Westprovinzen und in den baltischen Gouvernements, Scharia und nomadische Gewohnheitsrechte zu einem Anachronismus. Deshalb weiteten sich die zentralstaatlichen Reformen während des 19. Jahrhunderts in konzentrischen Kreisbewegungen vom Zentrum an die Peripherie aus. Mit den Behörden, den Gesetzen und Vorschriften des Zentralstaates kamen auch die russische Sprache und russische Beamte an die Peripherie. In der lokalen Verwaltung, in den Schulen und in der Justiz konnte jetzt nur noch dienen, wer russisch sprach und sich den neuen Ordnungen ganz verschrieb. Zwar wurden die indigenen Eliten in fast allen Regionen des Imperiums sukzessiv aus den Leitungsfunktionen des Staates verdrängt. Aber die Zentralgewalt brachte sich so um die notwendige Vermittlung ihres Modernisierungsprojektes, das vor allem an der islamischen Peripherie unübersetzt blieb. Wer an den überkommenen Lebensweisen und Traditionen festhielt, stand außerhalb der Rechtsordnung und jener Existenzsform, die die zarischen Beamten für zivilisiert hielten.[24]

Deshalb wurden die Ordnungsvorstellungen der Zentralgewalt von den indigenen Eliten und den Bauern, die mit ihnen konfrontiert wurden, als kulturelle Bevormundung verstanden. So erinnerte sich der Petersburger Senator Reinke, der 1911 zur Revision der Justiz- und Verwaltungsbehörden nach Tiflis entsandt worden war, vor den Gerichten und Behörden seien »zwei einander ausschließende Weltsichten« aufeinander getroffen. Er sprach von einem »kulturellen Drama«, das die zarische Modernisierungsstrategie im Kaukasus inszeniert habe.[25] Man könnte auch sagen, dass die zarische Variante der Modernisierung jenen Separatismus überhaupt erst hervorrief, den sie überwinden wollte. Sie machte sich die indigenen Eliten zu Feinden, weil sie sie daran hinderte, sich im eigenen Bedeutungsuniversum über die Veränderung der Welt aufzuklären. Frei und emanzipiert war deshalb nicht, wer sich zum modernen Ordnungsentwurf der Zentralgewalt bekannte, sondern wer sich ihm widersetzte. So aber brachten sich die Beamten des Zaren nicht nur um ihre Autorität, sie provozierten Gewalt, wo sie sich ungeachtet ihrer Marginalität über die Traditionen der lokalen Bevölkerung hinwegzusetzen versuchten. Am Ende musste das Regime auf das

Ausnahmerecht, auf Standgerichte und Kosaken zurückgreifen, wo es ihm nicht gelang, sich im Medium des Rechts Respekt zu verschaffen.[26]

Zu dieser Entfremdung zwischen Zentrum und Peripherie trug nicht zuletzt die ethnische Neuvermessung des Imperiums bei, wie sie Militärstatistiker, Orientalisten und Rechtsanthropologen nach europäischem Vorbild betrieben. Denn die Herstellung eines imperialen Nationalstaats konnte nur gelingen, wenn feststand, was aus ihm ausgeschlossen bleiben musste. Die Überwindung ethnischer Segregation setzte ihre Inszenierung voraus. Seit dem ersten Drittel des 19. Jahrhunderts beschrieben die zarischen Eliten das Imperium nicht mehr nur in ständischen und religiösen Kategorien. In ihm lebten jetzt auch Völker, Stämme und Nationen. Man konnte sie an ihren Sprachen, an der Religion und den Sitten und Gebräuchen erkennen. Die zarischen Reformer integrierten das romantische Konzept der Kulturnation in eine historische Teleologie, die alte von neuen, rückständige von fortgeschrittenen Völkern unterschied. Das Zelt des Nomaden war nicht nur eine unbequeme Behausung, es war auch älter als das Haus. Nomadentum und Islam wurden zu Synonymen für Rückständigkeit und Fanatismus, christliche Völker zu Trägern der neuen Zivilisation. Mitglied im imperialen Nationalstaat konnte nur sein, wer sich auf ein »höheres« Kulturniveau begab und die Sitten der Vorfahren von sich warf. Die Eliten des Imperiums repräsentierten das Imperium als einen Ort religiöser und nationaler Eindeutigkeit. Nomaden verwandelten sich in ihm in Träger von Krankheiten und Epidemien, in Kriminelle und Vagabunden, Muslime wurden zu Fanatikern, die an unzeitgemäßen Lebensweisen festhielten.[27]

Wo den Untertanen ethnische Zuschreibungen und Stereotype aufgezwungen wurden, mussten sie sich zu ihnen verhalten. So kam es, dass Konflikte zwischen Sesshaften und Nomaden, zwischen Juden, Muslimen und Christen jetzt auch Konflikte zwischen »modernen« und »vormodernen« Lebensweisen, zwischen Zivilisierten und Barbaren waren. Sie nahmen die Petersburger Beamten als Bedrohung für die Integrität des Imperiums wahr. Aber es waren die zentralen Strategien der Ethnisierung, die solchen Konflikten überhaupt erst Dynamik verliehen.[28]

Der Diskurs über die moderne Gesellschaft und ihre Feinde kam aus dem kolonialen Kontext, in Europa ebenso wie in Russland. Gleiches gilt für die Techniken der »Modernisierung« durch ethnische Homogenisierung. Was die Briten in Südafrika und Indien, die Franzosen in Algerien und die Spanier auf Kuba erprobten – dafür brachten die zarischen Generäle und Beamten großes Interesse auf. Nicht wenige von ihnen hatten die Schauplätze der blutigen Kolonialkriege in Algerien, Südafrika und auf Kuba selbst besucht, um zu erfahren, wie die fortgeschrittenen Mächte des Westens »Wilde« und »Barbaren« unterwarfen und ihnen europäische Ordnungen aufzwangen. Die von ihnen selbst angerichtete Ethnisierung des Imperiums nahmen wenigstens die militärischen Eliten des Zarenreiches als anarchisches Chaos und Bedrohung wahr. Für sie lag die Schwäche Russlands in seiner Multiethnizität begründet. Das Deutsche Reich war erfolgreich, weil es ein Nationalstaat mit einer kulturell homogenen Bevölkerung war. Militarisierte Nationen würden multiethnische und fragmentierte Gesellschaften stets besiegen. Daran schienen die zarischen Generäle jedenfalls nicht zu zweifeln. Deshalb musste sich Russland als Nationalstaat neu entwerfen. »Eine ideale Bevölkerung ist eine monoethnische Bevölkerung mit einer Sprache«, wie es einem 1909 erschienenen Lehrbuch des zarischen Generalstabes hieß. Deshalb sei, so das Handbuch, die ethnische Komposition des russischen Kernlandes »zufriedenstellend«, jene der Peripherie jedoch »unerwünscht«.[29]

Die »ethnische Säuberung« mag eine Idee gewesen sein, die in den Köpfen von Europäern entstand. Verwirklicht wurde sie indessen an der europäischen Peripherie und in den Kolonien, wo sich den Bevölkerungsplanern keine Hindernisse in den Weg stellten. Im Zarenreich kam es bereits früher als anderswo zur Enthemmung der militärischen Eliten. Während der Kaukasuskriege in der Mitte des 19. Jahrhunderts kam es zur systematischen Verwüstung ganzer Landstriche und der Vertreibung von Tscherkessen und Tschetschenen aus ihrer Heimat. Kurz zuvor hatten die zarischen Behörden Tataren von der Krim vertrieben, und auch während der Balkankriege redete die zarische Regierung der Vertreibung muslimischer Minoritäten das Wort.[30] In den Jahren des Ersten Weltkrieges kam die ethnische Säuberung von der Peripherie ins Zentrum des Imperiums, als Flüchtlingsströme, Pogrome und Massaker die Grenzregionen an der West- und an der Kaukasusfront erschütterten. Der Kommandeur der Nordwestfront Bonč-Bruevič empfahl dem Generalstab 1915, alle feindlichen ethnischen Gruppen aus den »rein russischen Provinzen« zu entfernen, sie registrieren und deportieren zu lassen. Generalstabschef Januškevič griff diese Vorschläge sofort auf und erteilte den zurückweichenden Truppen 1915 die Anweisung, die Dörfer deutscher Bauern zu zerstören und die polnische und jüdische Bevölkerung aus den Grenzgebieten ins Landesinnere zu deportieren. Nichts sollte an die Vertriebenen erinnern, alle Spuren ihrer Existenz sollten ausgelöscht werden.[31] Und auch in Zentralasien experimentierten die Eroberer mit Bevölkerungsverschiebungen, die darauf hinausliefen, »barbarische« Asiaten zu vertreiben und durch »zivilisierte« und vertrauenswürdige russische Siedler zu ersetzen. Als sich 1916 kasachische Nomadenstämme gegen die lokale Militärverwaltung erhoben, reagierte das Regime darauf mit Vernichtung und systematischer Vertreibung. Kriegsminister Kuropatkin sah schon 1916 keine andere Möglichkeit mehr, als Russen und Kasachen räumlich voneinander zu trennen, um so ethnisch homogene Regionen in Zentralasien zu schaffen.[32]

Die Wirkungen der ethnischen Säuberungen waren zweifellos größer als alle Reformen, mit denen die zarischen Modernisierer die Bevölkerung des Imperiums konfrontiert hatten. Sie entwurzelten mehrere Millionen Menschen, sie setzten diese Menschen in Bewegung, und sie ethnisierten die Beziehungen zwischen den Untertanen. Das Sinnbild der zarischen Moderne war der Flüchtling. Er repräsentierte Chaos und Anarchie, er widersprach den Ordnungen, die die Eliten für europäisch hielten und er symbolisierte die unkontrollierbare Gewalt der staatsfernen Räume.[33]

II. Die Sowjetunion

Die Bolschewiki griffen die Frage nach der Ordnung in der modernen Welt wieder auf. Aber sie fanden auf diese Frage ungleich radikalere Antworten als ihre Vorgänger in der zarischen Bürokratie.[34] Der Sozialismus war in der Vorstellung der Bolschewiki ein Projekt, dessen Absicht darin bestand, die ständischen und ethnischen Unterschiede im Imperium zum Verschwinden zu bringen und »Barbaren« in zivilisierte Europäer zu verwandeln. Er war nicht nur eine Gesellschaftsform, sondern der Bewusstseinszustand des modernen Menschen. Dieser Mensch warf Aberglauben und Religion von sich, emanzipierte sich von den Vorurteilen seiner Umgebung, er überwand und entwarf sich neu. Modern war eine Gesellschaft, in der Menschen in Städten wohnten und in Fabriken arbeiteten, in der sie die Sprache der Bolschewiki sprachen, ihre Kleidung trugen, ihre Feste feierten und ihre Musik hörten. In der neuen Welt waren Machthaber und Untertanen miteinander verbunden, indem sie sie auf gleiche Weise anschauten. Davon jedenfalls träumten die Bolschewiki. Aber sie vertrauten dabei nicht allein auf die Macht »guter« Gesetze und Institutionen. Sie wollten die Seelen der Untertanen ergreifen, ihr Denken, ihr Fühlen und ihr Sprechen verändern. Wenn sie dieses Ziel erreichen wollten, mussten sie nach Wegen suchen, sich ihnen auf andere Weise zu nähern als die zarischen Modernisierer.[35]

Im Unterschied zu den zarischen Bürokraten ordneten die Bolschewiki die Gesellschaften des Imperiums nach sozialen Kategorien, und dabei markierten sie Freunde und Feinde, die aus diesen Gesellschaften ausgeschlossen bleiben mussten.[36] Nur mussten sie sich den Menschen, die sie erreichen wollten, in ihren Sprachen und in ihrer Kultur verständlich machen. Dieses Dilemma ließ sich nur auflösen, wenn die Bolschewiki die Gesellschaften des Imperiums nach Sprachen, Religionen und Kulturen neu vermaßen. Kurz: die Bolschewiki glaubten, dass sich die zivilisatorische Mission ebenso wie die sozialen Konflikte in nationalen Formen vollziehen müsse. »National in der Form, sozialistisch im Inhalt«, so hatte Stalin dieses Konzept auf dem 12. Parteitag im Jahre 1923 beschrieben. Wie schon Lenin, der 1914 davon gesprochen hatte, dass Vielvölkerreiche »rückständig«, Nationalstaaten hingegen »fortschrittlich« seien, verwies auch Stalin auf europäische Vorbilder. Man könne nicht gegen die Geschichte gehen, so gab Stalin auf dem 10. Parteitag im März 1921 jenen bolschewistischen Kritikern zu bedenken, die von der Imitation europäischer Nationsmodelle nichts wissen wollten.[37] Im Unterschied zu den zarischen Modernisierern sprachen die Bolschewiki nicht vom Imperium als Nation, sondern von Nationen im Imperium und von Klassen, die zu diesen Nationen gehörten. Sie griffen die romantischen Nationskonzepte des 19. Jahrhunderts auf und ordneten den Raum der Sowjetunion nach ethnischen Kriterien neu.[38] Es waren die Ethnologen, Sprachwissenschaftler und Orientalisten, deren Rede von der Verschiedenheit der Völker von den Ministern des Zaren nicht gehört worden war, die sich dem Konzept der nationalen Abgrenzung verschrieben. Sie halfen den Bolschewiki, ein neues Wissen über das Imperium zu erwerben. In ihm präsentierte sich das Imperium als Verbund von Nationen.[39]

Die Sowjetunion ist deshalb auch als Kommunalwohnung beschrieben worden, in dem jede Nation ihr eigenes Zimmer bewohnte.[40] Zwar ordneten auch die Bolschewiki Nationen in Rangtabellen ein, die darüber Auskunft gaben, auf welcher Entwicklungsstufe sich die Völker befanden und was ihnen historisch noch bevorstand. Bauernnationen, nomadische und islamische Nationen konnte man an ihrer fehlenden Klassendifferenzierung, an der ungebrochenen Kraft der Religion, an vormodernen Lebensweisen und an der untergeordneten Stellung der Frauen erkennen. Zwar ließen auch die Bolschewiki keinen Zweifel daran, was sie von solchen Lebensweisen hielten. Aber sie erwarteten, dass sie sich durch ökonomischen Fortschritt, Bildung und durch die bloße Repräsentation des modernen Lebens von selbst auflösen würden. Deshalb wurden die rückständigen Nationen anfangs privilegiert. Wer ihnen angehörte, musste bei der Vergabe von Arbeits- und Studienplätzen bevorzugt behandelt werden. In den Partei- und Staatsbehörden, im Bildungswesen und in der Industrie galt der Primat der lokalen Sprachen, und wo dies noch nicht geschehen war, mussten die Institutionen »nationalisiert« werden.[41]

Die Indigenisierung des Bolschewismus in der Sowjetunion ermöglichte es den Machthabern, ihr sozialistisches Modernisierungsprojekt der Bevölkerung zu vermitteln, weil sie die lokalen Eliten und bäuerlichen Aufsteiger an der Macht beteiligten, von der die zarischen Modernisierer sie ausgeschlossen hatten. Aber diese nationalen Vermittlungen warfen die Sowjetunion auf den Status eines vormodernen Imperiums zurück, dessen nationale Räume sich zu verselbstständigen drohten. Denn wo die lokalen

Eliten Macht in Sprachen und symbolischen Ordnungen ausübten, zu denen die führenden Bolschewiki keinen Zugang hatten und die ihren eigenen Ordnungen widersprachen, trug die Indigenisierung zur Verwirklichung des bolschewistischen Modernisierungsprojekts nichts bei. Für die Bolschewiki war die Nationalisierung eine Voraussetzung für die kulturelle Homogenisierung des Imperiums. In Wahrheit aber verkehrte sie das sozialistische Modernisierungsprojekt in sein Gegenteil. Denn selbst in den slawischen Kernregionen des Imperiums führte die Indigenisierung der ländlichen Verwaltung zu ihrer Verbäuerlichung. Die Gesellschaftsmodelle der Bolschewiki waren eindeutig, das Leben im Vielvölkerimperium war mehrdeutig. Deshalb nahmen die Bolschewiki, was sie selbst ins Werk gesetzt hatten, als Bedrohung wahr.[42]

In den späten zwanziger Jahren versuchten die Kommunisten, von außen und im Medium der Kampagne in die Lebenswelten der Untertanen einzugreifen: durch Einführung neuer Feiertage, durch die Inszenierung revolutionärer Feste, durch Reinheits- und Hygienekampagnen, im sowjetischen Orient auch durch Kleiderverordnungen und Entschleierungskampagnen, die scheinbar unterdrückte Frauen in freie Sowjetmenschen verwandeln sollten. Hinzu kamen Verbote, die traditionelle Lebensformen und Gewohnheitsrechte kriminalisierten und Menschen, die sich diesen Verboten widersetzten, mit Repressionen drohten.[43] Die zarischen Modernisierer hatten Untertanen, die sich ihrem Ordnungsentwurf widersetzten, ausgeschlossen, die bolschewistischen Funktionäre wollten sie aus der Welt schaffen. Deshalb war das Streben nach der kulturellen Homogenisierung des Imperiums für die Bolschewiki vor allem ein Kampf um Deutungshoheit, aus dem sie siegreich hervorgehen mussten. Die Verhaftung und Tötung »bürgerlicher« Eliten und Priester in den slawischen Kernregionen, von Stammesführern, Mullahs und Mitgliedern verbotener nationaler Parteien an der Peripherie und die gewalttätigen antireligiösen Kampagnen waren Versuche, konkurrierende Deutungseliten zu beseitigen, das Bewusstsein der Untertanen zu leeren und mit neuem Inhalt aufzufüllen.[44]

Die Kolchose und die Fabrik waren Orte, an denen die Bolschewiki das Volk unterwarfen und zivilisierten, Orte, die es ihnen ermöglichten, aus ihrer Isolation hinauszutreten. Kollektivierung und Industrialisierung wurden bislang stets nur daraufhin untersucht, was sie ökonomisch bedeuteten, nicht aber, welche zivilisatorische Bedeutung in diesen Modernisierungsprojekten verborgen lag. Denn in den Kolchosen und Fabriken wurden nicht nur neue Wirtschaftsweisen erprobt, in ihnen sollten neue Menschen geboren werden, Menschen, die vom Staat nach Belieben kontrolliert, unterworfen und verändert werden konnten. Dieses Anliegen wurde freilich nirgendwo verwirklicht. Es führte im Gegenteil in den Massenterror, nicht zuletzt deshalb, weil mit der Indigenisierung des Bolschewismus dessen destruktives Potenzial an Kraft gewann und mit ihm die Gewalt außer Kontrolle geriet. Der sowjetische Mensch, von dem die Machthaber sprachen, entstand erst nach dem Stalinismus, wenngleich er am Ende nichts weiter als eine Karikatur jenes einfältigen Fortschrittsmodells war, das die kommunistischen Eliten für europäisch hielten.[45]

In den Bauerndörfern und an der Peripherie des Imperiums gerieten die Konzepte der Zivilisierung und Nationalisierung in einen ausweglosen Konflikt. Wo die Bolschewiki Sitten und Gebräuche kriminalisierten und unter Barbareiverdacht stellten, nationale und religiöse Eliten verhaften und ermorden ließen, stellten sie auch die Nationen in Frage, die von den kriminalisierten Traditionen zusammengehalten wurden. Und sie brachten sich um die Mittlerfunktionen jener indigenen Eliten, die am Modernitätskonzept der Bolschewiki nichts auszusetzen hatten. Es war das Dilemma der Bolschewiki, dass sie von kultureller Homogenisierung sprachen und zugleich auf der Verschiedenheit bestanden. Es war deshalb keine Überraschung, dass die Anderen sich in ihren Reaktionen auf die bolschewistische Kulturrevolution auch als Andere entwarfen. In den nichtrussischen Regionen des Imperiums trat der Widerstand gegen die kulturrevolutionären Kampagnen, gegen Kollektivierung und gegen den Terror kollektiv auf, vor allem dort, wo es keine solchen sozialen Gegensätze gab, die die Bolschewiki zur Durchsetzung ihrer Ziele hätten instrumentalisieren können.[46] Deshalb gab sich der Feind für die Bolschewiki nicht nur in sozialen, sondern auch in nationalen Kollektiven zu erkennen. Und weil die Bolschewiki Feinde sahen, die sich in Kollektiven organisierten, führte das fehlgeschlagene Projekt der kulturellen Homogenisierung in den

Terror: nicht nur gegen Klassenfeinde, sondern auch gegen feindliche Nationen.[47] Dieser Terror trug zur Herstellung von Eindeutigkeit nichts bei. Er brachte vielmehr neue Feinde und neue Unordnung hervor, die die Machthaber dann beseitigen mussten. Dass vom Alten am Ende mehr überlebte, als mancher glaubte, das kam nicht zuletzt in den Gewaltformen zum Ausdruck, in denen sich dieser Terror austobte. Zwar war das moderne Streben nach Eindeutigkeit die ultima ratio des stalinistischen Terrors, seine Begründung und Rechtfertigung. Aber er war doch nur möglich, weil sich die Gewalt in den vormodernen politischen Strukturen und staatsfernen Räumen frei entfalten konnte. Der Stalinismus war eine Modernisierungs- und Erziehungsdiktatur, eine solche freilich, die ihre Absichten unter vormodernen Bedingungen verwirklichte. Sie ermöglichten es den kommunistischen Eliten, einen erbarmungslosen Massenterror gegen die eigene Bevölkerung auszuüben.[48]

»Die Postmoderne ist die Moderne, die mit ihrer eigenen Unmöglichkeit versöhnt ist – und um jeden Preis entschlossen ist, damit zu leben. Die moderne Praxis dauert an – jetzt freilich befreit von dem Ziel, das sie einst ausgelöst hat.«[49] So unterschied Zygmunt Bauman unsere Lebenswelt von jener, in der unsere Väter lebten. Aber auch die Sowjetunion hatte sich nach dem Tod Stalins verändert. Ihre Führer lernten, mit Unterschieden zu leben und Verschiedenheit als eine Möglichkeit zu verstehen, Gesellschaften Stabilität zu verleihen. Nur mussten die Menschen in der Sowjetunion für diesen Lernprozess einen ungleich höheren Preis bezahlen als die Gesellschaften in den Ländern des Westens.

Anmerkungen

1 A. Bitow: Georgisches Album, Frankfurt am Main 2003, S. 17.

2 Ch. Taylor: Hegel, Frankfurt am Main [2]1997, S. 13–80.

3 Z. Bauman: Moderne und Ambivalenz. Das Ende der Eindeutigkeit, Frankfurt/M. 1996, S. 17.

4 Bauman, Moderne und Ambivalenz, S. 33–56.

5 J. Osterhammel: Wissen als Macht. Deutungen interkulturellen Nichtverstehens bei Tzvetan Todorov und Edward Said, in: E.-M. Auch / S. Förster (Hg.): »Barbaren« und »Weiße Teufel«. Kulturkonflikte und Imperialismus in Asien vom 18. bis zum 20. Jahrhundert, Paderborn 1997, S. 145.

6 J. Scott: Seeing like a state. How Certain Schemes to Improve the Human Condition Have Failed, New Haven 1998, S. 1–6.

7 Ich habe versucht, diesen Zusammenhang am Beispiel Azerbaidžans verständlich zu machen: J. Baberowski: Der Feind ist überall. Stalinismus im Kaukasus, München 2003.

8 Bauman, Moderne und Ambivalenz, S. 35–71; dagegen zeigt Michael Riekenberg in seiner Untersuchung über Gewaltsegmente in Lateinamerika, dass die Gewaltexzesse vor allem dort außer Kontrolle gerieten, wo sich im 19. Jahrhundert die Ansprüche des modernen Interventionsstaates in den Gewalträumen durchzusetzen versuchten: M. Riekenberg: Gewaltsegmente. Über einen Ausschnitt der Gewalt in Lateinamerika, Leipzig 2003, S. 81–112; am Beispiel der Sowjetunion: H. Kuromiya: Freedom and Terror in the Donbass. A Ukrainian-Russian Borderland 1870s–1990s, Cambridge 1998; J. Baberowski: Der rote Terror. Die Geschichte des Stalinismus, München [2]2004; zur Kritik an jenen Theorien, die die Massengewalt für ein Phänomen der Moderne halten, vgl. auch: L. Keeley: War Before Civilization. The Myth of the Peaceful Savage, Oxford 1996.

9 F. Dostoevskij: Polnoe sobranie sočinenij, Bd. 27, Leningrad 1984, S. 36–37.

10 J. Baberowski: Auf der Suche nach Eindeutigkeit. Kolonialismus und zivilisatorische Mission im Zarenreich und in der Sowjetunion, in: Jahrbücher für Geschichte Osteuropas 47 (1999), S. 482–504.

11 M.E. Saltykov-Ščedrin: Polnoe sobranie sočinenij, Bd. 14, Moskva 1945, S. 112.

12 R. Wortman: Scenarios of Power. Myth and Ceremony in Russian Monarchy, 2 Bde., Princeton/N.J. 1995, 2000.

13 Y. Slezkine: Naturalists versus Nations. Eighteenth Century Russian Scholars Confront Ethnic Diversity, in: D. Brower / E. Lazzerini (Hg.): Russia's Orient. Imperial Borderlands and Peoples, Bloomington/Ind. 1998, S. 27–57; N. Knight: Ethnicity, Nationality and the Masses: Narodnost' and Modernity in Imperial Russia, in: D.L. Hoffman / Y. Kotsonis (Hg.): Russian Modernity. Knowledge, Politics, Practices, London 2000, S. 41–42.

14 Zum Problem der marginalisierten Intelligenz und ihres Publikums im 19. Jahrhundert vgl.: B. Giesen: Die Intellektuellen und die Nation. Eine deutsche Achsenzeit, Frankfurt am Main 1993, S. 73–85.

15 D. Yaroshevsky: Empire and Citizenship, in: Brower / Lazzerini, Russia's Orient, S. 58–79; Knight, Ethnicity; Baberowski, Auf der Suche, S. 489; J. Baberowski: Autokratie und Justiz. Zum Verhältnis von Rechtsstaatlichkeit und Rück-

ständigkeit im ausgehenden Zarenreich, Frankfurt am Main 1996; D. Saunders: The Ukrainian Impact on Russian Culture, Edmonton 1985, S. 237–239.

16 Wortman, Scenarios of Power, Bd. 2, S. 524–528.

17 So haben es bereits einsichtige Zeitgenossen beobachtet: B. Kistjakovski: V zaščitu prava, in: Vechi. Sbornik statej o russkoj intelligencii, Moskva 1909, S. 125–155.

18 A. F. Koni: Otcy i deti sudebnoj reformy. K pjatidesiatiletiju sudebnych ustavov, Moskva 1914; R. Wortman: The Development of a Russian Legal Consciousness, Chicago 1976, S. 197–234; W. B. Lincoln: In the Vanguard of Reform. Russia's Enlightened Bureaucrats 1825–1861, DeKalb/Ill. 1982, S. 102–138.

19 Rossijskij Gosudarstvennyj Istoričeskij Archiv (RGIA), Fond 1149, opis' 6 (1865), delo 42, l. 19.

20 Baberowski, Autokratie, S. 39–60; F. B. Kaiser: Die russische Justizreform von 1864. Zur Geschichte der russischen Justiz von Katharina II. bis 1917, Leiden 1972, S. 269–406; I. V. Gessen: Sudebnaja reforma, St.-Peterburg, 1905, S. 31–129; V. Nabokov: Raboty po sostavleniju sudebnych ustavov. Obščaja charakteristika sudebnoj reformy, in: N. V. Davydov / N. N. Poljanskij (Hg.): Suebnaja reforma, Moskva 1915, S. 303–353; I. A. Blinov: Chod sudebnoj reformy, in: Sudebnye ustavy za piat'desjat' let, Bd. 1, St.-Peterburg 1914, S. 102–232.

21 Baberowski, Auf der Suche; Yaroshevsky, Empire and Citizenship; Wortman, The Development.

22 Ch. Schmidt: Sozialkontrolle in Moskau. Justiz, Kriminalität und Leibeigenschaft 1649–1785, Stuttgart 1996, S. 394–406; Baberowski: Law and the Legal Profession, in: Cambridge History of Imperial Russia, Cambridge 2005, im Druck.

23 St. Frank: Crime, Cultural Conflict, and Justice in Rural Russia, 1856–1914, Berkeley 1999, S. 19–50, 243–275; Ch. Wynn: Workers, Strikes and Pogroms: The Donbass-Dnepr Bend in Late Imperial Russia, 1870–1905, Princeton/N. J. 1992; Kuromiya, Freedom and Terror in the Donbass; vgl. auch die Dissertation von Felix Schnell über die zarische Polizei im Moskau des späten 19. und frühen 20. Jahrhunderts, die sich im Druck befindet. Über die mangelnde Integration der Bauern in die zarische Armee berichtet neben anderen der zarische General Brusilov in seinen Erinnerungen. Vgl.: A. A. Brusilov: Moi vospominanija, Moskva 2001.

24 R. G. Suny: The Empire Strikes Out. Imperial Russia, »National Identity«, and Theories of Empire, in: R. G. Suny / T. Martin (Hg.): A State of Nations. Empire and Nation-Making in the Age of Lenin and Stalin, Oxford 2001, S. 23–66; Baberowski, Der Feind, S. 28–83; T. R. Weeks: Nation and State in Late Imperial Russia. Nationalism and Russification on the Western Frontier, DeKalb/Ill. 1996.

25 RGIA, Fond 1485, opis' 1, delo 2, l. 44.

26 Vgl. dazu G. M. Tumanov: Razboj i reforma suda na kavkaze, S.-Peterburg 1903, S. 10–14; M. E. Gegidze: K voprosu o reforme ugolovnago sudoproizvodstva v Zakavkazskom krae, in: Žurnal Ministerstva Justicii 2 (1896), S. 41. Zum Ausnahmezustand und seinen Ursachen vgl.: Baberowski, Autokratie und Justiz, S. 767–767.

27 Slezkine, Naturalists versus Nations; Knight, Ethnicity; J. Baberowski: Nationalismus aus dem Geist der Inferiorität. Autokratische Modernisierung und die Anfänge muslimischer Selbstvergewisserung im östlichen Transkaukasien 1828–1914, in: Geschichte und Gesellschaft 26 (2000), S. 371–406; J. W. Slocum: Who,

and When, Were the Inorodtsy? The Evolution of the Category of »Aliens« in Imperial Russia, in: Russian Review 57 (1998), S. 173–190.

28 Vgl. Exemplarisch: Th. Weeks: Nation and State in Late Imperial Russia. Nationalism and Russification on the Western Frontier, 1863–1914, DeKalb/Ill. 1996, S. 92–130, 152–171; A. Kappeler: Mazepintsy, Malorossy, Khokhly: Ukrainians in the Ethnic Hierarchy of the Russian Empire, in: A. Kappeler / Z. E. Kohut (Hg.): Culture, Nation and Identity. The Ukrainian-Russian Encounter, 1600–1945, S. 162–181; O. Andriewsky: The Russian-Ukrainian Discourse and the Failure of the »Little Russian Solution«, 1782–1917, in: Kappeler / Kohut, Culture, S. 182–214; P. R. Weisensel: Russian-Muslim Inter-Ethnic Relations in Russian Turkestan in the Last Years of the Empire, in: J. Morison (Hg.): Ethnic and National Issues in Russian and East European History, London 2000, S. 46–63; Baberowski, Nationalismus.

29 P. Holquist: To Count, to Extract and to Exterminate. Population Statistics and Population Politics in Late Imperial and Soviet Russia, in: Suny / Martin, A State of Nations, S. 115; J. A. Sanborn: Drafting the Russian Nation. Military Conscription, Total War, and Mass Politics, 1905–1925, DeKalb/Ill. 2003, S. 9–19; Brusilov, Moi vospominanija, S. 73; V. V. Šelochaev: Razrabotka kadetami nacional'nogo voprosa v gody pervoj mirovoj voiny, in: V. L. Mal'kov (Hg.): Pervaja mirovaja vojna. Prolog XX veka, Moskva 1999, S. 355. Über patriotische Propaganda im Ersten Weltkrieg in Russland vgl.: H. Jahn: Patriotic Culture in Russia during World War I, Ithaca/N. Y. 1995.

30 A. P. Berže: Vyselenie gorcev s Kavkaza, in: Russkaja Starina (1882), H. 1, S. 161–176, 337–363; M. Ja. Ol'ševskij: Kavkaz i pokorenie vostočnoj ego časti, 1858–1861, in: Russkaja Starina (1894), H. 9, S. 22–43, (1895), H. 4, S. 179–189, H. 6, S. 171–184, H. 9, S. 105–117, H. 10, S. 129–166; D. A. Miljutin: Vospominanija general-fel'dmaršala grafa Dmitrija Alekseeviča Miljutina 1816–1843, Moskva 1997, S. 306–314; Pereselenie tuzemcev Kubanskoj oblasti v Turcii i na ukazannye im mesta v predelach oblasti, in: Vyselenie adygov v Turciju, S. 88–112; G. A. Dzagurov (Hg.): Pereselenie gorcev v Turciju, Rostov na Don 1925, S. 36–37; O vyselenii Tatar iz Kryma v 1860 godu: zapiska general-ad-jutanta E. I. Totlebena, in: Russkaja Starina (1893), H. 6, S. 531–550; Pereselenie tatar iz Kryma v Turciju. iz zapisok G. P. Levickogo, in: Vestnik Evropy (1882), H. 5, S. 596–639.

31 Sovet ministrov rossijskoi imperii v gody pervoj mirovoj vojny. Zapiski zasedanii i perepiska, St. Peterburg 1999, S. 147; Sanborn, Drafting, S. 114–122; E. Lohr: The Russian Army and the Jews. Mass Deportations, Hostages, and Violence during World War I, in: Russian Review 60 (2001), S. 404–419; A. B. Cfasman: Pervaja mirovaja vojna i evrei Rossii 1914–1917, in: I. V. Narskij / O. Nikonova (Hg.): Čelovek i vojna. Vojna kak javlenie kul'tury, Moskva 2001, S. 171–180; P. Gatrell: A Whole Empire Walking. Refugees in Russia during World War I, Bloomington/I. 1999, S. 15–32, 141–170; V. Dönninghaus: Die Deutschen in der Moskauer Gesellschaft. Symbiose und Konflikte 1494–1941, München 2002, S. 373–516; Baberowski, Der Feind, S. 84–96.

32 Holquist, To Count. S. 121–122; D. Brower: Kyrgyz Nomads and Russian Pioneers. Colonization and Ethnic Conflict in the Turkestan Revolt of 1916, in: Jahrbücher für Geschichte Osteuropas 44 (1996), S. 41–53.

33 Gatrell, A Whole Empire, S. 171–196.

34 Bauman, Moderne und Ambivalenz, S. 323.

35 D. Hoffmann: Stalinist Values. The Cultural Norms of Soviet Modernity 1917–1941, Ithaca/N.Y 2003, S. 15–56; Sh. Fitzpatrick: Everyday Stalinism. Ordinary Life in Extraordinary Times: Soviet Russia in the 1930s, Oxford 1999, S. 67–88; St. Plaggenborg: Revolutionskultur. Menschenbilder und kulturelle Praxis in Sowjetrussland, Köln 1996, S. 73–86; G. Koenen: Utopie der Säuberung. Was war der Kommunismus?, Berlin 1998, S. 125–134; L. Trockij: Literatura i revoljucija, Moskva 1923.

36 Sh. Fitzpatrick: Ascribing Class. The Construction of Social Identity in Soviet Russia, in: Journal of Modern History 65 (1993), S. 745–770; G. Alexopoulos: Stalin's Outcasts. Aliens, Citizens, and the Soviet State, 1926–1936, Ithaca/N.Y. 2003; Baberowski, Der rote Terror, S. 114–115.

37 Desjatyi s-ezd RKP(B). Mart 1921 goda. Stenografičeskij otčet, Moskva 1963, S. 213; Baberowski, Der Feind, S. 200–201; T. Martin: The Affirmative Action Empire. Nations and Nationalism in the Soviet Union 1923–1939, Ithaca/N.Y. 2001, S. 1–27; Y. Slezkine: The USSR as a Communal Appartment, or How a Socialist State Promoted Ethnic Particularism, in: Slavic Review 53 (1994), S. 414–452.

38 E.D. Weitz: A Century of Genocide. Utopias of Race and Nation, Princeton/N.J. 2003, S. 51–68; A. Khalid: Nationalizing the Revolution in Central Asia: The Transformation of Jadidism, 1917–1920, in: Suny / Martin, A State of Nations, S. 145–162; D. Northrop, Veiled Empire. Gender and Power in Stalinist Central Asia, Ithaca/N.Y. 2004, S. 33–68; Baberowski, Der Feind, S. 314–349; Sanborn, Drafting, S. 95; T. Martin: Modernization or Neo-Traditionalism? Ascribed Nationality and Soviet Primordialism, in: Sh. Fitzpatrick (Hg.): Stalinism. New Directions, London 2000, S. 348–367.

39 F. Hirsch: The Soviet Union as a Work-in-Progress: Ethnographers and the Category of Nationality in the 1926, 1937, and 1938 Censuses, in: Slavic Review 56 (1997), S. 251–278; dies.: Toward and Empire of Nations: Border-Making and the Formation of Soviet National Identities, in: Russian Review 59 (2000), S. 201–226; dies.: Empire of Nations. Colonial Technologies and the Making of the Soviet Union, 1917–1939, Ph. D. Diss. Princeton University 1998.

40 Slezkine, The Soviet Union as a Communal Appartment.

41 Martin, The Affirmative Action Empire, S. 129–146; Northrop: Nationalizing Backwardness. Gender, Empire, and Uzbek Identity, in: Suny / Martin, A State of Nations, S. 191–220; Baberowski, Der Feind, S. 316–349.

42 Baberowski, Der Feind, S. 411–552.

43 M. Rolf: Constructing a Soviet Time. Bolshevik Festivals and their Rivals during the First Five-Year Plan. A Study of the Central Black Earth Region, in Kritika 1 (2000), S. 447–473; vgl. auch: M. Rolf, »Das sowjetische Massenfest«. Dissertation Humboldt-Universität Berlin 2004; Hoffmann, Stalinist Values, S. 55–56, 175–183; R. Stites: Revolutionary Dreams. Utopian Vision and Experimental Life in the Russian Revolution, New York 1989; Plaggenborg, Revolutionskultur.

44 Northrop, Veiled Empire, S. 242–313; Baberowski, Der Feind, S. 555–586; W.B. Husband: »Godless Communists«. Atheism and Society in Soviet Russia, 1917–1932, DeKalb/Ill. 2000, S. 130–158.

45 Hoffmann, Stalinist Values, S. 175–183; L. Viola: Popular Resistance in the Stalinist 1930s, in: Dies. (Hg.): Contending with Stalinism. Soviet Power and Popular Resistance in the 1930s, Ithaca/N.Y. 2002, S. 17–43; L. Viola: Peasant Rebels under Stalin. Collectivization and the Culture of Peasant Resistance, Oxford 1996, S. 205–233; Baberowski, Der Feind, S. 691–752.

46 Northrop, Veiled Empire, S. 209–241; Martin, The Affirmative Action Empire, S. 273–308.

47 T. Martin: The Origins of Soviet Ethnic Cleansing, in: Journal of Modern History 70 (1998), S. 813–861; Weitz, A Century of Genocide, S. 74–84.

48 Diese Idee habe ich bereits an anderer Stelle formuliert: Baberowski, Der rote Terror, S. 179–208.

49 Bauman, Moderne und Ambivalenz, S. 127.

Dietrich Beyrau

Aus der Subalternität in die Sphären der Macht

Die Juden im Zarenreich und in Sowjetrussland (1860–1930)

Einführung

In den letzten Jahrzehnten hat sich ein Wandel im Umgang mit der Geschichte der Juden in Russland und der Sowjetunion vollzogen. Früher war von der jüdischen Frage die Rede. Dabei ging es entweder um eine oft genug kontextlose Nationalgeschichte der Juden, die durch Eingriffe der Staatsmacht oder durch Pogrome gestört wurde, um die Geschichte von Judenfeindschaft und Antisemitismus. Armut, Diskriminierungen und der Kampf dagegen bildeten zentrale Themen dieser »großen Erzählung«.[1]

Der neuere Blick auf die russische bzw. sowjetische Geschichte als imperiale Geschichte hat die Perspektiven verändert. An die Stelle der Geschichte des Judentums und der Judenfeindschaft als fast ausschließlich selbstbezügliche Erscheinungen sind die vielfältigen Interaktionen zwischen jüdischen und nichtjüdischen Lebenswelten getreten, dies im Zusammenhang ethnischer Gemengelagen, eines rapiden sozialen Wandels und politischer Umbrüche.

Der folgende Beitrag stellt einen Ausschnitt aus der Geschichte der Juden des Russischen Reiches und Sowjetrusslands vor. Es geht um den Ausbruch aus der ständischen Subalternität in die Gegenkultur der radikalen Intelligenzija seit 1860 bis in die Sphären der Macht nach 1917. Vor dem Hintergrund der Veränderungen und Revolutionen werden die Streitkräfte als exemplarisches Feld ausgewählt, an dem sich diese Bewegungen von unten in die Eliten von Staat und Gesellschaft rekonstruieren lassen.

Wege aus der jüdischen Tradition

Die Geschichte der Juden im östlichen Europa und in Russland erscheint heute als eine Geschichte der Transformation in die Moderne, einer Moderne, die viele Optionen (und ebenso viele Katastrophen) in Bereitschaft hielt. Der Ausgangspunkt des vorliegenden Beitrages ist die Auflösung des ständischen Gefüges und der alten jüdischen Vergemeinschaftungsformen.

Für die Juden als eine in sich differenzierte ethno-konfessionelle Gemeinschaft und als kommerzielle »Zwischenschicht«, eingezwängt zwischen den Bauern und dem Adel, mochten die Herausforderungen des Wandels existenzieller sein als für andere Bevölkerungsgruppen. Denn mit dem Verlassen der traditionellen Lebenswelten stellte sich die Frage nach dem Wandel oder gar nach der Aufgabe jüdischer Identität durch die Aneignung einer neuen Sprache, durch eine neue Definition des religiösen Selbstverständnisses oder gar durch Konfessionswechsel. Für viele Juden ging es also um Zwänge, die mit den Begriffen von Integration, Akkulturation und Assimilation beschrieben werden, mithin Prozessen unterschiedlich intensiver Anpassung an hegemoniale Kulturen.[2]

Die Größe und ethnische Vielfalt des Imperiums und seine nach dem Krimkrieg in Auflösung begriffene ständische Struktur eröffneten je nach Situation sehr unterschiedliche Optionen. So erwarteten die polnischen Aufständischen, dass sich die Emanzipation der Juden als vollständige Solidarisierung mit der nationalen Sache der Polen zeige, d. h. sich als Polonisierung zu vollziehen habe. In der Tat entstand zumindest in Warschau und anderen größeren Städten eine jüdische Honoratiorenelite, die sich als Polen mosaischen Glaubens definierte, allerdings von der Masse der Juden als »deutsch« wahrgenommen wurde.[3] Von einem solchen Status konnten in der zweiten Hälfte des 19. Jahrhunderts die jüdischen Honoratioren in Petersburg oder Odessa nur träumen. Unter den Bedingungen des Zarenreiches erschien die Vorstellung eines Russen mosaischen Glaubens schwer vorstellbar.

Die vorsichtige Reformpolitik Petersburgs nach 1856 war darauf hinausgelaufen, den Juden inner- und außerhalb des Ansiedlungsrayons die Bildungseinrichtungen zu öffnen und den

»nützlichen« Juden wie Handwerkern und Kaufleuten Betätigung und Sesshaftwerdung im Innern Russlands zu gestatten. Obwohl immer noch besonderen Rechten unterliegend, überschritten die Juden nun räumliche und soziale Barrieren. Dies geschah vor allem in der ökonomischen Sphäre, in der Juden zu »Eisenbahn«- oder »Teekönigen«, zu »Zuckerbaronen« oder führenden Bankiers aufstiegen,[4] aber sie bevölkerten auch zunehmend die freien Berufe.[5] Zudem überschritten sie in wachsender Anzahl die Grenzen des Ansiedlungsrayons, als Angehörige privilegierter Gruppen, als Soldaten in subalternen Positionen vor wie nach 1874, dem Jahr der Einführung der allgemeinen Wehrpflicht, aber auch schon als Verbannte und Häftlinge. Hatten 1858 erst ca. 12.000 Juden außerhalb Polens und des Ansiedlungsrayons gelebt, so waren es 1897 – bei insgesamt über fünf Millionen Juden im Russischen Reich – ca. 128.000 Personen, die Karaimen, kaukasischen und Buchara-Juden nicht mitgerechnet.[6]

Nach der Einführung neuer restriktiver Gesetze als Folge der Pogrome von 1881/82 wurde die Situation für die Juden in mehrerer Hinsicht schizophren: Sie hatten nach dem Krimkrieg – wie die meisten anderen Angehörigen europäischer Völker des Zarenreiches – an den Prozessen der Kommerzialisierung, der Mobilisierung, der Professionalisierung, der punktuellen Industrialisierung und Urbanisierung teilgenommen. Diese Entwicklungen wurden von einem maßgeblichen Teil der jüdischen Bevölkerung als Emanzipation begrüßt. Es hatte geschienen, als ob sich dieser Prozess in den Bahnen vollziehen würde, die im westlichen Europa vorgezeichnet waren. Mit der Verabschiedung der Provisorischen Regeln vom 3. Mai 1882 und der Einführung des Numerus Clausus 1887 an den Bildungsanstalten wurden die Juden einer Vielzahl von diskriminierenden Maßnahmen, von denen die oben genannten nur die auffälligsten waren, unterworfen. Zusätzlich hatten sie Repressalien aller Art zu erdulden. Dadurch verwandelte sich die überkommene subalterne Position innerhalb einer ständischen Hierarchie in einen Status minderen Rechts, der die jüdische Bevölkerung gegenüber vergleichbaren ständischen Gruppen wie Kaufleuten und anderen Stadtbewohnern benachteiligte. Obwohl vermutlich kaum eine Bevölkerungsgruppe so offen für die Modernisierung war wie maßgebliche Teile der jüdischen Population, sollten gerade sie im Zustand der Absonderung als »inorodcy«, als Fremdstämmige mit minderen Rechten, gehalten werden.[7] Die vielen Maßnahmen zielten darauf ab, die Juden einerseits von der »guten« Gesellschaft, der Beamtennobilität und den politischen Eliten, sie andererseits von der »unschuldigen« Landbevölkerung fern zu halten. Die Vertreibung der Juden aus den Dörfern, die in Polen bereits bis zum Beginn der 1830er Jahre abgeschlossen war,[8] zog sich in den westlichen Gebieten des Zarenreiches allerdings bis in die achtziger Jahre hin. Die schikanöse Politik wurde nur gemildert durch die Bestechlichkeit der Behörden: Manche diskriminierenden Vorschriften seien nur erlassen worden, so hieß es, um der Polizei und den Beamten zusätzliche Einkommen zu sichern.[9]

Diese Politik stand auch unter dem Vorzeichen eines neuen russischen Nationalismus mit der Tendenz, das Russische Reich dort, wo es möglich schien, in einen russischen Nationalstaat zu verwandeln. Je nach den Umständen war unter »Russifizierung« eher eine administrative Homogenisierung oder eine Politik sprachlicher Russifizierung fremdnationaler Bevölkerungsgruppen zu verstehen. Diese Politik zeitigte gegenüber den einzelnen Völkern ganz unterschiedliche Wirkungen. Nur gegenüber derjenigen Bevölkerungsgruppe, die vielleicht die größte Bereitschaft zur Selbstrussifizierung (im Sinne der Akkulturation) zeigte, betrieb Petersburg eine Politik strikter Zurückweisung. Die imperiale Situation der Juden zeigte sich besonders darin, dass sie als »Zwischenschicht« und als kommerzielle Ethnoklasse in Regionen konzentriert waren, die zwar Teil des Russischen Reiches, aber ethnisch nicht russisch waren. Als ehemalige Territorien der multikonfessionellen und multiethnischen polnischen Adelsrepublik waren sie ethnisch »geschichtet« mit einer ukrainischen, weißrussischen oder litauisch und polnischen Landbevölkerung, mit einer städtischen Population mit vorherrschend jüdischen und polnischen Anteilen, mit einem Adel, der teils am Polentum festhielt, teils über den Dienst sich russisch akkulturierte oder sich durch Konfessionswechsel russifizierte. Nur die höhere Beamtenschaft und das Militär kamen aus dem Inneren Russlands.[10] Der aufstiegswillige und mobile Teil der jüdischen Bevölkerung hatte nach 1856 zu einer oft emphatischen Aneignung der russischen Hochkultur tendiert. Genau dies entsprach den Hoffnungen des Grafen S. S. Uvarov, des einstigen Ministers für Bildung (1832–1848). Er hatte die »fanatischen« Juden durch Bildung »aufklären« und zivilisieren wollen.[11] Erst nach 1856 gingen die Keime auf, die Uvarov und die jüdischen Aufklärer gelegt hatten. Die Jugend drängte nun nach dem »Licht« der russischen Hochkultur, die für alles stand, was mit »Aufklärung« (prosveščenie), Bildung und Fortschritt verbunden war.[12]

Die Akkulturation an die russische Sprache und Kultur in einer nicht-russischen Umgebung konnte dazu führen, dass Juden, die nach 1881 freiwillig oder unfreiwillig aus dem Ansiedlungsrayon oder aus dem Innern Russlands nach Polen auswanderten, dort als russifizierte »Litwaki« (Juden aus Litauen) stigmatisiert wurden: Sie galten als säkularer als die Juden in Polen und, was wohl schlimmer war, sie sprachen Russisch.[13] Hier wiederholten sich imperiale Situationen, wie sie auch in der Habsburger Monarchie vorkamen, die stärker und früher von konkurrierenden Nationalismen erschüttert wurde. Man denke an die Rolle der polonisierten Juden im östlichen (ukrainischen) Galizien, an die magyarisierten Juden in den nicht-magyarischen Regionen Ungarns oder an die deutschsprachigen Juden in den böhmischen Ländern.

In der Tat ließen sich bei den säkular gebildeten Juden vor allem in den russischen Hauptstädten Ansätze erkennen, sich nicht mehr nur als Juden im Russischen Reich, sondern als russische Juden neu zu definieren. Damit einher ging eine Transformation des historischen Blicks. Die eigene Geschichte wurde nun auf das Territorium des Russischen Reiches fixiert und auf diese Weise aus dem Zusammenhang der Aschkenasi-Tradition gelöst.[14]

Ein anderes Problem im Imperium, das uns im Folgenden mehr beschäftigen wird, bestand darin, dass maßgebliche Teile der gebildeten Jugend seit den 1860er Jahren in die Gegenkultur der radikalen Intelligencija hineindrängte. Abgestoßen von der eigenen Tradition, zurückgestoßen von der »guten« Gesellschaft und ausgeschlossen vom Staatsdienst, der bis Ende des Jahrhunderts fast alle Absolventen höherer Bildung aufsog, fungierten die höheren Bildungsanstalten und der nur sehr langsam wachsende tertiäre Sektor der freien Berufe als eine Art von »melting pot«, als Sozialisationsinstanz, in der sich die Kultur der radikalen Intelligencija entwickelte. An der Formierung dieser Gegenkultur waren Juden in zunehmendem Umfang beteiligt. Sie tradierte sich von den noch vergleichsweise wenigen, aber Maßstäbe setzenden Nihilisten der 1860er Jahre über die Narodniki (Populisten) der 1870er und 1880er Jahre, über die Marxisten und Sozialrevolutionäre bis hin zu den ebenfalls stark jüdisch besetzten Kampfgruppen der Sozialrevolutionäre, zu Anarchisten, zu professionellen Revolutionären und Terroristen seit der Jahrhundertwende.

Entgegen vielen geisteswissenschaftlichen und sozialwissenschaftlichen Deutungen über die Kultur der radikalen Intelligenz als eines Produktes spezifisch russischer oder jüdischer Fehlentwicklungen[15] entzieht sie sich eindeutiger ethnischer Zuschreibung. Sie ist bestenfalls als hybrid zu kennzeichnen, als eine neuartige Verbindung zwischen radikalisierter Aufklärung unter jüdischen Jugendlichen und dem revolutionären Elan auf Seiten der russischen Nihilisten und ihrer Nachfolger.[16] Ihre habituellen Merkmale waren ein demonstrativer Bruch mit der eigenen Tradition, verbunden meistens mit der Ablehnung jeder Religion, Askese und Gleichheit der Geschlechter als Norm, ein messianisches Befreiungspathos, das zum Selbstopfer ebenso motivierte wie zur Arroganz, über ein absolutes Wissen und die »Wahrheit« zur Deutung von Realität zu verfügen. Diese Arroganz sollte ihren Niederschlag in der Konzeption von den Revolutionären und später von der Partei als Avantgarde finden. Damit verbunden war eine Wort- und Doktrinengläubigkeit – ubi doctrina, ibi patria.[17] Aber es gilt auch, dass die radikale Intelligenz seit der Jahrhundertwende mit ihrer eindimensionalen Feindanalyse eine erschreckende Gewaltbereitschaft verband. Oft genug konnte sie in gewöhnliche Kriminalität abgleiten.[18] Abgesehen von den Gewalterfahrungen des Ersten Weltkrieges ist dieses intellektuell-habituelle »Gepäck« nicht gering zu veranschlagen bei der Analyse der revolutionären Prozesse in Russland seit 1917.

Der »vermessene« Jude als Soldat in den Streitkräften

Als die Juden des Russischen Reiches seit 1827 anstelle der Wehrsteuer Rekruten für die Armee zu stellen hatten, war dies aus der Sicht der Regierung eine der vielen Maßnahmen zur »Annäherung« (sbliženie), zur Zivilisierung und Erziehung der Juden. Vielleicht geschah dies auch in der vagen Hoffnung, sie zu christianisieren. Jedenfalls gab es solche Bemühungen in der Armee. Die Regierung setzte hierbei auf ein Konzept »aufgeklärter« Judenpolitik, die ähnlich auch in Preußen und Österreich verfolgt worden war. Sie fand hierfür in den jüdischen Milieus – mit Ausnahme der wenigen überaus staatsloyalen maskilim (Aufklärer) – keine positive Resonanz. Die Praxis der Rekrutenjagd nach jüdischen Knaben, die jünger waren als ihre russischen oder ukrainischen Leidensgenossen, spiegelte die Autoritäts- und Machtverhältnisse in den jüdischen Gemeinden. Denn die jüdischen Honoratioren waren an der Auswahl und Festsetzung der Rekruten beteiligt; sie wählten in der Regel Waisen und Knaben armer Familien aus.[19] Diese Form der Rekrutierung seit 1827 ist neben den späteren Pogromen zum Symbol judenfeindlicher Politik des Zarentums geworden.

Die Reformen nach dem Krimkrieg, die schließlich 1874 in die Einführung der allgemeinen Wehrpflicht mündeten, fielen in eine Zeit, als es noch scheinen konnte, dass mit dieser Maßnahme auch die Gleichstellung der Juden wieder ein Stück weiter vorangetrieben werden könnte. Dies war auch die Absicht der Initiatoren wie der jüdischen Honoratioren in Petersburg, die ihre Stellungnahmen abgaben. Dieses Vorhaben scheiterte aber am Widerstand konservativer Militärs und Beamter des Innenministeriums ebenso wie an dem der Kirche. Ähnlich wie den Juden der Zutritt zu den Staatsämtern (im Rahmen der Rangtabelle) verschlossen blieb, so blieb ihnen auch der Aufstieg in die Offiziersränge verwehrt, selbst in die von Reserveoffizieren. Eine Ausnahme sollte im Sanitätsdienst und in der Militärverwaltung gemacht werden, aber die spätere offizielle Judenfeindschaft hat auch eine Umsetzung dieser Absichten verhindert.[20]

Das Wehrgesetz von 1874 nahm in mancher Hinsicht bereits eine Abwendung von einer Politik der »Verbesserung« der Juden vorweg, die seit dem Krimkrieg perspektivisch eine Gleichstellung der Juden in den Blick genommen hatte.

Nach dem Balkankrieg von 1877/78 kam es zu einer ersten großen antijüdischen Kampagne im Zusammenhang mit der Gesellschaft »Greger, Kogan und Gorvič«, welche die Truppen auf dem Balkan zu versorgen hatte. Die nicht eben neuen logistischen Probleme der russischen Armee wurden aufgebauscht und zu einer jüdischen Verschwörung mit dem Ziel der Ausbeutung von Soldaten und Offizieren stilisiert. Hier tauchte wohl mit großer Wirkung im russischen Kontext zum ersten Mal das Stereotyp vom christlichen Blut auf, das für das Vaterland, aber auch zur Bereicherung der Juden vergossen wurde.[21] Auch diese Kampagne zeigte den Wandel von einer eher protegierenden zu einer feindseligen Einstellung in der Öffentlichkeit gegen die Juden.

Der Wandel soll hier exemplifiziert werden an den Ausführungen A.F. Rittichs in den 1870er Jahren und um die Jahrhundertwende. A.F. Rittich war Offizier im Hauptstab und hatte sich als Ethnologe spezialisiert. Da seit 1874 etwa 20 bis 25 Prozent des Mannschaftsbestandes nicht-ostslavischen Völkern entstammten, wollte sich die Armeeführung ein Bild von ihrer Eignung und Wehrtauglichkeit machen. Bis zum Krimkrieg hatten die Soldaten, die in der Regel ein Leben lang dienten, beim Eintritt in die Armee ihre Standeszugehörigkeit gewechselt. Nun wurden die jungen Männer mit der Musterung oder dem Eintritt in die Streitkräfte Teil einer politischen Gemeinschaft, deren Angehörige im Notfall für Zar und Vaterland zu sterben hatten. Hiermit wurde ein emotionaler Zusammenhalt evoziert, der mit dem Anspruch der Nation an ihre Bürger im Westen durchaus vergleichbar war. Die Nation, das Vaterland und die sie repräsentierende Obrigkeit, die den höchsten Einsatz verlangten, nahmen sich mithin auch das Recht, zu bestimmen, wer zur Opfer- und Heldengemeinschaft gehören und wer ausgeschlossen werden sollte. Bei der Durchsetzung dieser Variante von Kriegsnationalismus spielten pragmatische, z.B. quantitative Gesichtspunkte allerdings immer noch eine ebenso große Rolle wie moralische.[22] In den Diskussionen um Würdigkeit oder Unwürdigkeit, dem Vaterland zu dienen und dafür zu sterben, kamen ganz unterschiedliche Kriterien ins Spiel: Nationalcharakter, ethnische, konfessionelle, ständische und berufliche Zugehörigkeiten, körperliche und moralische Eignung. Wir haben es also mit einem Ensemble von Kriterien zu tun, die vielfältig ausdeutbar, wenn nicht gar beliebig handhabbar waren. Es kam mithin darauf an, wer die Kriterien festlegte und über die Deutungshoheit verfügte.

Rittich gehörte zu jenen Experten, die der politischen Führung Kriterien an die Hand gaben, indem sie Urteile fällten über Wehrtauglichkeit, moralische und physische Eignung der Nationalitäten und damit über ihren potenziellen Beitrag für das Vaterland. Hierbei wurde auf die damals gängigen Deutungen von Nationalcharakteren zurückgegriffen, die sich auf mehr oder minder solide Beobachtung beriefen. So galten die Turkvölker wegen ihrer moralischen und geistigen Merkmale und insbesondere wegen ihrer »fanatischen religiösen Überzeugungen« als schwierig zu handhaben; die Juden – wie die Turkvölker »inorodcy« (Fremdstämmige) – wurden immerhin als »sehr fähig« eingestuft. Aber »wegen ihrer religiösen Einrichtungen und ihrer besonderen Neigung zum Handel und zu Geldgeschäften entfremdeten sie sich vom russischen Volk.«[23] Des weiteren untersuchte Rittich die jüdische Population nach Regionen und stellte hier Unterschiede in Körperbau, in Fähigkeiten und Charaktermerkmalen fest. Insgesamt unterstellte er bestimmte Fähigkeiten und Defizite: So seien Juden ungeeignet für die Kavallerie, für Schützen- und für die Genietruppen, aber geeignet für die Infanterie (wie auch die meisten Russen); einige seien so ehrbar und »nüchtern« (!), dass sie gute Aussichten hätten, als Schreiber, Handwerker und Musiker und selbst als Feldwebel und Zeughauswärter Verwendung zu finden.[24] Wie im Zivilleben, so gab es auch im Militär vielfach eine Art von ethnischer Arbeitsteilung, welche offenbar die Basis für Charakter-Zuschreibungen bildete. Die Ausführungen Rittichs in den 1870er Jahren standen noch unter der Perspektive der Zivilisierung und Integration der Juden: Die jüdischen Soldaten verlören im Dienst »vor allem ihre nationale Unsauberkeit mit dem Geruch, sie eignen sich leicht das äußere Erscheinungsbild des russischen Soldaten an [...] Viele von ihnen erkennen die Vorzüge der Zivilisation und gehen zum Christentum über.«[25] Der russische Soldat und die Armee als Institution funktionierten danach als Vermittler einer modernen Zivilisation. Die Ausführungen des Obersten im Hauptstab verweisen darauf, in welch einer subalternen Position die Juden gesehen wurden. Gegen Ende des Jahrhunderts galten sie in der Armee hingegen immer noch als »echtes Übel«. Jetzt hieß es, dass nur wenige das »wahre Antlitz eines russischen Soldaten übernähmen«. Wenn sie ihren »Fanatismus und Geruch« ablegten, verlören sie auch die Anhänglichkeit an die jüdische Tradition und an ihre Religion; an ihre Stelle trete Atheismus und Leere. Jetzt seien es die Juden, die sich am russischen Volk wie ein Schwamm festsaugten, aber das russische Volk könne ihre »abstoßenden Grundsätze« nicht ertragen.[26] Der Verfasser hatte offenbar den Glauben an die zivilisierende Kraft des russischen Soldatentums und der Armee verloren. Die Juden waren in der Truppe nun unerwünscht, verwendbar bestenfalls als Handwerker und Musiker. So stand es in den Handbüchern seit den achtziger Jahren. Selbst für Soldatenkapellen wurden Quotenregelungen praktiziert.[27]

Gleichzeitig blieb es bis zum Untergang des Imperiums und darüber hinaus bis in den Großen Vaterländischen Krieg hinein ein unerschütterliches und auch international verbreitetes Stereotyp, dass sich die jüdischen Männer durch simulierte Krankheiten, Verstümmelungen und Entstellungen aller Art dem Wehrdienst entzögen, sich im Krieg am liebsten in der Etappe aufhielten und bereicherten.[28]

Die Vorurteile wurden aber auch in einen wissenschaftlichen Diskurs einbezogen. Hier operierte man mit statistischen Daten, die »objektiv« anthropologische und medizinische Merkmale der Völker, Rassen und Klassen zum Vorschein bringen sollten. Wissenschaftler der unterschiedlichsten Disziplinen befanden sich in einem internationalen Meinungsaustausch. Zur Debatte stand dabei, ob empirisch beobachtete und messbare Merkmale »natürliche«, d.h. unveränderliche Eigenschaften einer Rasse oder Nation seien, oder ob es sich um veränderliche Merkmale handele, die von den sozialen Bedingungen maßgeblich bestimmt würden. Juden waren angesichts ihres beispiellosen sozialen und kulturellen Aufstiegs im 19. Jahrhundert und im Streit um ihre Assimilierbarkeit an die jeweils herrschende Nation oder

Kultur ein besonders beliebtes Objekt dieser Art von Untersuchungen.[29] Sie wurden von Juden mit gleicher Leidenschaft wie von Nicht-Juden betrieben, aber auch schon persifliert: »Naturforscher erwitterten den Nationalcharakter aus dem Geruche. Juristen aus den Mützen und Röcken. Philologen fanden aus Sprachschnitzern und Wortverrenkungen den Menschen heraus. In den neuesten Zeiten hat man den jüdischen Fuß wie Tierklauen studiert, und mittels vergleichender Anatomie hat ein deutscher Gelehrter ganz glücklich den zuverlässigen Maßstab für den jüdischen Geist aus der Ferse und Sohle herausgefunden. Ein geistreicher Philosoph hat vor wenigen Wochen noch die Entdeckung gemacht, dass die Nationalität aus den Hüften der Frauen und der Art, wie Männer ihre Hüte tragen, ganz gründlich erkannt werden könne, und ist ihm auch die Folgerung gelungen, dass an eine Emanzipation der Juden nicht zu denken sei, bis ihre Frauen andere Hüften bekommen.«[30]

Wie im Ausland so ging es auch in Russland seit der Jahrhundertwende mit der Sammlung von statistischen Daten und der Erfassung von Merkmalskatalogen darum, im Alltag beobachtete Defekte und Vorzüge der Juden entweder ihrer »Rasse« zuzuschreiben oder den sozialen Bedingungen, unter denen sie lebten. Aber die beobachteten »Fakten« ließen keine eindeutige Interpretation zu. Dies galt auch für angeblich »typisch jüdische« Merkmale wie z. B. die körperliche Eignung. Größe und Brustumfang galten als Maßstäbe. Hierbei schnitten die Juden angeblich deshalb besonders schlecht ab, weil sie später »reiften« als ihre christlichen Altersgenossen. Dafür verfügten sie aber über den Vorteil besserer Bildung und einer höheren »geistigen« Entwicklung. Deshalb schade sich die Armee selbst, wenn sie den jüdischen Soldaten den Aufstieg in Unteroffiziers-Positionen verweigere.[31]

Juden seien nicht so anfällig für Syphilis, Epilepsie und Alkoholismus wie etwa russische Soldaten. Diese Krankheiten galten zusammen mit dem häufig auftretenden »delirium tremens« als typisch slavisch. Als jüdisch hingegen galten Diabetes und Augenkrankheiten, hier besonders Kurzsichtigkeit. Man beobachtete zudem eine Anfälligkeit für Nerven- und psychische Krankheiten – Hysterie, Neurasthenie, degenerative Psychosen – so die zeitgenössischen Definitionen.[32] Außerdem zählte man unter den jüdischen Soldaten hohe Ausfälle wegen Krankheit im ersten Dienstjahr. Streiten konnte man über die höhere Kriminalitätsrate, die jüdische Soldaten von Soldaten anderer Ethnien unterschied: Dies ließ sich als Ausdruck jüdischer Widersetzlichkeit ebenso wie als Folge schikanöser Praktiken deuten, denen Juden in besonderer Weise ausgesetzt waren.[33] Alle diese vermeintlichen Vorzüge und Defekte ließen sich mit sozialen Praktiken – etwa bei der Rekrutierung und Ausbildung – oder mit Lebensbedingungen vor der Einberufung erklären. Wer wollte, konnte sie aber auch der »Natur« der Juden und ihrer unverbesserlichen Rasse zuschreiben.

Mit der Reform des Rekrutierungs-Statuts (1912) mobilisierten sich einmal mehr die Antisemiten und Rechtsradikalen. Sie trugen – auch in der Duma – alle Argumente und Vorurteile zusammen, die in der Publizistik und in den militärischen Handbüchern kursierten: Die Juden gehorchten nur ihrem »Kahal«[34] und sähen in Russland nicht ihr Vaterland; sie entzögen sich dem Wehrdienst; aber wenn sie doch rekrutiert würden, simulierten sie Krankheiten oder betrieben revolutionäre Propaganda. Im Ergebnis wurde ernsthaft diskutiert, die Juden als schädliche Elemente gänzlich vom Wehrdienst auszuschließen. Damit wäre offiziell dokumentiert worden, dass die Juden des Opfers für den Zaren und das Vaterland nicht würdig seien. In diesem Geiste war eine Umfrage unter höheren Kommandeuren gehalten, die nach dem Verbleib von Juden in der Armee fragte. Eine Mehrheit wollte die Juden loswerden, eine Minderheit sprach sich aus pragmatischen Gründen für den Verbleib aus, z.T. allerdings für ihre Segregation, die im Alltag ohnehin schon vielfach praktiziert wurde.[35]

Die antisemitischen Attacken konzentrierten sich besonders auf die Wehrdienstflucht der Juden. Sie galt den Antisemiten als Beleg für ihre Illoyalität gegenüber dem russischen Staat. Die Statistiken zeigten, dass unter den wehrfähigen, zur Musterung und schließlich zur Einberufung aufgeforderten jüdischen Männern der Anteil jener, die sich der Musterung bzw. der Einberufung entzogen, im Vergleich zu anderen Nationalitäten besonders hoch war. Während des russisch-japanischen Krieges war der Fehlbestand dramatisch gestiegen. Eindrucksvoll belegen die Statistiken, dass er 1904 bis 1906 unter den Rekrutierten bei den

Christen von 0,3 % (1901) auf knapp 3 %, bei den Muslimen von 3,2 % auf knapp 10 % und bei den Juden von 7 % auf über 40 % gestiegen war.[36] Der Streit, ob der mangelnde Patriotismus oder Angst vor dem Militärdienst zur Wehrflucht veranlassten, oder ob die Statistiken die Realität verzerrten, u. a. wegen der Unzuverlässigkeit der Metrikbücher und generell der statistischen Erfassung der jüdischen Population,[37] setzt sich in der Historiographie bis heute fort.[38]

Der mögliche Zusammenhang zwischen Wehrdienstflucht der Juden und ihrer Diskriminierung wurde – vermutlich aus Zensurgründen – öffentlich nicht thematisiert. Dabei ließ sich mit den Angaben der Bevölkerungszählung von 1897 demonstrieren, dass Juden im Verhältnis zum Anteil wehrfähiger Männer in stärkerem Umfang im Militär dienten als etwa Deutsche, Ukrainer, Esten oder Litauer.[39] Manches deutet darauf hin, dass die Behörden Mittel gefunden hatten, die erforderlichen Quoten zu erfüllen. So wurden Privilegien, die für Nicht-Juden galten, für Juden außer Kraft gesetzt, oder man machte Gemeinden und Familien – ganz wie vor 1856 – für eine vollständige Anzahl der Rekruten haftbar.[40]

Juden und Deutsche: Changierende Feindbilder 1914 bis 1922

Der Historiker Yuri Slezkine hat in seiner Studie über das »jüdische Jahrhundert« einen Teil der Deutschen – den baltendeutschen Adel in russischen Diensten und das deutsche Bürgertum in den Städten Russlands – wie die Juden als »Merkurier« gekennzeichnet, d. h. als dienstbare und merkantile Zwischenschichten in den Nischen der Gesellschaft Russlands.[41] Das soziale und mentale Profil beider ethnischer Gruppen war zwar extrem unterschiedlich, aber als Minderheiten, die auf vielen urbanen Feldern aktiv waren, wurden sie seit den 1860er und 1870er Jahren von polnischer und russischer Seite als lästige und manchmal aufdringliche Konkurrenz angefeindet. Aus historischer Perspektive bestand der Unterschied darin, dass sich die einen – die Deutschen – im Abstieg –, die anderen – die Juden – im Aufstieg befanden. Das Repertoire an Stereotypen war aber schon vorhanden, als der Erste Weltkrieg ausbrach. Das Feindbild von den Deutschen erfuhr allerdings zwischen 1914 und 1917 unter den Soldaten eine eigenartige Transformation. Anstelle der Deutschen (und Österreicher) auf der anderen Seite der Front, war es der »innere« Deutsche, der real und metaphorisch zum Feind erklärt wurde. Diese Sicht wurde durch die staatliche Politik begünstigt; denn es blieb kein Geheimnis, dass etwa 300.000 deutsche Kolonisten v.a. im Südwesten deportiert worden waren. An der Front erwarteten die Soldaten daher, nach dem Krieg aus dem Besitz der deutschen Kolonisten und baltischen Gutsherren entschädigt zu werden: »Wenn wir nach Kurland zurückkehren, hängen wir die Barone und Kolonisten auf.«[42] Dass nicht ihnen, den Soldaten, sondern den Offizieren und Profiteuren des alten Regimes das Land der Deutschen gegeben worden sei, war 1917 eines der vielen Argumente, das den Streit zwischen Herren und Untertanen anheizen konnte.[43] Mit den »inneren« Deutschen waren je nach Situation und sozialem Status die deutschen Kolonisten, die deutschen Ritterschaften und Bürger in den Ostseeprovinzen, Angehörige protestantischer Sekten, Offiziere, Kommandeure und Angehörige der Eliten (mit oder ohne deutsche Namen) gemeint – bis hin zur Kaiserin Alexandra, die unter dem Generalverdacht des Verrats stand. »Antideutsche« Stimmungen entluden sich 1914 und 1915 in Pogromen gegen deutsche Geschäfte und Unternehmen in den Großstädten, im Verbot der deutschen (und jiddischen) Sprache im öffentlichen Verkehr und im Briefwechsel mit der Front. Seit Ende 1916 kursierten Gerüchte, die Regierung und die Kommandeure stünden im Solde der Deutschen.[44]

Wie das Feindbild vom Deutschen in unterschiedlichsten Varianten im Krieg abrufbar war, so lässt sich auch eine Aktualisierung und Verdichtung des Feindstereotyps gegenüber den Juden in der Armee beobachten. »Der Hass auf die Juden ist vielleicht noch größer als auf die Deutschen. Auf jeden Fall wird das eine wie das andere Element nach Kriegsende vollständig aus Russland vertrieben werden. So denkt ein großer Teil der Armee.«[45] Dabei dienten bis zu 500.000 Juden in der russischen Armee. Nachdem bereits 1914 und 1915 von den Kommandeuren Berichte über das Verhalten jüdischer Soldaten angefordert worden waren, wiederholte sich Ähnliches zuletzt noch einmal im Januar 1917 an der rumänischen Front. Den Anlass lieferten übrigens Warnungen vor der angeblichen Proselytenmacherei deutsch-protestantischer Sekten in den Lazaretten. Die Frontleitung reagierte hierauf ihrerseits mit Hinweisen auf deutsche und jüdische Verschwörungen und Intrigen. Die Fragen nach dem Verhalten der jüdischen Soldaten gingen davon aus, dass sie Geldmacher, Feiglinge oder potenzielle Deserteure seien, d. h. die Rundschreiben gaben vor, was sie eigentlich erfragen sollten. Deutschen und jüdischen Gefangenen in Kriegsgefangenenlagern der Mittelmächte wurde ohnehin pauschal Anbiederei an den Feind und Verrat vorgeworfen.[46]

Dagegen engagierten sich jüdische Zeitungen, soweit es die Zensur erlaubte, insgesamt wohl vergeblich im Kampf gegen die verbreiteten Vorurteile. Sie berichteten von den erfolgreichen Einberufungen, vollzähliger als bei anderen Völkern, von jüdischen Kriegsfreiwilligen und nicht zuletzt von Heldentaten durch Juden und deren Auszeichnungen. Wie andere Minderheiten traten die jüdischen Zeitungen damit in eine Art von Helden-Konkurrenz ein. Die so herausgestrichenen Verdienste wurden dazu benutzt, Gleichberechtigung einzufordern oder wenigstens die Einstellung der schlimmsten Schikanen anzumahnen. Die jüdische Seite setzte im Krieg weiterhin auf die Überzeugungskraft der gleichen Argumente wie vor 1914.[47] Sie konnte damit aber die Diffusion und Festsetzung judenfeindlicher Stereotype in der Armee und besonders in den Stäben nicht verhindern.

N. N. Januškevič, der Chef des Stabes des Höchstkommandierenden, und sein Nachfolger M. V. Alekseev gingen seit Kriegsausbruch davon aus, dass die jüdische Population insgesamt anfällig sei für Verrat und Spionage. Daher wurde neben dem Deutschen auch das Jiddische als Verkehrssprache und in den Briefen mit der Front verboten. Nachdem es bereits kurz nach Kriegsausbruch zu Zwangsaussiedlungen von Juden in Frontnähe gekommen war, wurden mit Beginn des großen Rückzugs seit April 1915 systematische Deportationen ganzer jüdischer Gemeinden und Bezirke durchgeführt. Betroffen von den Deportationen waren insbesondere Kurland und in Litauen das Gouvernement Kowno. Erst das Chaos auf den Bahntransporten, die

Proteste von Regierungsvertretern und von Seiten der aufnehmenden Gouvernements im Südosten des Ansiedlungsrayons führten dazu, dass anstelle systematischer Deportationen als Prophylaxe und Strafe Kontributionen, Geiselnahmen und Verhaftungen und weniger flächendeckende Ausweisungen vorgenommen wurden. Insgesamt dürften 1915 Hunderttausende von Juden deportiert worden sein. Ihre öffentliche Stigmatisierung provozierte wiederum Plünderungen, Pogrome und Ausschreitungen aller Art, so dass die Juden neben den Russlanddeutschen zur eigentlichen inneren Feindnation gemacht wurden.[48]

In den Westgebieten des ehemaligen Zarenreiches mit seinen komplizierten ethnischen Gemengelagen und Überschichtungen verschärften sich seit 1918 die interethnischen Beziehungen wegen der bewaffnet ausgetragenen Staatsbildungsprozesse. Geographisch erfassten sie die Regionen von Finnland bis Bessarabien. In den Konflikten um territoriale Abgrenzungen bildeten die Juden immer ein prominentes Opfer von Ausschreitungen und Pogromen, obwohl sich ihre Repräsentanten in der Regel in den interethnischen Konflikten – wie in Lemberg oder Wilna – eher neutral verhielten, oder sich – wie in der Ukraine – autonom zu organisieren versuchten. Es scheint allerdings, dass das Ausmaß an Gewalt, das die Juden im Bürgerkrieg auf sich zogen, nicht in erster Linie mit den Konflikten zwischen Polen, Ukrainern, Rumänen und Litauern, sondern mit der seit 1918 fast schon reflexartigen Gleichsetzung von Juden und Kommunisten zu tun hatte. Es waren v.a. die antibolschewistisch motivierten Streitkräfte der »Weißen« auf russischer Seite, die ukrainischen Nationalisten und die polnischen Verbände, die mehr oder minder systematisch Ausschreitungen und Pogrome gegen Juden inszenierten, dies manchmal unter aktiver Beteiligung der umliegenden städtischen und ländlichen Bevölkerung. Hier seien zwei von vielen anderen Beispielen erwähnt, in denen die Gleichsetzung von Kommunisten und Juden brutal inszeniert wurde: In einem Fall bereitete man den Juden eine »kommunistische Suppe« und kochte sie in Kesseln mitten im Shtetl. Andere Juden wurden gezwungen die »Suppe« zu essen. Im anderen Fall entkleideten polnische Soldaten in einem weißrussischen Dorf einen jüdischen Flüchtling aus Warschau und brannten auf seinen

Rücken das Wort »Trotzki« ein. Danach entließen sie ihn im Hemd zu seinen Gastgebern.[49]

Die Codierung der Juden als Kommunisten – wie schon unter dem alten Regime als Revolutionäre – war ein durchgängiges aktivierendes Stereotyp unter Weißen, Kosaken und unter den polnischen Truppen. In der ländlichen ukrainischen und russischen Bevölkerung wie unter Soldaten auf weißer und roter Seite unterschied man zwischen jüdischem Kommunismus und russischem Bolschewismus.[50] Die starke Präsenz von Juden als Parteimitglieder und als politische Kommissare provozierte die Kosaken und die Bevölkerung der westlichen Gouvernements: »Die Juden sind überall, die Juden zerstören Russland, die Sowjetmacht wäre in Ordnung, wenn die Juden nicht wären.« »Die Juden waren früher schon lästig, jetzt wollen sie uns auf dem Rücken sitzen.«[51] Judenfeindliche Stimmungen waren in den Kosakengebieten und in der Ukraine (nach der ersten bolschewistischen Besetzung von 1918/19) besonders aggressiv, weil die großen Höfe nicht unter den Bauern aufgeteilt, sondern stattdessen als »Staatsbetriebe« organisiert wurden – von den Requisitionen ganz abgesehen. Dies galt als »jüdischer Kommunismus«. Nach dem bolschewistischen Rückzug gingen der – eher bürgerliche »weiße« – Antisemitismus und der populäre Judenhass eine gefährliche Verbindung ein. Sie bereiteten den Bolschewiki erhebliche Probleme, da der Judenhass unter den Rotarmisten und auch in kommunistischen Milieus verbreitet war.[52]

Die Anzahl der Opfer der Pogrome nach 1918 wird in der Literatur mit bis zu 250.000 Personen angegeben. Das Ausmaß der Katastrophe unter der jüdischen Bevölkerung des ehemaligen Ansiedlungsrayons wird daran ersichtlich, dass sie unter den einheimischen Ethnien die einzige war, die zwischen 1897 und 1926 einen dramatischen Rückgang zu verzeichnen hatte, während die Anzahl der Ukrainer und Weißrussen in der gleichen Region – obwohl ebenfalls Objekte der Besatzungen, der Kriegführung im Ersten Weltkrieg, im Bürgerkrieg und zuletzt im sowjetisch-polnischen Krieg – zugenommen hatte.[53]

Exkurs
Judenfeindschaft: Russisches Erbe? Europäische Krankheit?

In welchem Maße waren die latenten und offenen Konflikte des späten Zarenreiches, die Politik der Armee im Ersten Weltkrieg und ihre Fortsetzung im Bürgerkrieg auf weißer Seite spezifisch »russisch« oder in welchem Maße waren sie ein Teil europäischer Tendenzen? Dies soll hier mit Blick auf die »jüdische Frage« erörtert werden.

Mit Recht galt die zarische Judenpolitik vor dem Ersten Weltkrieg im Ausland und bei den Gebildeten im Lande selbst als barbarisch. Judenfeindliche Politik und Pogrome bildeten ein System kommunizierender Röhren mit demoralisierenden Folgen in der nicht-jüdischen Bevölkerung. Das vor wie nach 1918 hohe Maß an gewaltbereiter Judenfeindschaft hatte aber nicht allein mit der Intensität des Judenhasses, sondern auch damit zu tun, dass staatliche Gewalt und militärische Disziplin in Russland nach wie vor unterentwickelt waren und die staatlichen Institutionen an auffälliger Ineffizienz und Exekutivschwäche litten. Es war z.B. dieser Aspekt russischer Staatlichkeit, der die Rekrutierungspraxis zu einem Geben und Nehmen zwischen der Bevölkerung und den staatlichen Behörden gemacht hatte, Praktiken, auf die sich auch die Bolschewiki trotz ihres gelegentlichen brutalen »Durchgreifens« haben einlassen müssen.[54] Wenn es aber nicht gelang, eine funktionierende Kooperation zwischen dem Staat und der Bevölkerung aufzubauen, drohten immer Anomie und irreguläre Gewalt. Eben dies geschah gegen Ende des Weltkrieges und während des Bürgerkrieges, jedoch stärker auf der weißen als auf der bolschewistischen Seite.

Vergleichen wir die Situation in Russland seit den 1880er Jahren mit derjenigen in den europäischen Nachbarstaaten, so liegt der Unterschied weniger im Ausmaß an Judenhass und Antisemitismus, als an der Schwäche staatlicher Strukturen und der damit einhergehenden Unfähigkeit, irreguläre Gewalt im Ansatz zu unterbinden. Seit den achtziger Jahren entstanden fast überall judenfeindliche Parteien und Bewegungen mit ihren sozialdemagogischen Parolen, ihrer Neigung zu Skandalen und Krawallen.[55]

In den ethnisch gemischten Regionen gerieten die Juden zudem in die Konflikte zwischen den verschiedenen Nationalbewegungen. Ihnen wurde immer vorgeworfen, der falschen Seite anzugehören. Die judenfeindlichen Stereotype waren im übrigen austauschbar, angereichert besonders im deutschen Sprachraum durch den völkischen Rassismus. Während Frankreich die Dreyfus-Affäre immerhin überwand, grassierten im Zeitalter von Fortschritt und Rationalität Ritualmordvorwürfe gegen Juden. Die Reihe dieser Affären und Prozesse ist lang. Kein Land Mittel- und Osteuropas blieb davon verschont. Hier seien nur die bekanntesten Vorfälle genannt, welche den antisemitischen und judenfeindlichen Gerüchten und ihrer Presse immer neues »Blut« zuführten: der Prozess in Tiszaeszlar (Ungarn 1882/83), in Xanten (Rheinland 1892), in Kolin (Böhmen 1893), der Hilsner Prozess in Polná (Böhmen 1899/1900), in Konitz (Westpreußen 1902) und nicht zu vergessen der Bejlis-Prozess in Kiev (1911–1913).[56]

Der Krieg hat diese Art »mittelalterlicher« Beschuldigungen vergessen lassen, dafür tauchten aber seit 1916 in fast allen kriegführenden Ländern auf dem Kontinent die alten Vorwürfe gegen die Juden als Kriegsgewinnler und Drückeberger auf. In der russischen Armee wurden schon seit 1914 entsprechende Runderlasse verschickt. In Deutschland führte die militärische Führung im Dezember 1916 die berüchtigte »Judenerhebung« durch. In Ungarn wurden ähnliche Vorwürfe in Kreisen aufgenommen, die bis 1914 als immun gegen Judenfeindschaft gegolten hatten.[57]

Obwohl alle Seiten im Krieg nationale Antagonismen für sich ausnutzten, konkurrierten England und Deutschland um die Juden. Mit der Balfour-Deklaration, die Palästina zur jüdischen Heimstätte erklärte, entschied das liberale und weniger judenfeindliche England diesen Wettlauf letztlich für sich. Die deutsche Besatzung in Polen warb mit Unterstützung eines Teils der deutsch-jüdischen Verbände um das osteuropäische Judentum durch Aufhebung der diskriminierenden Regeln, v. a. im Ansiedlungsrayon. Der vermeintlich projüdischen Politik stand aber nicht nur die harte ökonomische Ausbeutung der besetzten Gebiete bis hin zum Einsatz von Zwangsarbeit entgegen, sondern auch die Judenfeindschaft eines Teils des deutschen Besatzungspersonals.[58] Auf deutscher und deutsch-jüdischer Seite waren es der Kulturschock, die Begegnung mit einer als rückständig, arm, »schmutzig« und – seltener positiv gewendet – als ursprünglich und exotisch erlebten Welt, die das Verhalten insbesondere zur jüdischen Bevölkerung bestimmte.[59] Ihr begegnete man teils mit einem eher paternalistischen Zivilisierungskonzept, z.B. mit rigorosen Hygiene-Maßnahmen und teils schon mit biologistisch-rassistischen Zuschreibungen. So wurde der in den Städten Polens grassierende Flecktyphus der »Natur« der Juden zugeschrieben. Seine Bekämpfung konnte leicht zu antijüdischen Schikanen führen. Bereits vor dem Krieg hatte es unter deutschen Medizinern eine Tendenz gegeben, die Juden »in ein Ghetto biologischer Differenz« abzuschieben.[60] Die Assoziierung von Armut, Prostitution, Kriminalität und Seuchen mit den Juden produzierte bereits Vorurteile, welche die spätere Gleichsetzung von »Seuchenbezirk« und jüdischen Wohnvierteln vorwegnehmen sollte.

Der »Grenzschluss« vom 23. April 1918, d.h. die Sperrung der Reichsgrenzen gegen eine Einwanderung von Ostjuden nach Deutschland, war eine unzweideutig antisemitische Maßnahme, die Deutsche ebenso wie Juden aus Osteuropa treffen sollte.[61]

Der Zusammenbruch der staatlichen Ordnung nach 1918 provozierte antijüdische Ausschreitungen wie in Böhmen und Polen 1918/19 oder führte auf Seiten konterrevolutionärer Kräfte wie in Ungarn 1919/20 und während der bewaffneten sowjetisch-polnischen Konflikte zu fast schon systematischen Zerstörungen, Strafaktionen und Morden an Juden.[62]

Die Dispositionen und »Argumente« in Russland unterschieden sich weder vor noch nach dem Krieg grundsätzlich von ähnlichen Tendenzen in Mitteleuropa. Die Differenz und das Ausmaß der Gewalt dürften weniger in der Intensität des Hasses auf die Juden und den »jüdischen Bolschewismus« gelegen haben als vielmehr im völligen Zusammenbruch staatlicher Autorität und in einer leicht zu aktivierenden Lynchjustiz. Die Initiatoren der Gewaltaktionen gegen Juden waren seit 1918 in der Regel bewaffnete Formationen. Die politische Führung der »Weißen«, der ukrainischen Nationalisten oder der polnischen Regierung waren meistens judenfeindlich gestimmt, sie deckten deshalb die Ausschreitungen gegen die jüdische Bevölkerung, aber sie haben sie nicht initiiert oder gar befohlen.

Mit den Insignien der Macht: Der Aufstieg von Juden in die Eliten Sowjetrusslands

Der Erste Weltkrieg wird einerseits als Ereignis angesehen, in dem sich die schon vor 1914 latent angelegten Konflikte zuspitzten und gewaltsam ausgetragen wurden, und er gilt andererseits als Vorspiel, das eine Generalprobe für eine Politik lieferte, die auf totale Mobilisierung, Kontrolle und Steuerung und auf ein eliminatorisches Feindbild setzte.[63]

Judenhass und Germanophobie hatten als ethnopolitische Konflikte und als Codes, über die alle möglichen Missstimmungen und Unzufriedenheiten transportiert wurden, das Gesellschaftsleben im Zarenreich seit Mitte des 19. Jahrhunderts begleitet. Gleichzeitig gab es aber auch die revolutionäre Tradition mit ihrem Hass auf die bestehende Ordnung und ihren messianischen und utopischen Visionen. Die Politik der alten Armee mit ihren Ansprüchen auf eine nur der Kriegsführung gehorchenden Politik und den paranoiden Feindbildern fand im Bürgerkrieg ihre Fortsetzung v.a. in der Fixierung auf den »jüdischen Bolschewismus«, während die zweite Komponente, totale Kontrolle, Steuerung und Mobilisierung, auf bolschewistischer Seite viel besser gelang als auf weißer.

Mit den Bolschewiki triumphierten die radikalen Erben der vorrevolutionären Gegenkultur mit ihren klassenkämpferischen und internationalistischen Visionen. Dies bedeutete das Ende der ohnehin unter dem alten Regime nicht systematisch und effizient betriebenen Transformation Russlands in einen Nationalstaat mit subalternen Nebenvölkern. Nach ethnischen Kriterien waren unter den Bolschewiki jetzt jene Bevölkerungsgruppen gefährdet, welche der Kategorie besitzender »ausbeutender« Ethnoklassen zugerechnet werden konnten. Wegen der nur kurzen bolschewistischen Herrschaft in Lettland traf es den deutschbaltischen Adel nur ephemer, dauerhaft jedoch den polnischen

Adel des Westgebietes, den russischen Adel und – besonders radikal – die Don-Kosaken.[64] Darüber hinaus wurden Angehörige aller bürgerlichen, adligen und besitzenden Klassen stigmatisiert und bekämpft, gleichgültig welcher Ethnie sie angehörten. An die Stelle der Ethnisierung der politischen Gemeinschaft trat die Sortierung der Bevölkerung nach Klassenkriterien, die ebenso als soziale wie als moralische Kategorien funktionierten. Für die Juden bedeutete dies das Ende ihrer zuvor schon in Auflösung befindlichen und nur noch durch Diskriminierung zusammengehaltenen Gemeinschaft. Sie fanden sich nun in allen »Klassen« wieder. Die Anfeindungen gegen sie waren daher auch ganz unterschiedlich codiert.

Nach Ende des Bürgerkrieges stellten die Juden in der Ukraine den höchsten Anteil unter den registrierten Arbeitslosen. Aus ihren Reihen rekrutierten sich aber auch – in Relation zu ihrem Bevölkerungsanteil – die meisten so genannten »nepmany«, also die Angehörigen der kommerziellen Schichten, und die meisten »lišency«, also diejenigen, denen wegen bürgerlicher Herkunft oder kommerzieller Tätigkeit das Wahlrecht entzogen war.[65] Nach der bolschewistischen Klasseneinteilung und Steuergesetzgebung umfassten sie den Hausierer ebenso wie den Agenten (tolkač), der zwischen den Staatsbetrieben und dem Markt vermittelte, wie Großhändler und Unternehmer.

Der Begriff »nepman« klang jüdisch und zog alle antijüdischen und alle antikommerziellen Affekte in der Partei wie in der Bevölkerung auf sich. Sein negatives Image wurde nur noch von dem des Kulaken übertroffen. Als 1929/30 die OGPU vom »Goldrausch« ergriffen wurde, d.h. private Wertgegenstände, Devisen und besonders Gold mehr oder minder gewalttätig konfiszierte, wurde dies nicht ganz zufällig auch als antijüdische Aktion angesehen.[66]

Was die Sowjetunion in der Zwischenkriegszeit aber fundamental von den Ländern Mittel- und Osteuropas unterschied, war eine beispiellose Migration von Juden ins Innere Russlands[67] und ein ebenso beispielloser Aufstieg von Juden in den ständig expandierenden Sowjetapparaten wie in den Wissenschaften und in der Kultur. In den meisten Sowjetbehörden der Ukraine und Weißrusslands, aber auch Leningrads und Moskaus, lag der Anteil der Juden über ihrem Anteil an der städtischen Bevölkerung. Dies galt noch mehr für die Bildungseinrichtungen. Vor dem Hintergrund der Emigration vieler Angehöriger der ehemaligen Ober- und Bildungsschichten und angesichts ihres Bildungsvorsprungs und ihrer Urbanität übernahmen Juden die Rolle einer Ersatzintelligenz. Erst mit der zunehmenden Bildung unter den Angehörigen der anderen Völker sollte der Anteil der Juden allmählich zurückgehen.[68] Noch spektakulärer war der Aufstieg von Juden in die Eliten des Sowjetregimes, sowohl in der Partei und ihren Führungsgremien als auch in den Gewaltapparaten, in der Čeka, der OGPU und im NKVD.[69] In den Streitkräften konzentrierten sich Juden vor allem in der politischen Verwaltung als politische Kommissare. Sie waren aber auch – gemessen an ihrem Bevölkerungsanteil – überproportional vertreten unter den Kommandeuren, in den Stäben und Akademien und selbst unter den Infanteristen und in den gepanzerten Einheiten.[70]

Hier soll näher auf das mentale Profil der politischen Kommissare eingegangen werden. Im Folgenden werden sie, der bolschewistischen Redeweise folgend, als Politkommissare bezeichnet. Sie galten als die Inkarnation des Jüdischen in der Roten Armee wie im Bolschewismus überhaupt. Unter den höheren Rängen war der Anteil von Parteigenossen jüdischer Herkunft sicher sehr hoch gewesen. So zeigt eine Auflistung der Politkommissare, die für die Wehrkreise zuständig waren, dass es sich ausschließlich um solche mit jüdischen Namen handelt.[71] Entsprechend den wechselnden Kriegsschauplätzen und dem Wechsel von Mobilisierung und Auflösung von Truppen ist von einer hohen Fluktuation und von einer zunehmenden Rekrutierung aus bildungsferneren Schichten besonders in die niederen Ränge der so genannten Politischen Leiter (politruki) und der nur sporadisch eingesetzten Politischen Arbeiter (politrabotniki) auszugehen. Spätestens seit Ende des Bürgerkrieges dürfte das soziale und ethnische Profil der Politkommissare vielfältiger als 1918/1919 gewesen sein. Für Ende 1919 wird ihre Anzahl mit ca. 6.000 Personen angegeben, für 1920 mit 2.500, bei insgesamt 62.000 Parteimitgliedern in der Armee und 3.425 so genannten Politarbeitern.[72] Gegen den Vorwurf, die Partei und die Kommissare repräsentierten nur die Juden und zugleich die »Herrschaft der Intelligencija« (zasilie intelligencii) in der Armee,[73] wurde auf die heterogene Zusammensetzung (ohne ethnische Angaben) im Falle einzelner Armeen verwiesen. Auf jede Armee sollen 1919 350 bis 400 Politkommissare entfallen sein. Die vereinzelten Angaben zum sozialen Profil sind dabei so unscharf, vielleicht auch bewusst camouflierend, dass sie mehr über die erwünschte als die reale Zusammensetzung Auskunft geben: Von 344 Politkommissaren in der 6. Armee seien 204 Arbeiter und Techniker gewesen und 50 Personen aus zivilen Einrichtungen gekommen. Auffallend unter den Politkommissaren seien die Frauen gewesen, die durch ihr »Mannestum« (mužestvo) beeindruckten.[74]

Das Selbstbild der Politkommissare, wie es sich gegen Ende des Bürgerkrieges und zu Beginn der 1920er Jahre im inneren Schriftverkehr und nach außen darstellte, war ausgesprochen triumphalistisch: Der Politkommissar als »Ritter der Idee«, als Bilderstürmer, als »Zement« der Armee. »Der Kommissar ist der Wille zum Kampf und Sieg. Er war der lebendige Träger der Ideen und Wünsche der Revolution.« Er repräsentiere den »bewussten und fortschrittlichsten Teil der Kommunistischen Partei« in einer Institution, der Roten Armee, die ihrerseits die »Bewusstheit« des russischen (!) Proletariats in Russland verkörpere und in die fremdnationalen Peripherien hineintrage.[75] Die (jüdischen) Politkommissare deuteten sich als Geburtshelfer einer russisch-proletarischen Mission. Sie stilisierten sich mithin als Träger eines neuen imperialen Projektes und als beseelender Teil des neuen »imperialen Volkes«.[76]

Dieses überbordende Selbstlob der Politkommissare wurde mit dem aufopfernden Einsatz bei der Mobilisierung, der Erziehung und Indoktrination der Soldaten begründet. Diese galten als »rohes unbearbeitetes Material«, das »eingekocht« werden musste, um auf das »Entwicklungsniveau eines Rotarmisten« gehoben zu werden. Zusätzlich schrieb man sich als Verdienst zu, in den Einsatzgebieten der Roten Armee die Bildung der »Komitees der Dorfarmut« (kombedy) als Requisitionsorgane ebenso wie als Einfallstore kommunistischer Agitation auf dem Lande organisiert, mithin den Klassenkampf ins Dorf getragen zu haben. Auch die Umerziehung der Offiziere der zarischen Armee schrieb man sich als Erfolg zugute, ohne das Recht, sie bei Verrat oder Sabotage zu erschießen, zu vergessen.[77]

Berücksichtigt man die Intensität von Agitation und Propaganda, die Masse an Druckerzeugnissen, an Kursen, Erziehungs- und Kulturprogrammen, denen die Soldaten, die Offiziere und Teile der Bevölkerung während des Bürgerkrieges ausgesetzt waren,[78] mag eine Definition der Realität nahe kommen, welche die (jüdischen) Kommissare als Lehrmeister und Repräsentanten bolschewistischer »Bewusstheit«, als »Kopf des Körpers der Revolution« gegenüber einer teils anarchistischen, teils eher trägen Bevölkerung sieht: »Es war die Bestimmung des mustergültigen Kommissars, Jude zu sein.«[79]

In der Tat lässt die Selbstdarstellung der Politkommissare bereits viele »Zutaten« erkennen, welche die politische Kultur der Bolschewiki ausmachen sollten: Selbst- und Siegesgewissheit bis hin zum Fanatismus, Arroganz gegenüber der Bevölkerung, gepaart mit einer Erziehungs- und Zivilisierungsmission, aber ebenso eine Rigorosität gegen sich selbst, die vom Politkommissar wie vom Kommandeur Heldentaten verlangte. Auch ihnen erschien nichts »schöner, als für die Sache der Werktätigen zu sterben«.[80] Eine eher zivile Variante bestand nach 1920 in der Bereitschaft, sich selbst zu »säubern«.[81]

Insgesamt symbolisiert die Aufwärtsmobilität von Juden den Aufstieg von Angehörigen der bis dahin in Subordination gehaltenen Völker, Ethnien und Klassen. Dies entsprach sowohl dem Programm der Bolschewiki als auch den Erwartungen der Aktivisten an die Revolution. Glaubt man den zeitgenössischen Berichten, so scheint die starke Präsenz von Juden in der Roten Armee keine größeren Friktionen verursacht zu haben. Unter der angestellten Intelligenz in den zivilen Behörden hingegen sei die Judenfeindschaft noch intensiver gewesen als vor 1914.[82]

Dem wurde von offizieller Seite mit gelegentlichen Anti-Antisemitismus-Kampagnen begegnet. Judenfeindschaft wurde als Bestandteil des alten Regimes, der reaktionären und rückständigen Klassen definiert und damit in der Öffentlichkeit mehr tabuisiert als bekämpft.[83] Hinter der internationalistischen Fassade rumorte es allerdings vernehmlich.

Die Diadochenkämpfe in der politischen Führung des Landes transportierten mit ihren Kampagnen neben den Vorwürfen und Unterstellungen über Abweichungen und Fehler verborgene Botschaften. Sie produzierten eine Struktur von Vorurteilen, die judenfeindlich sein konnten, ohne dies explizit zu machen. Diese »strukturelle« Disposition kannte viele fließende Übergänge zu offener Judenfeindschaft. Wie die Stigmatisierung der »nepmany« als strukturell und nicht explizit judenfeindlich definiert werden kann, so gilt Vergleichbares für die Anti-Trotzki-Kampagnen und später für die Kampagnen gegen den Trotzkismus. Ein zeitgenössischer Beobachter schrieb über die kryptische Judenfeindschaft zu Anfang der dreißiger Jahre: »Obwohl nicht bewusst antisemitisch, hat die Bewegung [der neuen Parteimitglieder] antisemitische Unterströmungen, indem sie gegen eine jüdische Geisteshaltung reagierte, die idealistisch, messianistisch und ohne feste Wurzeln im russischen Boden ist.«[84]

Unzweideutig judenfeindlich waren jene Ängste und Befürchtungen, die Trotzki als möglicher Nachfolger Lenins in der Bevölkerung, aber auch in Milieus der Partei hervorrief. An der Figur Trotzkis machten sich die merkwürdigsten judenfeindlichen Stereotype fest. Sie kombinierten alte Vorurteile mit neuen Ängsten. Zu den eher traditionellen gehörte, dass Trotzki die Rückkehr der Börse wünsche, dass man bei ihm Gold gefunden habe und dass er Minsk an Polen verkaufen wolle. Verbreitung fanden auch Gerüchte, dass die Juden Lenin vergiftet hätten und dass die Juden überhaupt an die Macht wollten: Dann »ersticken sie endgültig das russische Volk«. Entsprechend dem Muster vom jüdischen Kommunismus und russischen Bolschewismus wurde Lenin als Bauernfreund und Trotzki (und die Juden) als Bauernfeinde assoziiert. Trotzki stand für das Ende der NEP – und für Krieg. Den Stimmungsberichten der OGPU über die Reaktionen der Bevölkerung und der Partei auf den Tod Lenins ist nicht zu entnehmen, in welchem Maße es sich um realitätsnahe Stimmungsberichte, um bestellte Berichte oder um solche handelte, in denen die Berichterstatter ihre eigenen Vorurteile weitergaben.[85]

Trotzki ist sich dieser Problemlage bewusst gewesen, ohne dass ihm – wie vielen jüdischen Bolschewiki – die Herkunft aus dem Judentum noch etwas bedeutet hätte.[86] Er repräsentierte den klassischen Typus des nicht-jüdischen Juden, der nur noch von den Antisemiten vornehmlich als Jude wahrgenommen wurde.[87] Gleichwohl standen Trotzki und andere jüdische Bolschewiki für etwas, das es in dieser Form in Europa noch nicht gegeben hatte:

die Juden nicht als Opfer sondern als Täter, ausgestattet mit staatlicher Autorität und allen Insignien der Macht – einschließlich des unvermeidlichen Revolvers bei den politischen Kommissaren. Diese neue Rolle der Juden produzierte Ängste, aber auch Aphorismen, in denen sich alte Ressentiments neuen Realitäten stellten: »Die Bolschewiki stützen sich auf jüdischen Verstand, lettische Schützen und russische Narren.«[88] Eher selbstkritisch und sicher antibolschewistisch hieß es: »Es sind die Trotzkis, welche die Revolution machen und die Bronsteins, welche die Rechnung dafür bezahlen.«[89] In der Roten Armee lief entsprechend der Unterscheidung zwischen jüdischem Kommunismus und russischem Bolschewismus die Parole um: »Haut die Juden, jagt die Kommissare davon, rettet die Revolution!«[90]

Resümee

Der historische Ballast staatlicher Judenfeindschaft und populären Judenhasses ließ sich durch gelegentliche Kampagnen eindämmen, aber nicht beseitigen. Negative Einstellungen zu den Juden bildeten gewissermaßen die obszöne Schattenseite, aber auch die metaphorische Ablehnung der Sowjetmacht mit ihrer auf makellosen Internationalismus getrimmten Fassade. Sie zeigte den demonstrativen Bruch mit der Vergangenheit. Die Sowjetunion präsentierte sich auf diese Weise als Gegenmodell zu dem von »zoologischem« Antisemitismus – so die sowjetische Sprachregelung – beherrschten Ländern Ost- und Mitteleuropas. In dem Maße allerdings, in dem der Sozialismus manichäisch und sowjetpatriotisch wurde, entstanden auch Strukturen, die nur darauf warteten, die alten Feindbilder zu erneuern. Dies geschah aber erst nach dem Großen Vaterländischen Krieg.

Das 20. Jahrhundert mag als das »jüdische Jahrhundert« bezeichnet werden, weil die Juden im Westen – in den USA – und im Osten – der Sowjetunion – einen beispiellosen Aufstieg erlebten und sie dieses Jahrhundert in maßgeblicher Weise geprägt haben. Nicht zufällig sind es Autoren aus Russland, die gegen die westliche »große Erzählung« von der jüdischen Geschichte als Martyrium polemisieren.[91] Denn die sowjetische Erfahrung enthält auch den Aspekt des Erfolgs und der Täterschaft. Aber auf sowjetischer Seite war es doch nur ungefähr ein halbes Jahrhundert, in denen Juden nicht als Repräsentanten ihrer Ethnie, ihres Volkes oder ihrer Religion, sondern als »Internationalisten« und als nicht-jüdische Juden das bolschewistische Projekt maßgeblich mitgestaltet haben. Diese prominente Rolle war immer begleitet von subkutaner und schließlich von offener Judenfeindschaft. Wie im Westen wurde mit der Akkulturation oder der Assimilation der Jude zum Konstrukt der Antisemiten mit der Folge, dass sie – ob »jüdisch« oder »nicht-jüdisch« – nach einer neuen Identität suchen mussten.

Anmerkungen

1 S. Dubnow: History of the Jews in Russia from the Earliest Times until the Present Day. Bd. 1–3, Philadelphia 1916–1920; S.W. Baron: The Russian Jew Under Tsars and Soviets, New York [2]1987; M. Zborowski / E. Herzog: Life is with People. The Jewish Little Town of Eastern Europe. New York [2]1953.

2 T. Maurer: Plädoyer für eine vergleichende Erforschung der jüdischen Geschichte Deutschlands und Osteuropas, in: Geschichte und Gesellschaft 27 (2001), S. 303–326; dies.: Die Westjuden des Russischen Reiches? Überlegungen zur Akkulturation der Juden in Kurland, in: Zeitschrift für Ostmitteleuropa-Forschung 54 (2005), S. 2–24.

3 A. Eisenbach: Kwestia równouprawnienia zydów w Królestwie Polskim, Warschau 1972, S. 513ff.; S. D. Corrsin: Warsaw Before the First World War. Poles and Jews in the Third City of the Russian Empire, 1880–1914, New York 1989, S. 28ff.; A. Guterman: The Origins of the Great Synagogue on Tlumackie Street, in: W. Bartoszewski / A. Polonsky (Hg.): The Jews in Warsaw. A History, Oxford 1991; F. Guesnet: Polnische Juden im 19. Jahrhundert. Lebensbedingungen, Rechtsnormen und Organisation im Wandel, Köln 1998, S. 281ff.

4 A.J. Rieber: Merchants and Entrepreneurs in Imperial Russia, Chapel Hill 1982, S. 56ff.

5 J. Baberowski: Juden und Antisemiten in der russischen Rechtsanwaltschaft 1864–1917, in: Jahrbücher für Geschichte Osteuropas 43 (1995), S. 493–518.

6 B. Nathans: Beyond the Pale. The Jewish Encounter with Late Imperial Russia, Berkeley 2002, S. 83.

7 H.-D. Löwe: Antisemitismus und reaktionäre Utopie. Russischer Konservatismus im Kampf gegen den Wandel von Staat und Gesellschaft, Hamburg 1978; ders.: Poles, Jews, and Tartars. Religion, Ethnicity and Social Structure in Tsarist Nationality Policies, in: Jewish Social Studies 6 (2000), H. 3, S. 52–96; H. Rogger: Government, Jews, Peasants and Land in Post-Emancipation Russia, in: Cahiers du Monde Russe et Soviétique 17, (1976), S. 5–25 u. S. 171–211; J.D. Klier: Imperial Russia's Jewish Question, 1855–1881, Cambridge 1995.

8 J. Hensel: Polnische Adelsnation und jüdische Vermittler, 1815–1830. Über den vergeblichen Versuch einer Judenemanzipation in einer nicht emanzipierten Gesellschaft, in: Forschungen zur Osteuropäischen Geschichte 32 (1983), S. 7–227.

9 G. B. Sliozberg: Dela minuvšich dnej. Zapiski russkogo evreja. Bd. 1–3, Paris 1933–1934, hier: Bd. 2, S. 177, 271, 557.

10 D. Beauvois: Polish-Jewish Relations in the Territories Annexed by the Russian Empire in the First Half of the Nineteenth Century, in: C. Abramsky / M. Jachimczyk / A. Polonsky (Hg.): The Jews in Poland, Oxford 1986, S. 78–90; T.R. Weeks: Nation and State in Late Imperial Russia. Nationalism and Russification on the Western Frontiers, 1863–1914, DeKalb 1996; D. Staliunas: Etnopolitičeskaja situacija Severo-Zapadnogo kraja v ocenke M.N. Murave'eva, in: Baltijskij Archiv. Russkaja Kul'tura v Pribaltike 7 (2002), S. 250–271; ders.: Granicy v pogranič'e. Belorusy i etnopolitičeskaja politika Rossijskoj imperii na Zapadnych okrainach v period velikich reform, in: Ab Imperio 1 (2003), S. 261–292.

11 M. Stanislawski: Tsar Nicholas I and the Jews. The Transformation of the Jewish Society in Russia, 1825–1855, Philadelphia 1983, S. 59ff.; V. Dohrn: Von der Haskala zum prosveščenie. Jüdische Aufklärung und staatliche Akkulturationspolitik im Zarenreich, Habilitationsschrift Göttingen 2001.

12 L. Grossmann (Hg.): Die Beichte eines Juden in Briefen an Dostojewski, München 1927; S. Dubnow: Buch des Lebens. Erinnerungen und Gedanken. Materialien zur Geschichte meiner Zeit, Bd. 1, Göttingen 2004, S. 93–145; Sliozberg, Dela, Bd. 1, S. 90ff., 144; Bd. 3, S. 139ff., 252; Nathans, Beyond the Pale, S. 199–256.

13 Corrsin, Warsaw, S. 34f.; Guesnet, Polnische Juden, S. 61–78.

14 J. Veidlinger: The Historical and Ethnographic Construction of Russian Jewry, in: Ab Imperio 4 (2003), S. 165–184.

15 N. Berdiajew: Wahrheit und Lüge des Kommunismus, Darmstadt 1953; W. Iwanow: Die russische Idee, Tübingen 1930; Iz glubiny. Sbornik statej o revoljucii, Paris 1967; R.J. Brym: The Jewish Intelligentsia and Russian Marxism. A Sociological Study of Intellectual Radicalism and Ideological Divergence, London 1978.

16 E. Haberer: Jews and Revolution in Nineteenth-Century Russia, Cambridge 1995, S. 258ff.

17 A. Besancon: The Intellectual Origins of Leninism, Oxford 1981.

18 M. Hildermeier: Die Sozialrevolutionäre Partei Russlands. Agrarsozialismus und Modernisierung im Zarenreich (1900–1914), Köln 1978, S. 281–304; A. Geifman: Thou shalt kill. Revolutionary Terrorism in Russia, 1894–1917, Princeton 1993, S. 32ff.

19 Stanislawski, Tsar Nicholas I. S. 14ff.; J. Petrovskij-Stern: Evrei v russkoj armeii 1827–1914, Moskau 2003, S. 19–69.

20 Klier, Russia's Jewish Question. S. 336f.; Nathans, Beyond the Pale. S. 181ff.

21 D. Beyrau: Militär und Gesellschaft im vorrevolutionären Russland, Köln 1984, S. 405ff.

22 J. Leonhard: Vom Nationalkrieg zum Kriegsnationalismus, in: U. von Hirschhausen / J. Leonhard (Hg.): Nationalismen in Europa. West- und Osteuropa im Vergleich, Göttingen 2001, S. 204–240; J.A. Sanborn: Drafting the Russian Nation.

Military Conscription, Total War and Mass Politics, 1905–1925, DeKalb 2003, S. 115ff.

23 A. F. Rittich: Plemennyj sostav kontingentov russkoj armii i mužskogo naselenija Evropejskoj Rossii, Sankt Petersburg 1875, S. 6.

24 Ebd., S. 35ff.

25 Ebd., S. 41.

26 A.F. Rittich: Russkij voennyj byt v dejstvitel'nosti i v mečtach, Sankt Peterburg 1898, S. 26f.

27 N. Butovskij: O sposobach obučenija i vospitanija sovremennogo soldata, Bd. 1, Sankt Petersburg 1886, S. 12.

28 Sanborn, Drafting, S. 126; S. A. Pavljučenkov: Voennyj kommunizm v Rossii. Vlast' i massy, Moskva 1997, S. 256; A. Lustiger: Rotbuch. Stalin und die Juden. Die tragische Geschichte des Jüdischen Antifaschistischen Komitees und die sowjetischen Juden, Berlin 1998, S. 135, 143f.; R. Fischer: Entwicklungsstufen des Antisemitismus in Ungarn 1867–1939. Die Zerstörung der magyarisch-jüdischen Symbiose, München 1998, S. 116ff.; Guesnet, Polen und Juden. S. 185.

29 J.M. Efron: Defenders of the Race. Jewish Doctors and Race Science in the Fin du Siècle Europe, New Haven 1994.

30 C. Stölzl: Kafkas böses Böhmen. Zur Sozialgeschichte eines Prager Juden, München 1975, S. 47.

31 Vojna i evrei, Sankt Petersburg 1912, S. 82ff., 109ff.

32 Ebd., S. 119ff.; A. Ruppin: Die soziale Struktur der Juden, Bd. 1–2, Berlin 1930–1931, Bd. 1, S. 151ff.

33 Vojna i evrei, S. 128ff.

34 Der Kahal, ursprünglich die lokale jüdische Gemeinde, figurierte im judenfeindlichen Schrifttum als mythische jüdische Organisation, welche die Juden befehligte. Diese Vorstellung geht offenbar zurück auf J. Brafman: Kniga kagala. Materialy dlja izučenija evrejskogo byta, Wilna 1869.

35 Y. Petrovski-Shtern: The Jewish Policy of the Later Imperial War Ministry. The Impact of the Russian Right, in: Kritika 2 (2002), S. 217–254, hier: S. 248ff.

36 An. Antonovic: Russkij narod i glavnejšie narodnosti Rossii pered voinskoj povinnosti, in: Voennyj Sbornik 52 (1909) H. 11, S. 242–274, hier: S. 252f.

37 Vojna i evrei, S. 229ff.

38 Als Realität nimmt die Wehrflucht Sanborn, Drafting, S. 117 und wohl auch Petrovskij-Stern, Evrei, S. 182ff., obwohl er die Unzuverlässigkeit der statistischen Angaben betont; die Implikationen statistischer Verzerrungen und einer chaotischen Musterung und Rekrutierung betonen: E. Avrutin: The Power of Documentation. Vital Statistics and Jewish Accomodation in Tsarist Russia, in: Ab Imperio 4 (2003), S. 271–299; W. Benecke: Militär und Gesellschaft im Russischen Reich. Die Geschichte der allgemeinen Wehrpflicht, 1874–1914, Habilitationsschrift Göttingen 2003, S. 69ff., 224ff.

39 Sliozberg, Dela, Bd. 2, S. 206ff.; D. Beyrau: Das russische Imperium und seine Armee, in: U. Frevert (Hg.): Militär und Gesellschaft im 19. und 20. Jahrhundert, Stuttgart 1996, S. 119–142, hier: S. 135.

40 Benecke, Militär und Gesellschaft, S. 225ff.

41 Y. Slezkine: The Jewish Century, Princeton 2004, S. 111ff.

42 Rossijskij Gosudarstvennyj Voenno-Istoriceskij Archiv (weiter als RGVIA) f. 2031, op. 1 ed. chr. 1184, Bl. 51: Bericht von der Nordfront im März 1916; E. Lohr: Nationalizing the Russian Empire. The Campaign against Enemy Aliens During World War I, Cambridge 2003.

43 B.I. Kolonickij: Simvoly vlasti i bor`ba za vlast`, Sankt Peterburg 2001, S. 51.

44 A.K. Wildman: The End of the Russian Imperial Army, Bd. 1–2, Princeton 1980–1987, Bd. 1, S. 111, 116–118, 156; Bd. 2, S. 122; O. Figes / B. Kolonitskii: Interpreting the Russian Revolution. The Language and the Symbols of 1917, New Haven 1999, S. 18–23, 158–164.

45 RGVIA f. 2031, op. 1, ed. chr. 1184, Bl. 58–59: Bericht aus Samara Nov. 1915.

46 RGVIA f. 2333, op. 2, d. 556, Bl. 249: Rundschreiben des Stabschefs der XII. Armeekorps v. 11. Jan. 1917; RGVIA f. 2048, op. 1, ed. chr. 897, Bl. 369–375: Briefwechsel zwischen der Nord- und Nordwestfront und dem Höchstkommandierenden v. 3. Apr. 1916.

47 Siehe die Serie Vojna i evrei, Bd. 1–3, Moskau 1915; Rassvet v. 29. Aug. 1914 Nr. 35 und viele andere Beiträge in der Zeitung.

48 P.A. Gatrell: A Whole Empire Walking. Refugees in Russia During World War I, Bloomington/Ind. 1999, S. 20ff.; E. Lohr: The Russian Army and the Jews. Mass Deportation, Hostages and Violence During World War I, in: The Russian Review 60 (2001), S. 404–419; F.M. Schuster: Zwischen allen Fronten. Osteuropäische Juden während des Ersten Weltkrieges (1914–1918), Köln 2004.

49 Pavljučenkov, Voennyj kommunizm, S. 257–258; Rossijskij Gosudarstvennyj Archiv Social`no-Političeskoj Istorii (weiter als RGASPI) f. 71, op. 34, d. 2081: Auszüge aus litauischen Zeitungen vom Apr.–Juni 1919.

50 Pavljučenkov, Voennyj kommunizm, S. 257f.; Mark von Hagen: Soldiers in the Proletarian Dictatorship. The Red Army and the Soviet Socialist State, 1917–1930, Ithaca 1990, S. 101f.; N. Katzer: Die weiße Bewegung in Russland, Köln 1999, S. 288–291.

51 Pavljučenkov, Voennyj kommunizm, S. 256.

52 Z.Y. Gitelman: Jewish Nationality and Soviet Politics. The Jewish Sections of the CPSU, 1917–1930, Princeton/N.J. 1972, S. 164ff.

53 M. Vetter: Antisemiten und Bolschewiki. Zum Verhältnis von Sowjetsystem und Judenfeindschaft 1917–1939, Berlin 1995, S. 54ff.

54 Sanborn, Drafting, S. 20ff., 96ff.; von Hagen, Soldiers. S. 35ff.; D.J. Raleigh: Experiencing Russia's Civil War. Politics, Society and Revolutionary Culture in Saratov, 1917–1922, Princeton/N.J. 2002, S. 333ff.

55 Fischer, Entwicklungsstufen; R. Patai: The Jews of Hungary, Detroit 1996; H.J. Kieval: Languages of Community. The Jewish Experience in the Czech Lands, Berkeley 2000; F. Golczewski: Polnisch-jüdische Beziehungen 1881–1922, Wiesbaden 1981; Guesnet, Polen und Juden; E.-V. Kotowski / J.H. Schoeps / H. Wallenborn (Hg.): Handbuch zur Geschichte der Juden in Europa. Bd. 1–2, Darmstadt 2001, hier: Bd. 2, S. 381ff.

56 Fischer, Entwicklungsstufen, S. 44f.; Patai, The Jews, S. 347ff.; Kieval, Languages, S 181ff.; J.T. Gross: Ritualmordbeschuldigungen gegen Juden im deutschen Kaiserreich (1871–1914), Berlin 2002; H. Walser Smith: Die Geschichte des

Schlachters. Mord und Antisemitismus in einer deutschen Kleinstadt, Göttingen 2002.

57 Fischer, Entwicklungsstufen, S. 116ff.; Kotowski u. a. (Hg.), Handbuch, S. 82f.

58 E. Zechlin: Die deutsche Politik und die Juden im Ersten Weltkrieg, Göttingen 1969.

59 K. Latzel: Deutsche Soldaten – nationalsozialistischer Krieg? Kriegserlebnis – Kriegserfahrungen, 1939–1945, Paderborn 1998, S. 166ff.

60 Efron, Defenders, S. 28.

61 Golczewski, Polnisch-jüdische Beziehungen, S. 144ff.; S. E. Aschheim: Eastern Jews, German Jews and Germany's Ostpolitik in the First World War, in: Leo Baeck Institute Year Book 28 (1983), S. 351–365.

62 Golczewski, Polnisch-jüdische Beziehungen, S. 181ff., 246ff.; Fischer, Entwicklungsstufen, S. 138ff.; Patai, The Jews, S. 468f.; Stölzl, Kafkas böses Böhmen, S. 97ff.

63 V. G. Liulevicius: War Land on the Eastern Front. Culture, National Identity, and German Occupation in World War I, Cambridge/Mass. 2000; P. Holquist: Making War, Forging Revolution. Russia's Continuum of Crisis, 1914–1921, Cambridge/Mass. 2002.

64 Holquist, Making War, S. 116ff.

65 J. Larin: Evrei i antisemitizm v SSSR, Moskau 1929, S. 86ff.

66 A. M. Ball: Russia's Last Capitalists. The Nepmen, 1921–1929, Berkeley 1987, S. 75ff., 100, 125, 165.

67 G. Freitag: Nächstes Jahr in Moskau! Die Zuwanderung von Juden in die sowjetische Metropole 1917–1932, Göttingen 2004.

68 Vetter, Antisemiten, S. 95ff.; B. Pinkus: The Jews of the Soviet Union. The History of a National Minority, Cambridge 1988, S. 76ff.

69 N. Werth: Qui etaient les prémiers tchékistes? in: Cahiers du Monde Russe et Soviétique 32 (1991), S. 501–512; L. Ju. Kričevskij: Evrei v apparate VČK – OGPU v 20-e gody, in : O. V. Budnickij (Hg.): Evrei i russkaja revoljucija. Materialy i issledovanija, Moskva 1999, S. 250–320; N. Petrov: Les transformations du personnel des organes de sécurété soviétiques, in : Cahiers du Monde Russe 42 (2001), S. 375–396.

70 Larin, Evrei, S. 109; Pinkus, The Jews, S. 83f.

71 RGVA f. 11, op. 1, d. 101, Bl. 1: Stenogramm der Beratungen der Wehrkreiskommissare, März 1919.

72 Reč'tov. Rakovskogo, in: Politrabotnik (1920), H. 1–4, S. 8–15; Spravka političeskoj i praktičeskoj raboty v Krasnoj armii, in: Politrabotnik (1920), H. 8, S. 14; Degtarev: Bližajsie zadači politotdelov v oblasti učeta, in: Politrabotnik 1922, H. 3, S. 88–93.

73 RGASPI f. 71, op. 35, d. 916, Bl. 18: Kul'turno-prosvetitel'naja rabota v Krasnoj armii, o. D.; Degtarev: O social'noj strukture Krasnoj armii, in: Politrabotnik (1922), H. 2, S. 55–62, hier: S. 60f.

74 RGASPI f. 71, op. 35, d. 916, Bl. 20: Kul'turno-prosvetitel'naja rabota.

75 In der Reihenfolge der Zitate: RGASPI f. 71, op. 34, d. 96, Bl. 90: Spravka o politotdelach, o. D.; ebd.: d. 916, Bl. 18: Kul'turno-prosvetitel'naja rabota; Polit-

rabotnik 1922, H. 1–4, S. 7; Politrabotnik 1922, H. 2, S. 61; RGASPI f. 71, op. 35, d. 916, Bl. 39.

76 G. A. Landau: Revoljucionnye idei v evrejskoj obščestvennosti, in: I.M. Bikerman u.a.: Rossija i evrei. Sbornik statej, Paris 1978 (Berlin 1923), S. 97–119; J. Baberowski: Der Feind ist überall. Stalinismus im Kaukasus, München 2003, S. 28ff.

77 RGASPI f. 71, op. 35, d. 916, Bl. 14–15, 42–43.

78 Von Hagen, Soldiers, S. 89ff.

79 Slezkine, Jewish Century, S. 192.

80 RGASPI f. 71, op. 35, d. 916, Bl. 25.

81 P. Pavlovskij: Izmenenie sostava RKP v Krasnoj armii, in: Politrabotnik 1922, H. 3, S. 85–87.

82 Larin, Evrei, S. 101f., 109.

83 Vetter, Antisemiten, S. 171ff.

84 E. Lyons: Assignment in Utopia, London 1937, S. 151f.

85 L. Koseleva / N. Tepcov (Hg.): Smert' Lenina: Narodnaja molva v specdonesenijach OGPU, in: Neizvestnaja Rossija XX vek, Bd. 4, Moskva 1993, S. 9–24, hier: S. 15.

86 V. P. Danilov (Hg.): Trockij zaščiscaetsja, in: Voprosy Istorii KPSS (1990), H. 5, S. 32–43.

87 J.-P. Sartre: Betrachtungen zur Judenfrage, in: Ders.: Drei Essays, Frankfurt/M. 1977, S. 108–190.

88 T. Emmons (Hg.): Time of Troubles. The Diary of Iurii Vladimirovich Got'e. Moscow July 8, 1917 to July 23, 1922, Princeton 1988, S. 329.

89 Zitiert nach: R. Pipes: Die russische Revolution. Bd. 3: Russland unter dem neuen Regime, Berlin 1993, S. 191.

90 Von Hagen, Soldiers, S. 82.

91 Slezkine, Jewish Century; S. Margolina: Das Ende der Lügen. Russland und die Juden im 20. Jahrhundert. Berlin 1992; immer noch oder schon wieder antisemitisch grundiert: J. Rogalla von Bieberstein: »Jüdischer Bolschewismus«. Mythos und Realität, Dresden 2002.

Igor Narskij

Der Ural im russischen Bürgerkrieg

Gewaltformen und Überlebensstrategien

»Man hatte Angst zu weinen. Nachdem die Verwandten weggeführt worden waren, saß man still und wusste, dass man selbst bald, vielleicht sogar dieselbe Nacht dran war. Und als hinter der Wand, in der Nachbarwohnung Klopfen, Lärm und wildes, unmenschliches Geschrei ertönte, starrte man gelähmt mit weit geöffneten Augen in die Dunkelheit in der Erwartung, dass es auch an der eigenen Tür klopfen würde.«[1]

Diese Zeilen, die wohl auch die Stimmung der Moskauer oder Leningrader Einwohner auf dem Höhepunkt des Großen Terrors der dreißiger Jahre zutreffend beschreiben könnten, stammen aus einer anderen Zeit und aus einer von den Hauptstädten Russlands weit entfernten Region. Sie wurden in einer »weißen« Zeitung im Januar 1919 veröffentlicht, kurz nach der Besetzung des Gouvernementzentrums Perm' im Uralgebiet durch die Truppen des Admirals Koltschak, und charakterisierten das Leben der Stadtbewohner unter der bolschewistischen Diktatur.

Die Ural-Gouvernements Vjatka, Perm', Orenburg und Ufa, die am Vorabend der Revolution fast 800.000 Quadratkilometer umfassten und mehr als 13 Millionen Einwohner zählten, lagen im Zentrum der gewalttätigen Ereignisse des russischen Bürgerkrieges. Ihre Bevölkerung ertrug nicht nur die von der Hauptstadt »verordnete« Revolution. Sie litt unter den sich ständig ändernden Frontlinien zwischen den Truppen der Roten und der Weißen, wechselnden regionalen Regierungen und nationalen Bewegungen. Hinzu kamen Bauern- und Arbeiteraufstände, die Übergriffe »weißer«, »roter« und »grüner« Kosakenverbände, pogromartige Exzesse in den Städten und auf dem flachen Lande und die systematische Ausplünderung der Bevölkerung durch marodierende Soldaten und rote Beschaffungsbrigaden.

Der Bürgerkrieg im Ural begann früher und er hörte später auf als anderswo. Die Militäroperationen der Roten Garde gegen die rebellierenden Orenburger Kosaken hatten im November 1917 begonnen, ein halbes Jahr vor dem offiziellen Ausbruch des Bürgerkrieges. In den Jahren 1918–1919 wurde der Ural zu einem zentralen Kampfplatz der Roten Armee gegen die Tschechoslowakische Legion, die Weiße Armee des Admirals Koltschak und die eine Zeit lang mit ihm verbündeten baschkirischen Truppen. Gewalt und Leid beherrschten den Alltag in der Region. Mit Ausnahme des nordwestlichen Teils des Gouvernements Vjatka war die ganze Region zum Kriegsschauplatz geworden. Die Städte und Bergbausiedlungen waren dem Terror der wechselnden Machthaber ausgesetzt, das flache Land wurde durch die Requirierungen aller Kriegsparteien ausgeplündert.

Der Bürgerkrieg dauerte im Uralgebiet weit über sein offizielles Ende hinaus an: Statt des Friedens kamen Terror und der »Bauernkrieg«, der auf seinem Höhepunkt um die Jahreswende 1920/1921 die Exzesse der »Antonovščina« im Gouvernement Tambov noch übertraf. Erst mit der verheerenden Hungersnot kamen die Kriege der Bauern und Kosaken gegen die Bolschewiki 1922 zu einem Ende. Denn die Hungersnot absorbierte alle Kräfte der ländlichen Bevölkerung, die um das nackte Überleben kämpfte. Dafür setzten sich aber die Streiks der Arbeiter in den Städten über das Ende des Bürgerkrieges hinaus fort. Sie endeten erst Mitte 1922, als die Bauern wieder eine gute Ernte einbrachten, die es den Bolschewiki ermöglichte, die Städte ausreichend mit Lebensmitteln zu versorgen.

Wie nun aber kann die Gewalt als sozial strukturierende Kraft für uns verständlich werden? In der kulturhistorischen Forschung gewinnt diese Frage in der letzten Zeit an größerer Bedeutung.[2] Der Schwerpunkt der Aufmerksamkeit gilt zwar nach wie vor dem Vorkriegsstalinismus, doch auch die Gewalt in der russischen Revolution und im Bürgerkrieg rückt nunmehr in das Blickfeld der Historiker.[3] Dabei wird die revolutionäre Gewalt aber vor allem daraufhin untersucht, inwiefern sie den stalinistischen Habitus formte. Die Suche nach den Wurzeln der stalinistischen Gewaltkultur führt jedoch zu einer bemerkenswerten Asymmetrie in der Erforschung der Gewalt im frühen Sowjetrussland, denn das Interesse gilt vor allem den vom Staat ausgeübten Gewaltpraktiken. Von der Gewalt als sozialer Praxis und Verhaltensmuster der Bevölkerung ist, wenn überhaupt, bislang nur am Rande die Rede.[4] Dabei erlauben es uns die Dokumente zum Bürgerkrieg in den Regionen, Gewalt als Alltagsphänomen zu beschreiben. Sie zeigen uns die Gewalt als eine dem Menschen innewohnende Möglichkeit, Macht zu akkumulieren und die Anderen physisch zu unterwerfen. In der extremen Situation des Bürgerkrieges wurde sie zu einem alternativlosen Mittel der Vergemeinschaftung, Ausgrenzung und Stigmatisierung.[5]

Hier soll die Gewalt als Überlebensstrategie in einer Umgebung materieller Not, institutionellen Zerfalls, existenzieller Bedrohung und kultureller Desorientierung verstanden und untersucht werden. Dabei werden die Gewaltformen und Überlebenstechniken nicht irgendwelchen sozialen Gruppen wie den Bauern, den Arbeitern und der Intelligenz zugeordnet. Es geht im Gegenteil um den Nachweis, dass die Gewalt selbst als gemeinschaftsstiftende Kraft wirkte, dass Gewalt nicht nur destruktive Wirkungen ausübte, sondern Menschen auch zusammenführte und solidarisierte.

Im Folgenden soll drei Fragen nachgegangen werden: 1. welche Bedeutung die staatliche Gewalt für den Alltag der Bevölkerung in der Uralregion während des Bürgerkrieges hatte, welche Unterschiede in der Gewaltanwendung zwischen den Roten und den Weißen bestanden und ob die Bevölkerung diese Unterschiede überhaupt wahrnahm, 2. in welchem Ausmaß die Gewalt die Überlebenstechniken dominierte[6] und 3. welche kulturellen Vorprägungen und Umstände zu der beispiellosen Gewaltexplosion beitrugen.

»Rote« und »weiße« Gewalt – Antipoden oder Zwillinge?

Die Gewaltausübung der Kriegsparteien im Ural wie auch in anderen Randgebieten Russlands hatte unterschiedliche Ausprägungen. Der bolschewistische Terror wurde von den politischen Parolen des Klassenkampfes begleitet und war vor allem auf die Erzwingung von Kooperation ausgerichtet. Die politische Gewalt zielte auf alle Lebensbereiche der Menschen und sie trat in vielfältiger Form in Erscheinung: in Geiselnahmen und Massenerschießungen, im Verbot des freien Handels, der Ausplünderung der Bauern und in der Militarisierung der Arbeit. Besonders belastend für die Bevölkerung der Region waren die Zwangsmobilisierungen für die Holzbeschaffung, die für die Aufrechterhaltung der rückständigen Metall- und Rüstungsproduktion unerlässlich war. Aber für die Bolschewiki standen ökonomische Überlegungen nicht im Vordergrund. Denn wirtschaftlich erwiesen sich die Zwangsmobilisierungen und der Einsatz der Revolutionären Arbeitsarmee zur Holzbeschaffung als ineffizient. Im Frühjahr 1922 wurden die Einheiten »arbeitender« Soldaten wieder aufgelöst. Zu den Besonderheiten der Situation im Ural gehörte auch die brutale Durchsetzung der Distributionswirtschaft und der Versorgungsdiktatur, die von den antibolschewistischen Regimes im Sommer 1918 für kurze Zeit unterbrochen wurde und sich erst im Jahre 1920, ein halbes Jahr nach der Rückkehr der Bolschewiki in die Region, wieder etablierte.

Im Unterschied zu den »Roten« rechtfertigten die »Weißen« die Gewalt mit patriotischen Parolen. Darin kam wenigstens theoretisch eine Beschränkung des Terrors zum Ausdruck, weil die Gewalt nur den Bolschewiki und ihren Anhängern galt. Wie man am Beispiel der Ural-Region zeigen kann, war sich die Regierung des Admirals Koltschak sehr wohl darüber im Klaren, dass die Zeit der Autokratie und der Gutsherrschaft abgelaufen war. Auch die weiße Regierung garantierte den 8-Stunden-Tag für die Arbeiter in den Betrieben. Sie schritt nicht einmal mehr gegen die Gewerkschaften ein. Nur mit großer Vorsicht betrieb Koltschak die Reprivatisierung der Industrie, am Ende wurde sie nur teilweise verwirklicht, nicht zuletzt wegen der pragmatischen Einstellung der ehemaligen Besitzer, die abwarten wollten, wie sich die politische und ökonomische Situation entwickeln würde. Das gleiche gilt für den Landbesitz.[7] Die klassische Gutswirtschaft war für den vorrevolutionären Ural nicht typisch, und deshalb tolerierte das weiße Regime die Folgen der Landumverteilung unter den Bauern, wenngleich es weitere Landaufteilungen untersagte. Man versuchte also, die Folgen der bolschewistischen Experimente und der Bauernrevolution in mehr oder weniger zivilisierte Bahnen zu leiten anstatt sie rücksichtslos zu beseitigen. Die antibolschewistischen Behörden mochten nicht einmal mit den revolutionären Feiertagen brechen, denn auch unter Koltschak wurde der Jahrestag der Februarrevolution und der 1. Mai gefeiert.[8]

Trotz der oben erwähnten Unterschiede wurden der »rote« und »weiße« Terror von der Bevölkerung oft als Zwillingsbrüder wahrgenommen. Gräueltaten wie Geiselnahmen, Massendurchsuchungen und -verhaftungen, willkürliche Requirierungen und Plünderungen, Folter und willkürliche Mordtaten kennzeichneten die Gewaltpraxis beider Regimes. Dafür gab es mehrere Gründe. Alle Kriegsparteien bezogen die Anwendung von Gewalt in ihre Programmatik mit ein. Vor allem aber sollte Gewalt die Schwäche der Verwaltung kompensieren. Kompetenzüberschneidungen und die Vorherrschaft außerordentlicher Verwaltungs- und Militärbehörden schwächten die Exekutive und verleiteten die Machthaber, ihren Willen mit ungezügelter Gewalt durchzusetzen.[9]

Das Verwaltungschaos spiegelt sich nicht zuletzt in unzähligen Beschwerden der Insassen »weißer« und »roter« Gefängnisse wieder. So schrieb im Herbst 1918, einige Monate nach der Einnahme der inoffiziellen Hauptstadt des Uralgebietes, Ekaterinburg, durch die antibolschewistischen Truppen, ein ehemaliger Staatsbeamter und Ingenieur an die Leitung der Stadtkommandantur: »In Ekaterinburg passieren grauenhafte, schreckliche Sachen: Aufgrund jeder beliebigen Denunziation, auch seitens Minderjähriger, werden Massenverhaftungen angeblicher Bolschewiki durchgeführt. Als eine Illustration kann ich eine kurze Beschreibung der Personen anführen, die vom Kommandanten der Stadt in Haft genommen worden sind: ein des Lesens und Schreibens unkundiges 60jähriges altes Weib, das wegen der Aussage, ›die alte Ordnung sei besser gewesen‹, denunziert wurde; ein blindgeborener Musiker und Klavierstimmer, der wegen angeblicher Büroarbeit für die Bolschewiki von zwei Jungen denunziert wurde; ein belgischer Untertan, der wegen eines Fehlers in seinen Dokumenten inhaftiert ist; ein Offizier, der mit einem Teil seiner Schwadron die Bolschewiki verlassen hat; ich, ein Ingenieur, der 20 Jahre lang dem Staat gedient hat und der nach zweijähriger Arbeit im Militärbetrieb in Zlatoust von den Bolschewiki aus persönlichen Rachemotiven hinausgeworfen und verhaftet wurde.«[10]

Die Schwäche der Staatsstrukturen zeigt sich auch in dem wellenartigen Einsatz der Gewalt. Seine Höhepunkte erreichten der rote und weiße Terror während der großen Militäroperationen an der Ostfront im Sommer und Herbst 1918 und im Sommer 1919. Nach der bolschewistischen Rückkehr in die Region im Jahre 1919 nahm die Gewalt in den Städten dann systematischen Charakter an. Die permanente Bestrafung von sogenannten »Freiwilligen«, die entweder in der Weißen Armee gedient oder den Ural mit Koltschak verlassen hatten und danach zurückgekehrt waren, wurde zur Routine des städtischen Lebens.

Auf dem flachen Lande aber blieb der Terror nach wie vor unkalkulierbar. Er folgte den Rhythmen der landwirtschaftlichen Arbeit und nahm im Herbst 1920 und 1921 zu, als das Getreide geerntet war und die Bauern zur Getreideablieferung beziehungsweise zur Naturalsteuerabgabe gezwungen wurden.

Die Gewaltexzesse beider Regimes waren also das Produkt einer bizarren Kombination von ideologischen Konstrukten und der Schwäche der Verwaltung. In der Mangelgesellschaft gab es ohnehin keinen Raum mehr für zivilisierte Steuerungsmittel, die der Willkür hätten Einhalt bieten können.

Gewaltanwendung und Überlebenstechniken

Die Überlebensstrategien der Bevölkerung stehen in einer komplizierten Wechselwirkung mit den verschiedenen Formen der Gewalt. Es besteht kein Zweifel, dass der häufige Machtwechsel den Einsatz von Gewalt begünstigte und die Risiken im Alltagsleben erhöhten. Andererseits erweiterte das politische Chaos in der Ural-Region die Spielräume für die Erprobung unterschiedlicher Überlebenstechniken, die in Zentralrussland, wo die Bolschewiki regierten, schon nicht mehr zur Anwendung kamen.

Die Bevölkerung der Region lässt sich in diesem Sinne idealtypisch drei verschiedenen Gruppen zuordnen: den »Aktivisten«, den »Mitläufern« und den »Außenseitern«.[11] Denn den gruppenspezifischen Überlebensstrategien gingen unterschiedliche Vorprägungen, Erfahrungen und Erwartungshorizonte voraus. Es versteht sich von selbst, dass diese idealtypische Konstruktion eine Reduktion der komplexen sozialen Wirklichkeit ist, weil die Grenzen zwischen den Gruppen natürlich fließend waren. Gleichwohl wird auf diese Weise deutlich, welche Möglichkeiten den historischen Akteuren im Angesicht des Chaos zur Verfügung standen.

Die »Aktivisten« setzten sich mit ihrer sozialen und politischen Umwelt auseinander. Sie kooperierten mit den jeweiligen Machthabern, sie widersetzten sich ihnen oder flüchteten in die organisierte Kriminalität, um im Chaos zu überleben. Zwar war diese Gruppe sozial heterogen, aber es gab dennoch einige Merkmale, die fast alle Aktivisten auszeichneten. Zu ihnen gehörten vor allem Männer im wehrpflichtigen Alter, die als Soldaten oder Unteroffiziere die Schlachten des Weltkrieges erlebt hatten, im Umgang mit Waffen geübt und ambitioniert genug waren, selbst zu bestimmen, welchen Zielen sie sich verschreiben wollten. Zur Gruppe der Aktivisten gehörten auch Menschen, die der Krieg aus der Bahn geworfen hatte, die um ihre Heimat und soziale Sicherheit gebracht worden waren: Flüchtlinge, mobilisierte Arbeiter, Kriegsgefangene, Soldaten der Garnisonen, Deserteure und demobilisierte Soldaten, die entweder nicht mehr in ihre Dörfer zurückkehren konnten oder die sich auf dem Rückweg in die Heimat zeitweise in der Uralregion niederließen.[12] Viele dieser Entwurzelten fühlten sich fremd in den ihnen unvertrauten geographischen und kulturellen Räumen, vor allem die Angehörigen ethnischer Minderheiten wie Letten, Tschechen oder Juden. Diese Entfremdung und Verunsicherung provozierte sie zu brutalen Gewaltaktionen und trug offenbar dazu bei, dass sie sich auf die Seite der jeweiligen Staatsmacht schlugen. Die kleinen Tyrannen, die auf der unteren Verwaltungsebene die Staatsgewalt vertraten, verstanden Ordnung ohnehin als Synonym für Militarisierung, die Staatsmacht galt ihnen als System von Privilegien und Willkür.[13] Für die Eskalation der Gewalt spielte vermutlich eine nicht unwichtige Rolle, dass die Helfer der »Roten« wie der »Weißen« aus diesem Reservoir kamen.

Wer Widerstand leistete, kam gewöhnlich aus der Region und gehörte einer der ethnischen Minderheiten im Ural-Gebiet an: den Baschkiren, den Tataren, den Kosaken oder den ukrainischen und deutschen Kolonisten. Im Unterschied zu den Repräsentanten der staatlich gesteuerten Gewalt gehörten die Aktivisten des Widerstandes zu den Verlierern der Revolution, die keine ihrer Erwartungen erfüllt hatte. Kollaborateure wie Widerständler nahmen aktiv am politischen Geschehen teil und prägten die »großen« Ereignisse in Revolution und Bürgerkrieg.

Das Jahr 1917 war auch in der Ural-Region eine Epoche der exzessiven Gewaltanwendung »von unten«. In den Städten erreichte sie einen ersten Höhepunkt in den letzten Monaten des Jahres 1917, als der außer Kontrolle geratene Mob Alkohollager plünderte. Auf dem Lande kam es in den ersten Monaten des Jahres 1918 zur radikalen »schwarzen Umverteilung«. In beiden Fällen lag die Initiative bei den Bauern-Soldaten, die dem Krieg den Rücken gekehrt hatten. Seit dem Sommer 1918 verschmolz die Gewalt mit dem Terror, der vom Staat ausging. Als Reaktion auf die improvisierten Versuche der Bolschewiki, die Versorgungsdiktatur einzuführen, erhoben sich Bauern und Arbeiter im ganzen Uralgebiet gegen die neuen Machthaber. Unter den Schlägen der Aufständischen brach das bolschewistische Regime erstaunlich rasch zusammen. Unter den antibolschewistischen Regierungen ging das Ausmaß des sozialen Protestes zurück, vor allem, weil es den Weißen gelang, die Lebensmittelversorgung zu verbessern. Es kam gelegentlich zu Unruhen, die sich aber erst in den Jahren 1920–1921 zu einem großen Bauernkrieg entwickelten, nachdem die Bolschewiki in die Region zurückgekehrt waren. Er stand im direkten Zusammenhang mit der bolschewistischen Versorgungspolitik und führte, als die Brutalisierung der bolschewistischen Getreidebeschaffungsbrigaden jedes erträgliche Maß überschritten hatte, zu Massenaufständen der Bauern, die sich bis in das Jahr 1921 fortsetzten. Die Gegengewalt der Bauern war nicht weniger brutal und exzessiv. Es waren desertierte Bauern-Soldaten, die den Aufständen ihren besonderen, archaischen Charakter gaben. Auch die Bauern-Armeen versuchten, Soldaten zu rekrutieren, Divisionen aufzustellen und Stäbe zu organisieren, die das Kampfgeschehen leiteten. Aber ihre Absicht galt nicht der Eroberung, sondern der Vernichtung und Vertreibung ihrer Feinde.[14]

Die Mehrheit der Bevölkerung, einschließlich der meisten in Russland verbliebenen Vertreter der ehemaligen Elite, gehörte zur Gruppe der »Mitläufer«. Die Mitläufer übten sich in passiver

Distanzierung zu jedem Regime und versuchten, indem sie zur rechten Zeit unauffällig wurden, ihr Leben zu retten. In der Zeit des revolutionären Umbruchs war jedem Untertan deutlich geworden, wie leicht jemand wegen einer vermeintlichen »konterrevolutionären« oder pro-bolschewistischen Tätigkeit zugrunde gehen, Vermögen und Leben einbüßen konnte. Niemand konnte sicher sein, wieder zurückzukehren, wenn er sein Haus verließ, jeder konnte jederzeit von jedem beschuldigt werden, mit den jeweiligen Feinden zusammengearbeitet zu haben. Deshalb zogen die Klügeren es vor, sich von der Staatsgewalt überhaupt fern zu halten. Denn niemand wusste, wer morgen regieren würde.

Die »Mitläufer« versuchten, ihr Einkommen aus möglichst vielen Quellen zu beziehen. Sie kombinierten produktive mit distributiven, legale mit illegalen Tätigkeiten, und darin bewegten sie sich zwischen Formen des passiven Widerstandes und der passiven Anpassung. Die Unterschichten waren auf den Daseinskampf in der Mangelgesellschaft wesentlich besser als die Oberschichten vorbereitet. Die illegalen Handelsaktivitäten der Schieber, das Ausüben mehrerer Tätigkeiten, das Pendeln zwischen Stadt und Land – all das waren Varianten der bäuerlichen Wanderarbeit, wie sie schon vor der Revolution bestanden hatte.[15] In der Ural-Region lebten die Bauern, die auf Fabrik-Gütern arbeiteten, von gewerblichen und landwirtschaftlichen Tätigkeiten. In den sechziger Jahren des 19. Jahrhunderts hatte eine Wirtschaftskrise die Metallindustrie im Ural erfasst, und die Arbeiter waren gezwungen gewesen, ihr Alltagsleben zu verändern, weil sie die Bergbausiedlungen nicht verlassen durften. In den Jahren der Revolution verwandelte sich dieser soziale Atavismus für die Arbeiter in einen Vorteil. Die Positionierung zwischen Fabrik und Feld ermöglichte es den Arbeitern, auch in der Zeit des zivilisatorischen Zusammenbruchs in einer stabilen Ordnung zu leben. Nicht zuletzt deshalb fanden die Bolschewiki, als sie Anfang der zwanziger Jahre die Neue Ökonomische Politik einführten, keine bessere Lösung, als die ökonomischen Traditionen der Bergbaubezirke in der Ural-Region für ihre politischen Zwecke zu instrumentalisieren.

Unter diesen Umständen begannen die übrigen sozialen Gruppen von den Bauern und ihren Überlebenstechniken zu lernen. Zu diesem Lernprozess gehörte auch die Brutalisierung des städtischen Lebens, die bereits vor der Revolution begonnen hatte. Mit den Bauern kam auch die Gewalt in die Städte: die körperliche Züchtigung von Kindern und Frauen durch Männer, die Selbstjustiz und die ritualisierten Faustkämpfe, die Bauern an den Feiertagen gegeneinander austrugen. Schon im letzten Drittel des 19. Jahrhunderts, als Hunderttausende Bauern in die Städte einwanderten, wurde diese Gewalt von den Eliten des Zarenreiches als Problem wahrgenommen.[16] Als im März 1917 die alte Polizei von den Straßen verschwand, wurden die Innenstädte zu Orten der öffentlichen Lynchjustiz. In der Spätphase des Weltkrieges wunderte sich schon niemand mehr über die Schlägereien, die sich in den Schlangen vor den Lebensmittelgeschäften zutrugen. Sie bestimmten für Jahrzehnte das Alltagsbild des städtischen Lebens.[17]

Angesichts der unsicheren Lebensperspektiven versuchten die Angepassten, nicht nur ihre Leidensgenossen gegeneinander auszuspielen. Sie spielten Katz-und-Maus mit den neuen Machthabern und versuchten, den Staat für ihre eigenen Bedürfnisse auszunutzen. Der soziale Neid, die Rache und Abrechnung mit persönlichen Feinden verleiteten die Untertanen, einander zu denunzieren – im Wissen freilich, dass der schwache Staat auf jede Denunziation sofort reagierte. Die Anzeigen wurden im Unterschied zu den dreißiger Jahren meist mündlich an die Vertreter der Staatsgewalt weitergegeben, nicht zuletzt deshalb, weil die Mehrheit der Bevölkerung weder lesen noch schreiben konnte. Die mündliche Denunziation aber öffnete der Willkür und dem Terror Tür und Tor. Man könnte mit Recht behaupten, dass die Angepassten zur Verschärfung der Gewalt ebenso viel beitrugen wie die Gruppe der Aktivisten.

Die wirtschaftliche Misere, die sich zu Beginn der zwanziger Jahre zuspitzte, brachte zahlreiche Menschen in Armut; die Zahl der sozial marginalisierten »Außenseiter« nahm stetig zu, besonders während der Hungersnot der Jahre 1921–1922. Die prekäre ökonomische Situation trieb die sozial Schwächeren, vor allem ältere Menschen, Kinder und Frauen, aber auch die verarmten Bauern und Arbeitslosen in die Kriminalität, Bettelei und Prostitution. In dieser Gruppe waren die Nichtrussen stark vertreten, vor allem Baschkiren, Wolgatataren und Votjaken (Udmurten), die von der Hungersnot in den Jahren 1921–1922 besonders hart getroffen wurden.[18] Häufig beteiligten sich die Außenseiter an der Gewalt, indem sie sich Aufständischen oder kriminellen Banden anschlossen, indem sie plünderten und raubten, Menschen töteten und verspeisten. In vielen Fällen wurden sie jedoch selbst zu Opfern der Gewalt. Während der Hungerkatastrophe, der Hunderttausende zum Opfer fielen, hatten die Marginalisierten kaum eine Möglichkeit, ihr Überleben erfolgreich zu sichern. Vor allem führte die Marginalisierung ganzer Bevölkerungsgruppen zur Lähmung der organisierten Gegengewalt und zur Atomisierung der Gesellschaft.

Die Kultur der Gewalt im revolutionären Russland

Jede Antwort auf die Frage nach den Ursprüngen und der Kultur der Gewalt im russischen Bürgerkrieg enthält unvermeidlich Vereinfachungen. Die Gewaltexplosion hatte mehrere Gründe, deren Hierarchie, Verzahnung und Wechselwirkungen umstritten sind. Im Folgenden sollen nur jene Faktoren erwähnt werden, ohne die ein Verstehen der Gewaltkultur des Bürgerkrieges unmöglich ist.

Es gibt keinen Zweifel, dass menschliche Katastrophen wie der russische Bürgerkrieg die soziale Stabilität von Gesellschaften erschüttern und eine Eskalation der Gewalt begünstigen.[19] Unter den radikal veränderten Lebensbedingungen im revolutionären Russland verschoben sich auch die Verhaltenscodes der Menschen. Norbert Elias hat von einem funktionellen Zusammenhang zwischen dem Entwicklungsgrad des stabilen (staatlichen) Gewaltmonopols und der Entfaltung menschlicher Gewalt gesprochen. Für Elias steht die Bereitschaft zu Affektausbrüchen und zur Gewaltanwendung in umgekehrter Proportion zur Stabilität des Gewaltmonopols.[20] So stand es auch um die Gewalt im russischen Bürgerkrieg. Denn die Revolution löste die Machtzentren auf, sie atomisierte die Gesellschaft und setzte auf diese Weise eine Gewalt ins Werk, die für viele Menschen die einzige Machtressource war, die ihnen noch zur Verfügung stand. Die erhöhte Bereitschaft zur Gewaltanwendung wiederum bestimmte das Verhalten der Individuen innerhalb und außerhalb der (para)staatlichen Institutionen. Das Leben war zu einem Glücksspiel geworden.

Dieser Zusammenhang lässt sich am Beispiel der Plünderungen der Alkohollager zeigen, die sich im Herbst 1917 in fast allen russischen Städten ereigneten. Die Abwesenheit staatlicher Sicherheitsorgane erlaubte es den Arbeitern und Bauern, die Alkohollager zu stürmen und sich ihren Inhalt anzueignen. An vielen Orten kam es zu großen Trinkgelagen, und schon nach wenigen Tagen hatten die Plünderer die Alkoholvorräte konsumiert.[21] Im Chaos kamen zahlreiche Plünderer ums Leben, weil sie in Zisternen fielen oder weil die Flammen der brennenden Alkohollager ihrem Leben ein Ende setzten. Niemand aber schien die Menge davon abhalten zu können, sich in den Besitz des begehrten Alkohols zu bringen. Betrunkene verloren ihre Hemmungen, deshalb waren die Gewaltexzesse dort, wo sich die Menge betrank, größer als anderswo.

Gewalt war auch in der Sprache präsent. Trotz der Differenzen in den Motiven der Politiker und der »kleinen Leute«, die an der Sinnstiftung mitarbeiteten, schöpfte die Sprache beider aus dem Reservoir der Verschwörungstheorie.[22] Die kämpfenden Kriegsparteien konkurrierten in dem Bemühen, sich selbst und die Bevölkerung von der Verantwortung für die Zustände im Lande zu befreien und ihre politischen Widersacher für die Anarchie in Russland verantwortlich zu machen. Für die Missstände waren nunmehr »dunkle Mächte« verantwortlich: »bolschewistische Räuber« und »konterrevolutionäre Banditen«, die »internationale Bourgeoisie« und der »deutsche Spion«. Die »einfachen Leute« sprachen in religiösen Bildern, versuchten aber auch, die Verantwortung für das Elend fremden Kollektiven anzulasten, seien es Kapitalisten, Juden oder Atheisten.[23] Jeder versuchte, die Gewalt auf solche Weise für sich zu legitimieren.

Zur Eskalation der Gewalt trug auch die rasche Auflösung vormoderner gesellschaftlicher Strukturen und der autokratischen politischen Ordnung bei. Sie verursachte Verunsicherung in der Bevölkerung, die ihrerseits mit Gewalt reagierte. Dabei schöpfte sie aus den vormodernen Traditionen, Konflikte mit Gewalt zu lösen, anstatt Interessengegensätze friedlich und »zivilisiert« zu bewältigen. Dafür standen nicht zuletzt die Bauern und Bauern-Soldaten, die ihre Gewalttraditionen vom Dorf in die Stadt trugen und auf niemanden mehr trafen, der sie an der Ausübung dieser Gewalt hätte hindern können.[24]

Niemand, der die Gewalt im revolutionären Russland verstehen will, wird an den Erfahrungen des Weltkrieges vorbeisehen können.[25] Ob die unmittelbaren Fronterlebnisse für die Eskalation der Gewalt von Bedeutung waren, ist unklar und eher zweifelhaft. Es gibt aber keinen Zweifel, dass der Massenkrieg zur weit verbreiteten Akzeptanz der militärischen Gewaltanwendung als Mittel für die Lösung von Konflikten beitrug. Für manche Frontsoldaten waren die Erfahrungen im Krieg mehr als nur eine Konfrontation mit Tod und Gewalt. Sie veränderten ihre Sicht auf die Welt und fügten sie in eine Ordnung der Disziplin ein, die sie nicht gekannt hatten. In der Armee wurde vor allem der Hass auf die »veralteten« ländlichen Lebensweisen kultiviert, die beispiellose Brutalität der bolschewistischen Überfallkommandos und ihr Hass auf die »rückständigen« Traditionen der Dorfbewohner kamen aus diesen Erfahrungen.[26]

Revolution und Bürgerkrieg zerstörten den geregelten Alltag der Bevölkerung, sie zerrütteten die politische und wirtschaftliche Infrastruktur und die Kommunikation, sie bewirkten ein Defizit an Lebensmitteln, und in dieser Archaisierung blieb der Gesellschaft kein anderer Ausweg, als in die Gewalt zu flüchten. Man könnte auch sagen, dass die Bolschewiki und die Weißen aus der Gewaltkultur der russischen und nichtrussischen Unterschichten schöpften.[27] Nur war, was hier geschah, nur deshalb möglich, weil es während des Bürgerkrieges keine Institutionen mehr gab, die in der Lage gewesen wären, die Gewalt einzudämmen.[28] Stattdessen verließen sich Rote wie Weiße auf außerordentliche Institutionen und Gewalttechniken, wie sie die europäischen Staaten in den Kolonialkriegen um die Jahrhundertwende bereits erprobt hatten.[29] So aber verschärften sie die Gewaltexzesse anstatt sie zu unterbinden. So gesehen war die Gewalt im russischen Bürgerkrieg eine Kombination von modernen Ordnungsansprüchen und vormodernen Verhaltenscodes und Gewalttechniken, die in den staatsfernen Räumen ihre größten Triumphe feierte.

Zusammenfassend lässt sich sagen, dass die Distanz der Ural-Region zu den Machtzentren, die Unterentwicklung der Infrastruktur, die langjährige Erfahrung der Untertanen mit dem Leben in der Krise und die Besonderheiten der Geographie und Kommunikation die Ausbreitung von Gewalt begünstigten. Denn sie schwächten die politischen Institutionen aller Machthaber und ermöglichten es auch der Bevölkerung, der Gewalt freien Lauf zu lassen. Die Mehrheit der Bevölkerung lebte in einer Grauzone, wo die Gewalttechniken der Bolschewiki und der Weißen mit den Traditionen der Bauern und Arbeiter verschmolzen. Es sollte noch weitere zehn Jahre dauern, bis es den Kommunisten gelang, den »kleinen Leuten« ihre Spielregeln aufzuzwingen. Dabei sind die dauerhaften Auswirkungen der Bürgerkriegserfahrungen auf das gesellschaftliche Leben im Ural-Gebiet in der Geschichtsschreibung über den Stalinismus unklar geblieben. Wenngleich kausale Beziehungen zwischen den Ereignissen der Bürgerkriegsära und der Stalinzeit nicht nachgewiesen werden können, so fällt doch auf, dass die Macht- und Überlebenstechniken im Stalinismus jenen der Bürgerkriegsära ähneln. Vor allem wurde die Dichotomie des »wir und sie« in den Beziehungen zwischen Staat und Bevölkerung zementiert. Unter den führenden Kommunisten verfestigte sich der Eindruck, die Bevölkerung sei hoffnungslos träge und rückständig und müsse zum Sozialismus gezwungen werden. Die Bevölkerung sah darin eine Bestätigung für ihre Überzeugung, dass der Staat vor allem ein Räuber war, der von außen kam und sich für nichts weiter als für Abgaben und Rekruten interessierte. Dieses Verhältnis hat die Entwicklung der Sowjetunion belastet, weil es immer wieder Gewaltwellen hervorrief, die dann mit Gegengewalt und Illoyalität beantwortet wurden, wie vor allem der stalinistische Terror der dreißiger Jahre zu belegen scheint, als die Bevölkerung den Eingriff des Staates in ihre Lebenswelt abzuwehren versuchte und die Bolschewiki den Widerstand als Klassenkampf und Werk böser Mächte interpretierten.[30]

Es war das Gefühl der Ohnmacht, das die Bolschewiki immer wieder in die Gewalt trieb.[31] Dieser Teufelskreis wurde erst später durchbrochen, als es dem Staat gelang, die Bevölkerung mit seinem Zwangsapparat zu unterwerfen und Widerstand mit extremer Gewalt zu brechen. Die eigentliche Disziplinierung aber ereignete sich erst nach dem Stalinismus, als Menschen mit veränderten Verhaltensweisen einander in institutionalisierten, staatlichen und befriedeten Räumen begegneten. Das aber ist eine ganz andere Geschichte.

Anmerkungen

1 Osvoboždenie Rossii (Perm'), 12. Januar 1919.

2 C. Merridale: Steinerne Nächte. Leiden und Sterben in Russland, München 2001; J. Baberowski: Der Feind ist überall. Stalinismus im Kaukasus, München 2003; ders.: Der rote Terror. Die Geschichte des Stalinismus, München [2]2004.

3 V. Buldakov: Krasnaja smuta. Priroda i posledstvija revoljucionnogo nasilija, Moskva 1997; O. Figes: Die Tragödie eines Volkes. Die Epoche der russischen Revolution 1891 bis 1924, Berlin 1998; O. Figes / B. Kolonitskii: Interpreting the Russian Revolution. The Language and Symbols of 1917, New Haven 1999; A.J. Mayer: The Furies. Violence and Terror in the French and Russian Revolutions, Princeton 2000; I. Narskij: Žizn' v katastrofe. Budni naselenija Urala v 1917–1922 gg., Moskau 2001; P. Holquist: Making War, Forging Revolution. Russia's Continuum of Crisis, 1914–1921, Cambridge/Mass. 2002; D.J. Raleigh: Experiencing Russia's Civil War. Politics, Society, and Revolutionary Culture in Saratov, 1917–1922, Princeton 2002.

4 C. Kuhr-Korolev / St. Plaggenborg / M. Wellmann (Hg.): Sowjetjugend 1917–1941. Generation zwischen Revolution und Resignation, Essen 2001; Holquist, Making War; Baberowski, Der Feind.

5 W. Sofsky: Traktat über die Gewalt, Frankfurt/M. 1996; B. Liebich (Hg.): Gewalt verstehen, Berlin 2003; J. Baberowski: Zivilisation der Gewalt. Die kulturellen Ursprünge des Stalinismus, Berlin 2005.

6 Der wirtschaftlichen, sozialen und ethnischen Struktur nach war die Ural-Region sehr heterogen. Dem »industriellen« und vorwiegend russischen Gouvernement Perm' standen die multiethnischen Territorien des »bäuerlichen« Vjatka, des »adligen« Ufa und des »Kosakengouvernements« Orenburg gegenüber. Die Ural-Region wurde in zwei Schüben – unter Iwan dem Schrecklichen im 16. Jahrhundert und unter Peter dem Großen und seinen Nachfolgern im 18. Jahrhundert erobert und kolonisiert. Seit der Mitte des 18. Jahrhunderts wurde die Kolonisierung des Gebiets vom Staat nach einem einheitlichen Programm vorangetrieben. So entstand ein System geschlossener Bergbaubezirke, die adligen Erbgütern ähnelten. In der ausgehenden Zarenzeit hatte sich das Ural-Gebiet in eine vom Staat vernachlässigte, rückständige Region verwandelt. Seine wirtschaftliche Position wurde durch die industrielle Konkurrenz aus dem südlichen Russland geschwächt. Deshalb gab es bereits vor der Revolution regional variierende Techniken im Umgang mit den schwierigen Lebensbedingungen.

7 N. Katzer: Die weiße Bewegung in Russland. Herrschaftsbildung, praktische Politik und politische Programmatik im Bürgerkrieg, Köln 1999.

8 Naš Ural (Ekaterinburg), 11., 14. März, 3. Mai 1919; Osvoboždenie Rossii, 13. März 1919.

9 Die außerordentlichen Organe, vor allem die Militär-Revolutionären-Komitees, wurden im Ural, wie auch in anderen von den Bolschewiki 1919–1920 zurückgewonnenen Gebieten, in großer Zahl reanimiert. Wahrscheinlich gab es zu dieser Zeit allein im Südural circa 2.000 dieser Komitees. N.F. Bugaj: Črezvyčajnye organy Sovetskoj vlasti. revkomy 1918–1921, Moskva 1990, S. 290–293; V.S. Kobzov / E.P. Sišinskij: Gosudarstvennoe stroitelstvo na Urale v 1917–1921 gg., Čeljabinsk 1997, S. 125.

10 Kolčakovščina na Urale (1918–1919 gg.). Dokumenty i materialy, Sverdlovsk 1929, S. 33.

11 Diese Einteilung entspricht nicht den Selbstbeschreibungen der Zeitgenossen und sollte auch nicht mit den späteren offiziellen politischen Kategorien der »vydvižency«, »poputčiki« und »lišency« verwechselt werden, die vom Staat für die Privilegierung und Ausgrenzung verwendet wurden.

12 Buldakov, Krasnaja smuta, S. 81–102, 119–139; P. Gatrell: A Whole Empire Walking. Refugees in Russia During World War I, Bloomington/Ind. 1999; E. Lohr: Nationalizing the Russian Empire. The Campaign Against Enemy Aliens During World War I, Cambridge/Mass. 2003; R. Nachtigal: Kriegsgefangenschaft an der Ostfront 1914 bis 1918. Literaturbericht zu einem neuen Forschungsfeld, Frankfurt/M. 2004.

13 Ein extremer, wenngleich kein außergewöhnlicher Fall, sind die Erinnerungen des bolschewistischen Militärkommissars und Leiters des Kreiskomitees der Kommunistischen Partei im Kreis Sarapul (Gouvernement Vjatka), I. Sedelnikov – ein junger Mann aus einer wohlhabenden Schusterfamilie, der im Krieg Unteroffizier gewesen war. Im Sommer 1918, während er einer Konferenz von Militärkommissaren in Moskau beiwohnte und zwei Monate vor seiner Ermordung durch aufständische Arbeiter, schrieb er in sein Tagebuch: »Unsere Regierung fängt an zusammenzubrechen. Übrigens, zum Teufel mit der ganzen Politik. Wie gerne würde ich reich sein, um mindestens einige Tage lang die Umarmungen der schönen Frauen zu genießen, die ich durch mein Fenster sehe. Ich schaffe das. Ich werde reich. Nur schnell weg aus Moskau, sobald diese dumme Konferenz vorbei ist. Da, im Sumpf der Provinz, werde ich mich schnell bereichern, und wenn es mir schlecht geht, – veranstalte ich ein Abenteuer mit Geld, wie der Militärkommissar von Tambov. So ein Glückspilz: er hat 12 Mio. kassiert. Ich kann das auch, und dann verschwinde ich. Ich fliehe dorthin, wo mich niemand kennt, nehme einen neuen Namen an und werde das Leben genießen.« Zitiert nach: Narskij, Žizn' v katastrofe, S. 446.

14 I. Podšivaliv: Graždanskaja bor'ba na Urale. 1917–1918 (Opyt voenno-istoričeskogo issledovanija), Moskau 1925, S. 178.

15 Figes, Tragödie, S. 638–662; Narskij, Žizn' v katastrofe, S. 461–497.

16 Figes, Tragödie, S. 100–122; Raleigh, Experiencing Russia's Civil War, S. 312–347.

17 Narskij, Žizn' v katastrofe, S. 389, 495–496.

18 Ebd., S. 107, 124, 367, 358–361, 368, 371, 372, 365, 366, 490, 556.

19 H. Haumann: Jugend und Gewalt in Sowjetrussland zwischen Oktoberrevolution und Stalinismus im lebensweltlichen Zusammenhang, in: Kuhr-Korolev / Plaggenborg / Wellmann (Hg.), Sowjetjugend 1917–1941, S. 28–30.

20 N. Elias: Über den Prozess der Zivilisation. Soziogenetische und psychogenetische Untersuchungen, Frankfurt/M. 1997, Bd. 2, S. 332–333.

21 I. Narskij: »Pjanaja revolucija«. naselenie i alkogol' na Urale v 1917 g., in: Ural v sobytijach 1917–1921 gg.. aktualnye problemy izučenija, Čeljabinsk 1999, S. 193–212.

22 D. Groh: Die verschwörungstheoretische Versuchung oder Why do bad things happen to good people?, in: Ders. (Hg.): Anthropologische Dimension der Geschichte. Frankfurt/M. 1992, S. 267–304.

23 Die Bevölkerung eignete sich das bolschewistische Vokabular allmählich an, nicht immer zum Vergnügen der Machthaber. Denn es kam vor, dass Bauern und Arbeitern davon sprachen, dass die Sowjets und die Kommunistische Partei von Weißgardisten beherrscht seien: I. Narskij: Bürgerkrieg – zur Konstruktion eines Gründungsmythos im frühen Sowjetrussland (Ural 1917–1922), in: N. Buschmann / D. Langewiesche (Hg.): Der Krieg in den Gründungsmythen europäischer Nationen und der USA, Frankfurt/M. 2003, S. 320–330.

24 J. Neuberger: Hooliganism. Crime, Culture and Power in St. Petersburg, 1900–1914, Berkeley 1993.

25 D. Beyrau: Der Erste Weltkrieg als Bewährungsprobe. Bolschewistische Lernprozesse aus dem »imperialistischen« Krieg, in: Journal of Modern European History 1 (2003), S. 96–123.

26 I. Narskij: Frontovoj opyt russkich soldat 1914–1916 gg., in: Socium i vlast' 4 (2004). S 102–110.

27 Baberowski, Der rote Terror, S. 204–207.

28 H. Altrichter: Staat und Revolution in Sowjetrussland, 1917–1922/23, Darmstadt ^{2}1996.

29 Holquist, Making War; Beyrau, Der Erste Weltkrieg, S. 96–123.

30 Narskij, Žizn' v katastrofe, S. 567.

31 Baberowski, Zivilisation der Gewalt, S. 5.

Bernd Bonwetsch

Der GULAG und die Frage des Völkermords

Das Zwangsarbeitslagersystem des Gulag beziehungsweise im weiteren Sinne die Verbrechen des Stalinismus, etwa der »Große Terror« der dreißiger Jahre oder die so genannte »Liquidierung der Kulaken als Klasse«, sind bis vor kurzer Zeit nicht mit »Völkermord« in Zusammenhang gebracht worden. Zwar hat Robert Conquest Ende der sechziger Jahre die im Westen weithin unbemerkt gebliebenen Deportationen ganzer Kaukasusvölker in den Jahren 1943/44 als »Völkermord« bezeichnet, aber das war eine seltene Ausnahme, und der Begriff selbst wurde von Conquest auch eher in moralisch-polemischem als in analytischem Sinne verwendet.[1] In der Forschung blieb das praktisch ohne Folgen. Seit Mitte der achtziger Jahre haben dann Conquest selbst und Historiker wie Ernst Nolte in Deutschland oder Stéphane Courtois in Frankreich dem Sowjetregime Völkermord in großem Stil vorgeworfen, wobei letztere auch die gegen bestimmte soziale Gruppen gerichtete Politik unter dem Begriff des Völkermords fassten und die Gleichartigkeit von sowjetischem »Klassenmord« und nationalsozialistischem »Rassenmord« betonten.[2]

Im Folgenden wird auf diese Thesen noch einzugehen sein, doch ist hier nicht der Ort, die historiographische Entwicklung nachzuzeichnen. Es genügt zunächst festzustellen, dass die Verbrechen des Stalinismus bereits seit Jahrzehnten in ihren wesentlichen Aspekten bekannt waren und keineswegs verschwiegen wurden. Bis zur Perestrojka aber standen sie weder im Zentrum des Interesses der westlichen Forschung, noch haben sie die Interpretation der sowjetischen Geschichte geprägt. Das hat sowohl wissenschaftsinterne als auch andere Gründe. Eine Darstellung wie die von Michael Heller und Alexander Nekrich, die die Geschichte der Sowjetunion im Geiste der Enthüllung ihrer Mängel und Verbrechen schrieben, blieb ohne Resonanz.[3] Zum Teil lag dies daran, dass das Ausmaß der Verbrechen nicht wirklich bekannt war, zum Teil wurden sie gerade in Deutschland aus Furcht davor, dass dem Antikommunismus oder der Relativierung der NS-Verbrechen Vorschub geleistet werden könnte, eher am Rande behandelt, zum Teil aber auch in einer fast schon grotesken Weise verharmlost und als zwar bedauerliche, aber doch irgendwie zu akzeptierende Begleiterscheinung der »Modernisierung« mit Hilfe einer »Entwicklungs-« oder »Erziehungsdiktatur« betrachtet.[4]

Die Tatsache, dass die Verbrechen des Stalinismus nicht mit »Völkermord« in Verbindung gebracht wurden, hat aber auch damit zu tun, dass der Straftatbestand des »Völkermords« oder »Genozids« im internationalen Recht vor allem unter dem Eindruck der systematischen nationalsozialistischen Verbrechen an ethnischen oder rassischen und religiösen Gemeinschaften definiert worden ist, insbesondere im Hinblick auf den Mord an den europäischen Juden. Entsprechend bezeichnet die »Convention for the Prevention and the Repression of the Crime of Genocide« der Vereinten Nationen (UNO) vom 9. Dezember 1948 Völkermord als Handlung, die »in der Absicht begangen wird, eine nationale, ethnische, rassische oder religiöse Gruppe ganz oder teilweise zu vernichten«.[5] Selbstverständlich spielte bei dieser Definition, die um die inneren Verhältnisse der Sowjetunion gleichsam einen Bogen machte, auch die Tatsache eine Rolle, dass deren Zustimmung zu dieser Konvention gewonnen werden sollte. Es hatte zwar in der Zwischenkriegszeit Ansätze gegeben, bei der Definition des Tatbestands des Völkermords im Hinblick auf Vorgänge in der Sowjetunion auch Akte gegen soziale oder politische Gruppen einzubeziehen, aber das war sofort auf sowjetische Kritik gestoßen und bei der Ausarbeitung der Konvention angesichts der internationalen Stellung der Sowjetunion am Ende des Zweiten Weltkrieges fallen gelassen worden. Bei der Einbeziehung der Sowjetunion in die Nürnberger Prozesse waren ja ähnliche pragmatische Kompromisse gemacht worden, die die deutschen Verteidiger vergeblich auszunutzen trachteten. Im Jahre 1948, zum Zeitpunkt der Verabschiedung der Konvention hatte sich die Kooperation der Kriegsalliierten zwar schon wieder in eine Konfrontation verwandelt, aber es blieb trotz amerikanischer Bedenken bei dieser auch von der Sowjetunion gutgeheißenen Definition der Opfergruppen.[6]

Den Schöpfern dieses neu im Völkerrecht festgelegten Deliktes ging es um die Ahndung vorsätzlicher Vernichtung oder auf Vernichtung zielender Handlungen gegenüber Gruppen oder Teilen von ihnen, die durch *objektive* Merkmale, nicht durch gleichartige subjektive Handlungen definiert waren. Es handelte sich in gewisser Weise um die Übertragung des wesentlich durch Motiv und Tötungsvorsatz gekennzeichneten Delikts des Individualmords aus dem konventionellen Strafrecht auf Völker oder entsprechend definierbare Gruppen im Rahmen des Völkerrechts. Hält man sich streng an diese Definition und schließt andere durch Strafrecht definierte Gewaltverbrechen mit Todesfolge aus (insbesondere fahrlässige Tötung, Totschlag und Körperverletzung mit Todesfolge), so wird man den sowjetischen Gulag, das heißt das Lagersystem und seine Opfer, tatsächlich nicht ohne weiteres unter dem Begriff des Genozids, des vorsätzlichen Völker- oder Gruppenmords, fassen können. Selbst wenn man Gulag als Chiffre für das Verbrecherische beziehungsweise die Verbrechen des Sowjetregimes insgesamt verwendet, ändert sich an diesem Befund kaum etwas: Ungeachtet unterschiedlicher Bewertungen und zahlenmäßiger Gewichtungen der Verbrechen insbesondere des Stalinismus macht die vorsätzliche Vernichtung ganzer Gruppen oder Teilen von ihnen wegen ihrer rassischen, ethnischen, religiösen oder sonstigen objektiven Merkmale zumindest nicht dessen Kern aus. Die Vernichtung der Juden oder auch der Zigeuner, und zwar unabhängig von deren Verhalten, gehört dagegen zweifellos zum eigentlichen Wesen des Nationalsozialismus.

Das heißt nicht, dass es in der Sowjetunion nicht auch spezifische Gruppen gegeben hat, die als solche verfolgt wurden. Unterdrückung und Verfolgung von ganzen Gruppen oder einzelner ihrer Angehörigen aufgrund objektiver Merkmale und unabhängig von individuellen Handlungen oder Intentionen hat es in der Sowjetunion unter Lenin und Stalin immer gegeben. Rechtsstaatliche Erwägungen oder Institutionen, die dies hätten bremsen können, haben dagegen bestenfalls in Ansätzen und nur zeitweise bestanden. Nicht nur der Stalinismus, sondern die gesamte Geschichte der Sowjetunion von der Oktoberrevolution bis zu Stalins Tod lässt sich ohne vorsätzliche Entstellung auch als Unrechts- und Verbrechensgeschichte darstellen. Alexander

Solženicyn hat unter dem Aspekt der Entwicklung des »Archipel Gulag«, des inselartig über die Sowjetunion ausgebreiteten Lagersystems und seiner »Bewohner«, vor 25 Jahren einen Anfang dazu gemacht; Nicolas Werth hat diese »Geschichte der sowjetischen Repression« als eine permanent gegen das eigene Volk gerichtete Regierungspolitik beschrieben.[7]

Der erste Schritt auf diesem Weg bestand in der Bekämpfung soziologisch definierter »Klassenfeinde« seit dem Oktoberumsturz von 1917: von der Bekämpfung der Repräsentanten des alten Regimes und der »Kulaken«, dem angeblich bourgeoisen Element der Bauernschaft am Ende der zwanziger Jahre. Sie alle wurden ohne individuelle Urteile wegen ihrer Gruppenzugehörigkeit verfolgt. Später, in den dreißiger und vierziger Jahren, wurden nicht mehr soziologisch, sondern ethnisch definierte Gruppen verfolgt, deren Angehörige unter dem Pauschalverdacht des Verrats und ohne individuelle Urteile unter Vermeidung von Öffentlichkeit deportiert wurden. Ein Sonderfall waren die sowjetischen Juden. Sie wurden nie offiziell als Gruppe verfolgt, litten aber insbesondere seit dem Zweiten Weltkrieg unter nicht nur geduldeter, sondern auf infame Weise auch offiziell und öffentlich geförderter Diskriminierung. Das mündete Ende 1952, nach einer seit 1948 andauernden Kampagne gegen »Kosmopolitismus« und »Zionismus«, in eine kaum verhüllte Pogromstimmung, in der zahlreiche so genannte jüdische »Kremlärzte« wegen einer angeblichen Verschwörung gegen Stalin verhaftet wurden. Das setzte die ohnehin bedrängten Juden der Sowjetunion in Angst und Schrecken und verschaffte Gerüchten über ihre bevorstehende Deportation nach Birobidžan Glaubwürdigkeit und weite Verbreitung. Stalin selbst hatte am 1. Dezember 1952 im Präsidium des ZK (Politbüro) Maßnahmen gegen die sowjetischen Juden nahezu zur staatlichen Pflicht erklärt. Er hatte behauptet, dass die Juden Nationalisten und Agenten der amerikanischen Spionage seien.[8] Was wirklich geplant war, ist bis heute nicht bekannt. Aber dass es sich nicht nur um Gerüchte handelte, sondern dass antijüdische Maßnahmen im Stile »erzwungener Freiwilligkeit« vorbereitet wurden, wird von jemandem wie Anastas Mikojan, der damals selbst bei Stalin in Ungnade gefallen war, bestätigt.[9]

In der Behandlung ihrer Gegner kannten die Bolschewiki von Anfang an kein Pardon. Schon seit der Proklamation des »roten Terrors« im September 1918 nahm die Verfolgung als »feindlich« oder »schädlich« deklarierter Gruppen ganz offen die Form staatlich sanktionierter Brutalität und Willkür an, die unter der Führung der Geheimpolizei praktiziert wurde. Diese war unter verschiedenen Bezeichnungen – Tscheka (ČK), GPU, OGPU, NKVD, KGB – tätig und verfügte in wechselndem Ausmaß nicht nur über Strafverfolgungs-, sondern auch über Rechtsprechungs- und Strafvollzugskompetenzen. Dabei operierte sie in einer Atmosphäre, in der sich schon kurz nach dem Oktoberumsturz die Tendenz herausbildete, jegliche Kritik oder gar Widerstand, zum Beispiel Arbeiterstreiks, als konterrevolutionär und klassenfeindlich einzustufen. In die Definition der »Klassenfeinde« flossen so von Anfang an subjektive Kriterien ein. Dies ebnete einer unheilvollen Beliebigkeit im Umgang mit den Begriffen den Weg.[10]

Trotz aller Übergriffe der Geheimpolizei und der zur Routine erstarrten verbalen Gewalttätigkeit der Parteifunktionäre ging es nach dem Oktoberumsturz und während des Bürgerkrieges in Bezug auf die Vertreter des alten Regimes – Adel, Gutsbesitzer, Bürgertum, Intelligenz – im Kern nicht um deren physische Liquidierung, sondern um die Erzwingung von Wohlverhalten. Den Angehörigen dieser Schichten wurde zwar misstraut, man demütigte, erniedrigte und misshandelte sie häufig, man unterstellte ihnen gleichsam selbstverständlich sowjetfeindliche Absichten und kannte bei ihrer Unterdrückung keinerlei Skrupel, wie Dmitrij Volkogonov auch für Lenin und Trotzki herausgestellt hat.[11] Trotzdem aber meinte man, sich ihre Fähigkeiten nutzbar machen zu sollen – zumindest soweit diese »Ehemaligen« (byvšie) sich nicht zu manifesten Aktionen gegen die Sowjetmacht hinreißen ließen. Zahllose ehemalige Offiziere der zarischen Armee und »bürgerliche Spezialisten« aus Wirtschaft, Verwaltung, Wissenschaft und Kunst haben auf diese Weise seit den Anfängen der Sowjetmacht in deren Diensten gestanden, sei es auch unter der Kontrolle von »Kriegskommissaren« oder »roten Direktoren«. Dabei wurden sie gegenüber der angeblich »herrschenden Klasse«, den Arbeitern, materiell sogar eher privilegiert als diskriminiert. Selbst einige Zehntausende Gutsbesitzerfamilien haben in unterschiedlicher Stellung in den zwanziger Jahren in der Sowjetunion ihr Leben gefristet, bevor sie gegen Ende des Jahrzehnts ähnlichen Drangsalierungen ausgesetzt wurden wie die so genannten Kulaken.[12] Trotz aller verbalen und auch physisch praktizierten Brutalität herrschte in dieser Hinsicht ein eher erstaunlicher Pragmatismus. Bauern – wie arm auch immer –, die in der Periode des Kriegskommunismus nicht die geforderten Getreidemengen ablieferten, oder Arbeiter, die sich den Forderungen des Staates nicht fügten, wurden nicht grundsätzlich anders behandelt als die Angehörigen der »feindlichen« Klassen.

Die Zugehörigkeit zu einer sozialen Gruppe, die der Sowjetmacht ablehnend gegenüberstand, war für die Behandlung von deren Angehörigen nicht das ausschlaggebende Kriterium. Hierfür war vielmehr das tatsächliche Verhalten maßgeblich: Wer sich gegen die Sowjetmacht stellte, wurde mit einer Brutalität und Skrupellosigkeit bekämpft, die für staatliches Verhalten in der modernen Geschichte zweifellos ohne Beispiel war. Darunter litten bis zum Ende des Bürgerkrieges vor allem die Bauern, die sich in verschiedenen Regionen des Schwarzerdegebiets, des landwirtschaftlichen Zentrums Russlands, in Massen gegen die staatliche Ausraubungspolitik erhoben. Als besonders hartnäckige Gegner der Bolschewiki unter den Bauern erwiesen sich die Kosaken am Don und im Gebiet Kuban'. Sie hatten als relativ wohlsituierte Gruppe unter den russischen Bauern besonders viel zu verlieren und schlossen sich in aller Regel den Bürgerkriegsgegnern der Bolschewiki an. Diese reagierten mit äußerster Brutalität und führten mit Massenerschießungen, Geiselnahmen und Deportationen eine regelrechte »Entkosakisierungspolitik« durch, die 1919/1920 zum Tode oder zur Deportation mehrerer Hunderttausend Menschen führte. Diese Politik grenzt tatsächlich an das, was mit »Völkermord« gemeint ist; allerdings war ihr Hauptziel zweifellos die Erzwingung der Loyalität dieser spezifischen Gruppe von Bauern, nicht deren Vernichtung, und der weit überwiegende Teil dieser Gruppe überlebte die »Entkosakisierungspolitik«.[13]

Bei der Bewertung dieser Vorgänge sollte man nicht übersehen, dass Bürgerkrieg herrschte und dass auf beiden Seiten mit äußerster Brutalität vorgegangen wurde. Spezifisch sowjetisch daran war aber bereits die Legitimierung dieser Brutalität mit dem angeblichen »Klassenkampf«, obwohl dieser nicht den Kern des Problems ausmachte. Dies wurde bei der Kollektivierung der Landwirtschaft seit 1929, als die »Liquidierung des Kulakentums als Klasse« zum Programm erkoren wurde, ganz besonders deutlich. Im Zuge dieses »Klassenkampfes« gegen die angeblich bourgeoisen Elemente auf dem Dorf wurden rund 400.000 so genannte Kulakenfamilien von Haus und Hof vertrieben; 400.000 weitere Familien, etwa 1,8 Millionen Menschen, wurden nach Norden, in den Ural oder weiter nach Sibirien, deportiert.[14] Das kostete zwar unzähligen Menschen das Leben und stürzte Hunderttausende in die elende Existenz von »Sonderansiedlern« unter der Obhut der Staatssicherheitsorgane. Doch trotz aller Härte und Brutalität bedeutete dies nicht den Beginn einer systematischen physischen Liquidierung. Eine Ironie der Geschichte wollte es sogar, dass die deportierten »Klassenfeinde« die Hungersnot von 1932/33 besser überstanden als die mit der Arbeiterklasse angeblich verbündeten armen und Mittelbauern, die in den Getreideanbaugebieten zurückgeblieben waren und Kolchosen gebildet hatten, zu denen Kulaken als »Klassenfeinden« der Beitritt verwehrt worden war. Aus den entsprechenden Dokumenten geht eindeutig hervor, dass hinter der Behandlung der deportierten Kulaken nicht das Interesse an ihrer Vernichtung, sondern an der unbeschränkten Verfügung über ihre Arbeitskraft stand.[15]

Zur Definition der »Kulaken« ist zum einen zu bemerken, dass objektive Merkmale der Gruppenzugehörigkeit fast beliebig verwendet wurden. Man versuchte so, auf den aus Moskau vorgegebenen Anteil der Kulaken an der Dorfbevölkerung von drei bis fünf Prozent zu kommen.[16] Zum anderen gaben diese Kriterien keineswegs immer den Ausschlag für Repressionen, denn letztlich wurde jeder Bauer oder sonstige Sowjetbürger, der sich der Weisheit der Entkulakisierungspolitik verschloss, ungeachtet seiner soziologischen Gruppenzugehörigkeit als »Kulakenhandlanger« (podkulačnik) den gleichen Repressionsmaßnahmen unterworfen wie die »Kulaken«. Hier war im Grunde die gleiche Mechanik wie während des Bürgerkrieges zu beobachten: Der eigentlich soziologisch, an objektiven Merkmalen zu definierende »Klassenfeind« wurde anhand subjektiver Kriterien dingfest gemacht – anhand seines Verhaltens. Dies geschah weitgehend unabhängig von seiner klassenmäßigen Zugehörigkeit. Klassenmäßige »Herkunft« allerdings blieb immer ein strafrechtlich relevantes Merkmal. Es konstituierte bei »feindlicher« Herkunft unter den eigentümlichen Bedingungen des Strafrechts der Sowjetunion zumindest immer das, was man als »Anfangsverdacht« bezeichnen könnte und wirkte im Falle der Anklageerhebung und Verurteilung durchweg strafverschärfend. So wurden zum Beispiel als »Kulaken« eingestufte Bauern, falls sie Getreide stahlen und sei es auch nur im Rahmen von Mundraub, nach dem berüchtigten »Ährengesetz« von 1932 mit dem Tode bestraft, während Kolchosbauern für das gleiche Delikt »nur« mit Lagerhaft nicht unter zehn Jahren bestraft wurden.[17] Für die Praxis des sowjetischen Strafrechts aber blieb das individuelle Urteil aufgrund eines individuell festgestellten Vergehens konstitutiv. Hätte schon die Zugehörigkeit zu einer bestimmten Gruppe zur Verurteilung ausgereicht, so wäre ja unzähligen Verhafteten ein qualvolles Untersuchungsverfahren mit absurden, in der Regel durch Folter erzwungenen Geständnissen erspart geblieben.

Die Repressionswelle, die im Zuge der stalinschen »Revolution von oben« Ende der zwanziger Jahre einsetzte, betraf neben den »Kulaken« auch die allerdings sehr viel weniger zahlreichen »bürgerlichen Spezialisten« in allen Bereichen des öffentlichen Lebens. Sie hatte ein anderes Ziel als der Kampf gegen die »Klassenfeinde« in der Bürgerkriegszeit. Hatte jener die Gewährleistung von Loyalität und die Indienstnahme bestimmter Gesellschaftsschichten bezweckt, so muss man die Repressionsmaßnahmen, die Ende der zwanziger Jahre im Zusammenhang mit der forcierten Industrialisierung und der Zwangskollektivierung einsetzten, wohl als einen Schritt zur totalen geistigen und physischen Unterwerfung aller Gesellschaftsschichten bezeichnen.[18] Diese Maßnahmen betrafen alle Bevölkerungsschichten: die angeblichen Klassenfeinde ebenso wie die alte Garde und die neuen Parteimitglieder, die Kulaken ebenso wie die armen und mittleren Bauern, nicht zuletzt die Arbeiterschaft und die Intelligenz, die wichtigsten sozialen Träger des Regimes. Für diejenigen, die durch Repressionsmaßnahmen direkt betroffen waren, trat an die Stelle der bis dahin praktizierten Indienstnahme nun

Ausbeutung, das heißt die unentgeltliche Ausnutzung ihrer Arbeitskraft in verschiedenen Zwangsarbeitstätigkeiten. Diese reichten von gröbster körperlicher Arbeit bis zu wissenschaftlicher Tätigkeit in Forschungsinstituten hinter Gittern (*šaragi* oder *šaraški*). Der Flugzeugkonstrukteur Andrej Tupolev oder der Raketenkonstrukteur Sergej Korolev zum Beispiel haben in Einrichtungen dieser Art mehrere Jahre an Rüstungsprojekten gearbeitet.[19]

Das Interesse an der Nutzung der Arbeitskraft der Häftlinge ließ die »Besserungsarbeitslager«, wie sie offiziell hießen, zu einem wichtigen Wirtschaftsfaktor werden – so wichtig, dass einige Forscher in dem wirtschaftlichen Zweck die eigentliche Ratio für das schwer zu erklärende Lagersystem sehen.[20] Auch der jüngste Versuch, die sowjetischen Lager als Teil eines gewaltsam beschrittenen Weges aus der Rückständigkeit in »die Moderne« zu interpretieren, geht von einer wirtschaftlichen Ratio des Terrors aus.[21] Angesichts der Tatsache, dass in den Lagern, sieht man von den inhaftierten Kriminellen ab, nur Unschuldige im Sinne der gegen sie erhobenen Anklagen saßen, lag diese Erklärung nahe: Mit ihm konnte dem scheinbar Sinnlosen Sinn gegeben werden. Auch die Lagerhäftlinge selbst suchten so ihr Schicksal zu rationalisieren.[22] Allerdings stellen sich hier zwei Probleme: Zum einen müsste das weitgehende Scheitern des Versuchs, das Sowjetreich mit Gewalt in »die Moderne« zu katapultieren, konstatiert werden. Und auch wenn man berücksichtigt, dass der NKVD, gestützt auf seine Arbeitskräfte in den Lagern oder »Sonderansiedlungen«, Produktionsverpflichtungen im Rahmen der Fünfjahrpläne übernahm, die Suche nach Straftätern somit auch zu einer wirtschaftlichen Notwendigkeit wurde und ihre eigene Dynamik entfaltete,[23] werden hier zum anderen Ursache und Folge verwechselt. Eine wirtschaftliche Erklärung des Lagersystems, sollte sie überzeugend sein, hätte vielmehr vor allem die Frage zu beantworten, warum man Sowjetbürger zunächst – häufig auch an Universitäten – ausbildete, sie dann in zum Teil jahrelangen Untersuchungsverfahren und mit Foltermethoden dazu brachte, nicht begangene konterrevolutionäre Straftaten zu gestehen, nur um sie dann unter primitivsten Bedingungen Handarbeit leisten zu lassen. Sobald die Häftlinge erst einmal im Lager waren, wurde ihre Arbeitskraft zweifellos für wirtschaftliche Zwecke genutzt. Aber das Interesse an ihrer Arbeitskraft kann nicht ohne weiteres zur Ursache ihrer strafrechtlichen Verfolgung gemacht werden. Es ist wohl angemessener, diesen Kausalzusammenhang umgekehrt zu sehen.

Es gibt mittlerweile unzählige Berichte von Opfern, die die Ausbeutung der Arbeitskraft, das Leiden und die Erniedrigung der dahinvegetierenden und in großer Zahl zu Tode gequälten Lagerhäftlinge des »Archipel Gulag« schildern. Die Perestrojka und das Ende der Sowjetunion haben zudem Einblick in die offiziellen Unterlagen und Statistiken ermöglicht, so dass wir inzwischen über ein recht genaues Bild vom sowjetischen Zwangsarbeitslager- und Verbannungssystem verfügen.[24] Dabei wird deutlich, dass die Ursachen für die Inhaftierung und die Zugehörigkeit zu einer – wie auch immer definierten – bestimmten Gruppe (von geringen Ausnahmen wie etwa den zu Zwangsarbeit verurteilten Vlasov-Leuten abgesehen) für die Behandlung im Lager keine Rolle spielte. Zwischen Häftlingen, die wegen krimineller Vergehen verurteilt worden waren – und sei es auch wegen Geringfügigkeiten wie unerlaubtem Wechsel des Arbeitsplatzes –, und solchen, die wegen »konterrevolutionärer« Delikte nach dem berüchtigten Paragraphen 58 des Strafgesetzbuches als bewusste Feinde der Sowjetmacht ins Lager geschickt worden waren, wurde kein Unterschied gemacht. Alle Häftlinge wurden im Prinzip gleich schlecht behandelt und bis zur Grenze der physischen Möglichkeiten und oft auch darüber hinaus ausgebeutet. Dennoch wird man nicht analog zur Behandlung bestimmter Kategorien von NS-Zwangsarbeitern vom Vorsatz der »Vernichtung durch Arbeit« sprechen können. Die Häftlinge starben wegen der allgemeinen Unzulänglichkeiten und der unzureichenden Ernährung, sie starben an Erschöpfung und ungenügender ärztlicher Versorgung; ihr Tod war die Folge von Vernachlässigungen und Misshandlungen. Aber sie starben nicht, weil sie sterben sollten, weil Staat, Geheimpolizei oder Partei ihren Tod wünschten. Im Gegenteil: Die Berichte über das Leben der Strafgefangenen machen zwar hinreichend deutlich, wie wertlos ein Menschenleben war, aber sie lassen doch auch erkennen, dass Tote Probleme bereiteten und unerwünscht waren. In dem Versuch, die Arbeitsleistung der Lagerhäftlinge zu möglichst geringen Kosten zu erzwingen, wurde ihr Tod zwar in

Kauf genommen, aber nicht vorsätzlich herbeigeführt. In strafrechtlicher Hinsicht handelte es sich somit um fahrlässige Tötung, bisweilen wohl auch um Totschlag, aber nicht um Mord.

Das gilt auch für die Opfer unter den Völkern und nationalen Minderheiten, die seit Ende 1943 im Zuge des Vorrückens der Roten Armee aus dem Nordkaukasus, von der Krim und vom Nordrand des Schwarzen Meeres unter dem pauschalen Vorwurf der Kollaboration mit den Deutschen geschlossen in den Ural, nach Sibirien und nach Mittelasien deportiert wurden: Karatschaier, Kalmücken, Tschetschenen, Inguschen, Mescheten, Balkaren, Kabardiner, Krimtataren, Türken, Kurden und Griechen – insgesamt über eine Million Menschen. Das gleiche Schicksal hatte schon kurz nach Kriegsbeginn alle Angehörigen von Nationen getroffen, mit denen sich die Sowjetunion im Krieg befand. Dies waren in erster Linie selbstverständlich die etwa 900.000 Sowjetbürger deutscher Abstammung die im europäischen Teil der Sowjetunion gelebt hatten und nun als »Sonderansiedler« zur Zwangsarbeit gezwungen wurden. Männer und kinderlose Frauen in arbeitsfähigem Alter, also ab sechzehn Jahren, hatten diese in der »Arbeitsarmee« (*Trudarmija*) des NKVD zu leisten.[25] Waren die Grenzen der Repression insbesondere bei den »Kulaken« wegen großer definitorischer Schwierigkeiten fließend gewesen und im Zweifelsfall eher nach politischen als nach soziologischen Kriterien gezogen worden, so kam es hier zu rigorosen Repressionsmaßnahmen gegen geschlossene, durch den amtlichen Nationalitätsvermerk definierte Gruppen. In der zweiten Hälfte der dreißiger Jahre hatte es bereits Ansätze dazu gegeben, als zahlreiche »konterrevolutionäre nationale Kontingente«, insbesondere Polen und Koreaner, aus den westlichen beziehungsweise fernöstlichen Grenzregionen ins Innere der Sowjetunion, vor allem nach Kasachstan, deportiert worden waren. Die am 21. August 1937 angeordnete Zwangsumsiedlung der Koreaner betraf die gesamte Bevölkerung koreanischer Abstammung, etwa 170.000 Menschen.[26] Derartige Aktionen waren in der Sowjetunion niemals in auch nur annähernd zivilen Formen vor sich gegangen, doch jetzt, 1941 beziehungsweise gegen Ende des Krieges, als das Regime Völkern Landesverrat vorwarf, verlor die rücksichtslose Behandlung jedes Maß. Die 1941 deportierten Sowjetdeutschen hatten immerhin der

Nationalität des Gegners angehört; auch in den USA hatte man sich zu ähnlichen Maßnahmen gegen Amerikaner japanischer Abstammung hinreißen lassen. Aber hinsichtlich der seit 1943 deportierten Völker und Nationalitäten hat man den Eindruck, dass hier ein Vorwand genutzt wurde, um endlich mit bestimmten Problemgruppen reinen Tisch zu machen. Sie wurden, wie die schon früher deportierten nationalen Minderheiten, aufgrund von pauschalen Verdächtigungen und politischen Beschlüssen, nicht jedoch aufgrund von Gerichtsverfahren und individuellen Urteilen, unter Ausschluss der Öffentlichkeit und fast ohne jede Fürsorge gewaltsam verschleppt. Am jeweiligen Bestimmungsort mussten sie in der Regel aus dem Nichts für die eigene Unterkunft sorgen und wurden zur Zwangsarbeit eingesetzt, auch wenn sie formell nicht in Lagern, sondern, wie schon »Kulaken« und Deutsche, in so genannten »Sonderansiedlungen« des NKVD lebten. *De facto* hatte dies aber keinen großen Unterschied zum Leben im Straflager bedeutet. Viele überlebten den überstürzten, mit nur wenigen Stunden Vorwarnung erfolgten Aufbruch und den zum Teil wochenlangen Transport in unbeheizten Viehwagen nicht. Von den rund 100.000 Mescheten, die im November 1944 aus dem Kaukasus deportiert wurden, starb etwa ein Drittel bereits auf dem Weg nach Osten. Aber auch für diejenigen, die die Verbannungsgebiete erreichten, ging das Massensterben in den ersten Monaten und Jahren nach der Ankunft am Verbannungsort weiter. Bis Oktober 1948, also binnen vier Jahren, starben insgesamt rund 20 bis 25 Prozent aller 1943/44 deportierten Kaukasier, Krimtataren und Kalmücken, also 200.000 bis 250.000 Menschen.[27]

Im Hinblick auf diese Opfer ließe sich von fahrlässiger Tötung von Ethnien oder Teilen von ihnen sprechen, nicht von Völkermord. Es fehlt der Vorsatz, und zwar, soweit wir wissen, auch der implizite. Aber die Repression traf geschlossene ethnische Gruppen, und die Todesfolge der Maßnahmen hatte zweifellos Massencharakter und wurde hingenommen. Im strikten Sinne des Begriffs wird man aber wohl lediglich die Ermordung von fast 22.000 gefangenen oder internierten Offizieren, Polizeibeamten und sonstigen Repräsentanten des bürgerlichen Polen in Katyn', Starobel'sk, Ostaškov, Westweißrussland und in der Westukraine im März 1940 unter dem Begriff des Völkermords fassen können. Hier war der Vorsatzcharakter eindeutig: Ausgelöscht werden sollte ein großer Teil der administrativen, geistigen und gesellschaftlichen Elite Polens, die sich in sowjetischer Hand befand; bei den Offizieren handelte es sich weniger um Berufs- als um Reserveoffiziere, also um Mediziner, Juristen, Hochschullehrer und so weiter. Wir kennen zwar keine expliziten Aussagen Stalins oder anderer Sowjetführer in dieser Hinsicht, aber implizit entspricht das Handeln dem, was Hitler nach den Worten von Generalgouverneur Hans Frank so formuliert hatte: »Was wir jetzt an Führerschicht in Polen festgestellt haben, das ist zu liquidieren, was wieder nachwächst, ist von uns sicherzustellen und in einem entsprechenden Zeitraum wieder wegzuschaffen.«[28]

Formell wurden diese Sondergefangenen aufgrund eines Politbürobeschlusses vom 5. März 1940 als »verstockte, unverbesserliche Feinde der Sowjetmacht« durch eine so genannte »Trojka«, also ein aus drei hohen NKVD-Vertretern bestehendes Gremium, zum Tode durch Erschießen verurteilt. Formal gesehen geschah dies individuell und nach »Aktenlage«, also auf der Basis der Beschuldigungen des NKVD.[29] Damit sollten zweifellos bedeutende Träger des polnischen Nationalgedankens beseitigt und das Wiedererstehen eines antisowjetischen Polen erschwert, wenn nicht ausgeschlossen werden. Die gleiche Absicht verfolgte auch die Behandlung der polnischen »Militärsiedler«. Ihnen war in den zwanziger Jahren von der Republik Polen als Anerkennung für ihre Teilnahme am polnisch-sowjetischen Krieg von 1920 Land an der Grenze zur Sowjetunion zugeteilt worden. Sie wurden im Jahre 1939, nach der Annexion Ostpolens durch die Sowjetunion, zusammen mit anderen als spezifisch antisowjetisch angesehenen Bevölkerungsgruppen ins Innere der Sowjetunion deportiert. Hierbei handelte es sich um mehrere Hunderttausend Menschen. Hinzu kommt, dass in sowjetische Gefangenschaft geratene polnische Soldaten nicht als Kriegs-, sondern als Strafgefangene behandelt und ebenfalls nach Osten deportiert wurden.[30] Die Zahl der Getöteten und Verschleppten muss, wenn man den Erinnerungen von Wojciech Jaruzelski, dem letzten Staatspräsidenten des kommunistischen Polens, oder des ehemaligen israelischen Ministerpräsidenten

Menachem Begin, glauben möchte, besonders hoch gewesen sein.[31]

Ähnlich rigoros und hinsichtlich der Definitionskriterien beliebig gingen die sowjetischen Behörden 1940 nach der Annexion der baltischen Staaten und Bessarabiens vor: Bevölkerungsgruppen, die man nach soziologischen wie nach subjektiven Kriterien für spezifisch sowjetfeindlich hielt, waren zu Zehntausenden ins Innere der Sowjetunion deportiert worden. Wie auch im Falle Polens wurde hier der als besonders gefährlich angesehene Teil dieser Personengruppen sofort zum Tode verurteilt und erschossen.[32]

An dem verbrecherischen Charakter des sowjetischen Vorgehens, das jeglicher Rechtsstaatlichkeit wie auch jeglicher Humanität Hohn sprach, kann es nicht den geringsten Zweifel geben. Zumindest aus der Sicht der betroffenen Völker könnte dies als der Tatbestand des »Völkermords« interpretiert werden. Dennoch sollte folgendes gesehen werden: Obwohl die Repressionen Massencharakter trugen, unterlag der weit überwiegende Teil der Bevölkerung der 1939 bis 1941 in die Sowjetunion eingegliederten Länder und Gebiete den »normalen« Drangsalierungen des Sowjetregimes und keinen besonderen Repressionsmaßnahmen. Er überlebte physisch und sollte auch überleben. So auch die deportierten Polen; sie sollten sich als Arbeitskräfte nützlich machen. Den sowjetischen Sicherheitsorganen und der Parteiführung ging es darum, tatsächlichen oder vermuteten Widerstand auszuschalten und Loyalität zu erzwingen. Sie handelten so, wie sie es seit 1917 und insbesondere seit dem Aufstieg Stalins im Umgang mit »Feinden« gewohnt waren. So wurden während des »Großen Terrors« den regionalen Sicherheitsbehörden aufgrund eines am 31. Juli 1937 vom Politbüro genehmigten Operationsplans Kontingente von insgesamt 260.000 »antisowjetischen Elementen« vorgegeben, die binnen vier Monaten auf individueller Basis zu verhaften seien. 73.000 von ihnen waren zu erschießen, die übrigen zu acht bis zehn Jahren Lagerhaft zu verurteilen. Insbesondere hatte man »ehemalige Kulaken« im Visier. »Trojki« aus je einem regionalen Vertreter des NKVD, der Partei und der Staatsanwaltschaft sollten auf Basis der »Aktenlage« die Urteile fällen und vollstrecken lassen. Selbst diese vereinfachten Bestimmungen wurden in der

Praxis noch großzügig gehandhabt.[33] Zu den Gewohnheiten des Umgangs mit »Feinden« im Stalinismus gehörte auch, dass binnen kurzem aus den Regionen Bitten nach Moskau strömten, die vorgegebenen Kontingente erhöhen zu dürfen. Aufgrund dieser Gesuche erfolgte die Genehmigung für weitere 39.000 Verhaftungen, darunter über 22.000 Erschießungen. Da es nach Auffassung des NKVD immer noch zu viele »Feinde« gab, die sich in Freiheit befanden, beschloss das Politbüro am 31. Januar 1938, das Kontingent der zu Verhaftenden um weitere 57.000 zu erhöhen; 48.000 von ihnen waren zu erschießen. Doch damit nicht genug, der Wettlauf um die Demonstration von »Wachsamkeit« ging weiter: Erneut kamen aus den Regionen Vorschläge für noch höhere Kontingente, und erneut beschloss das Politbüro eine Erhöhung des Gesamtkontingents.[34] Nach den Ermittlungen einer speziellen Untersuchungskommission, die nach dem 22. Parteitag von 1961, dem eigentlichen Entstalinisierungsparteitag der KPdSU, tätig wurde, sind in den Jahren der »Ežovščina« 1937/38, benannt nach dem damaligen Volkskommissar für Innere Angelegenheiten, Nikolaj Ežov, insgesamt fast 1,6 Millionen Menschen verhaftet und über 1,3 Millionen verurteilt worden, davon über 680.000 zum Tode. Dabei handelt es sich um individuell verfolgte Sowjetbürger; hinzu kommen noch Hunderttausende von Deportierten, die pauschal verurteilt worden waren.[35]

Um den repressiven Charakter der Sowjetunion zu verdeutlichen, muss auch auf die Behandlung der Sowjetbürger verwiesen werden, die während des Krieges im besetzten Gebiet oder als Zwangsarbeiter beziehungsweise Kriegsgefangene unter oder bei den Deutschen gelebt hatten: Nicht nur die Kaukasusvölker, Krimtataren und Angehörigen der baltischen Staaten wurden Repressalien unterworfen, sondern auch alle übrigen Sowjetbürger wurden bei ihrer Wiedereingliederung beziehungsweise Repatriierung in die Sowjetunion Diskriminierung und großenteils auch Verfolgung ausgesetzt. Insofern unterschieden sich die Repressionsakte gegen bestimmte nationale Gruppen in ihrem Zweck oder Charakter durch nichts von der Repression gegen Individuen oder soziale beziehungsweise sonst definierbare Gruppen von Sowjetbürgern. Sie alle wurden mit äußerster Brutalität behandelt, ihre körperliche Schädigung bis hin zum Tod wurde dabei in Kauf genommen – insbesondere dann, wenn sie noch nicht irgendwelchen Arbeitskommandos zugeteilt waren.[36]

Von einer spezifischen Vernichtungspolitik, ob beabsichtigt oder nicht, gegenüber bestimmten Gruppen, wie sie dem Nationalsozialismus eigen war, lässt sich im Zusammenhang mit den Repressionsmaßnahmen des Stalinismus nur sehr bedingt sprechen. Ungeachtet dessen hat Ernst Nolte Mitte der achtziger Jahre die rassisch begründeten Vernichtungsmaßnahmen der Nationalsozialisten mit der angeblichen »sozialen Vernichtung« oder »Klassenvernichtung« der Bolschewiki gleichgesetzt. Sieht man einmal davon ab, dass das eigentliche Problem der Argumentation Noltes die Behauptung ist, dass der bolschewistische Klassenmord am Anfang gestanden und den nationalsozialistischen Rassenmord gleichsam als bürgerliche Antwort provoziert habe, so lässt sich diese Gleichsetzung von Rassen- und Klassenvernichtung nach dem bisher Gesagten kaum halten.[37]

Etwa zeitgleich mit Nolte hat auch Robert Conquest zusammen mit anderen Autoren die These vertreten, dass unter Stalin der Versuch unternommen worden sei, durch physische Vernichtung seiner Träger einen Schlag gegen den ukrainischen Nationalismus zu führen und damit Völkermord zu begehen. Conquest, im Unterschied zu Nolte Spezialist für sowjetische Geschichte, behauptet, dass die Stalinsche Führung der Sowjetunion 1932/33 absichtlich eine »Terrorhungersnot« provozierte, um insbesondere den bäuerlichen ukrainischen Widerstand gegen die Kollektivierung und den ukrainischen Nationalismus zu brechen. Allein in der Ukraine habe die Zahl der Hungertoten fünf Millionen betragen, die Zahl der bäuerlichen Opfer der Kollektivierung belaufe sich einschließlich der Hungersnot in der Sowjetunion auf insgesamt 14,5 Millionen.[38] Vor allem ukrainische, aber auch andere Historiker haben diese These seitdem übernommen.[39] Andere haben widersprochen, in Deutschland besonders Stephan Merl, der inzwischen allerdings seine eigenen, sehr viel niedrigeren Berechnungen von insgesamt 5,5 bis 8 Millionen Opfern infolge von Kollektivierung, Hungersnot und Terror der Jahre 1927 bis 1939 deutlich nach oben korrigiert hat.[40] Trotz berechtigter, weiter bestehender Kritik an der Berechnungsmethode Conquests ist Merl von dessen Zahlen interessanterweise gar nicht mehr so weit entfernt.

Bei diesem Streit geht es zum einen um die Zahlen selbst. Zum anderen aber steht die Frage im Mittelpunkt, ob sich die Kollektivierungspolitik einschließlich der »Entkulakisierung« und des zumindest fahrlässig, wenn nicht absichtlich herbeigeführten Hungers gegen die ukrainische Nation gerichtet habe. Die Auseinandersetzung um die Zahlen, die bisweilen den Charakter einer Zahlenschlacht und einer Gesinnungsfrage angenommen hat, ist eine Angelegenheit für Spezialisten. Sie ist bis heute nicht entschieden und kann hier nicht referiert werden. Wichtig ist, dass selbst die niedrigeren, ursprünglich von Merl geschätzten Opferzahlen von Massenrepressionen beziehungsweise von Massensterben zeugen. Die inzwischen auch von anderen Historikern ermittelten Zahlen – ein russischer Spezialist, Nikolaj Ivnickij, rechnet zum Beispiel allein als Folge der Hungersnot 1932/33 mit 7 bis 8 Millionen Toten, davon 4 bis 6 Millionen in der Ukraine – können das nur unterstreichen.[41] Allein: Diese ungeheuren Zahlen sagen nichts darüber aus, ob die sowjetische Führung unter Stalin mit diesem Massensterben, das offiziell nicht zur Kenntnis genommen wurde, den Zweck verfolgte, die ukrainische Nation zu dezimieren und den ukrainischen Nationalismus auszumerzen. Dabei ist unbestritten, dass Zwangskollektivierung und Hungersnot unter den Ukrainern absolut gesehen die meisten Opfer gefordert haben. Aber das hat eher damit zu tun, dass von der Kollektivierung vor allem Bauern und von der Hungersnot und den Maßnahmen, die sie verschärften – etwa die unerbittliche Handhabung der staatlichen Getreidebeschaffung –, vor allem die Getreideanbaugebiete betroffen waren.[42] Dies zusammen bewirkte die hohen Opferzahlen gerade unter den ukrainischen Bauern, denn in den Städten der Ukraine war wie in anderen Städten der Union auch bereits 1929 die Rationierung von Nahrungsmitteln eingeführt worden. Danach herrschte zwar auch in den Städten in einem erst jetzt annähernd bekannt gewordenem Ausmaß Hunger, aber dennoch nicht in dem Maße wie unter der rein ukrainischen Landbevölkerung.[43] Die ukrainische Stadtbevölkerung wurde also von der Hungersnot nicht verschont, war aber gleichzeitig von ihr nicht stärker betroffen als Angehörige anderer Nationalitäten.[44] Zum anderen aber waren auch nichtukrainische Getreideanbaugebiete wie die untere Wolgaregion, das nördliche Kaukasusvorland (wo im Gebiet Kuban’ allerdings viele Ukrainer lebten) und zum Teil auch Kasachstan von den Folgen der Missernte und der uneinsichtigen Moskauer Politik überdurchschnittlich betroffen. Relativ gesehen hat die Kollektivierung mit ihren Folgeerscheinungen unter den Kasachen, denen ihre nomadische Lebensgrundlage genommen wurde, mit mindestens einem Viertel ihrer Bevölkerung mehr Opfer gefordert als unter den Ukrainern. Man mag zwar in Kasachstan von »Genozid« sprechen – aber auch in diesem Falle ist die Vernichtung eines großen Teils einer Nation die Folge, nicht aber die Motivation Moskauer Politik gewesen.[45]

Es ist insofern fraglich, ob man im Hinblick auf das Sterben in der Ukraine der dreißiger Jahre mit Recht von einem Holocaust, von einem »Genozid nach innen« sprechen kann, wenn diese Begriffe nicht nur das Massensterben mit seinen Auswirkungen, sondern auch die dahinter stehende Absicht bezeichnen sollen. Das Massensterben mit vielen Millionen Opfern kann ebenso wenig bestritten werden wie die Tatsache, dass der »Hunger von 1932–33 [...] für die Ukrainer das [ist], was der Holocaust für die Juden, das Massaker von 1915 für die Armenier ist«, wie es Orest Subtelny formuliert hat.[46] Die Frage ist lediglich, ob das Massensterben der Ukrainer sich spezifisch vom Hungertod zahlloser Individuen oder anderer, auch ethnischer Gruppen unterscheidet; kurz: ob es vorsätzlich herbeigeführt wurde, um eine Nation in ihrer Substanz zu treffen.[47]

Der Streit um diesen Komplex wird weitergehen. Neben dem wissenschaftlichen gibt es dabei auch ein politisches Interesse. In der Ukraine selbst und bei vielen Exilukrainern geht es nicht nur um die Feststellung der historischen Wahrheit. Eine Opferrolle, noch dazu als kollektives Opfer eines Genozids, hat bei der Konfrontation mit der Frage nach der eigenen Haltung in der sowjetischen Vergangenheit eine wohltuende Funktion für die Identität einzelner Ukrainer wie der ukrainischen Nation insgesamt. Sie kann manches an Mitverantwortung verdecken, das sonst vielleicht zur Sprache käme. Schließlich waren Ukrainer ebenso wie die Angehörigen anderer Nationalitäten auf allen Ebenen voll in das Sowjetregime integriert, waren an all seinen Untaten beteiligt.[48] Und auch am Anfang der entsprechenden Untersuchungen Conquests und anderer in den USA hat ein politisches Interesse gestanden: Sie arbeiteten als Experten für einen Ausschuss des

US-Senats, der die Hungersnot von 1932/33 in der Ukraine untersuchen sollte. Selbstverständlich standen hinter diesem Auftrag gegenwartsbezogene, vor allem inneramerikanische politische Absichten – historische Aufklärung war nicht das Ziel. Das macht die Ergebnisse der betreffenden Historiker zwar keineswegs von vornherein unseriös, hat aber ihre Fragen zwangsläufig in eine bestimmte, möglicherweise falsche Richtung gelenkt.

Für den Historiker sollte das Erkenntnisinteresse in erster Linie darin bestehen, die Rolle von Gewalt, Verbrechen und Unmenschlichkeit im Rahmen der gesamten Sowjetunion zu bestimmen. Die Frage nach dem Genozid an bestimmten Bevölkerungsgruppen hat sich dem unterzuordnen. Ein wesentliches Merkmal sowjetischer Politik bis zum Tode Stalins ist zum Beispiel, dass auf menschliche Bedürfnisse und Menschenleben nur aufgrund utilitaristischer, nicht aber humanitärer Erwägungen Rücksicht genommen wurde. Die Interessen des Staates hatten immer den Vorrang, Menschen zählten nur in Bezug auf ihren Nutzen für den Staat, und selbst dann zählten sie wenig, wie die Repression eines großen Teils der Sowjetelite 1937/38 zeigte. Das Wesen dieses Staates kann man auch an seinem Umgang mit dem Hunger erkennen. So requirierte man schon während des »Kriegskommunismus« mit Gewalt das Getreide der Bauern, ohne sich um deren Schicksal oder auch nur um eine Entschädigung zu kümmern. Damals hungerten die Städte: Parteifunktionäre, Arbeiter, Bürokraten und Armeeangehörige wurden vom Staat im Interesse der Selbsterhaltung der Sowjetmacht versorgt. 1921/22 dagegen hungerten die Bauern bestimmter Regionen, ohne dass der Staat zu ähnlichen Zwangsverteilungsmaßnahmen griff: Man ließ etwa fünf Millionen Menschen verhungern, ohne dass der Notstand ausgerufen wurde. Der Unterschied zu den Hungersnöten der Stalinzeit in den Jahren 1932/33 und 1946 bestand darin, dass 1921/22 der Hunger nicht verschwiegen, dass private und internationale Hilfe zugelassen wurde. Die sowjetischen Hilfsbemühungen dagegen waren nicht nur äußerst begrenzt, sondern auch unwillig und von ideologischen Vorbehalten gegenüber den hungernden Bauern geprägt, die als Kleinbesitzer und nichtproletarische Elemente verdächtig waren. Die zögernden staatlichen Maßnahmen dienten eher der Festigung der bolschewistischen Macht als der Hilfe für die Notleidenden. Sie bestanden im Wesentlichen darin, die russisch-orthodoxe Kirche anzuprangern und ihren Besitz – angeblich zur Finanzierung von Hungerhilfe – zu enteignen. Humanitäre Erwägungen dagegen spielten für die offizielle Politik so gut wie keine Rolle.[49]

Als 1932/33 eine noch größere Hungersnot herrschte, wurde sie offiziell verschwiegen – sie existierte einfach nicht. Stalin bezeichnete die Alarmmeldungen, die auch aus Kreisen der regionalen Parteiführer in Moskau eintrafen, als »Märchen«, den Ersten Sekretär des Charkower Gebietskomitees, der ihm im Dezember 1932 darüber berichtete, dementsprechend als »Märchenerzähler« – ihn ließ man wenige Tage später absetzen. Ohne Rücksicht auf den eigenen Ernährungs- und Aussaatbedarf der Bauern wurde das Getreide für den städtisch-industriellen Bedarf mit Gewalt eingetrieben. Man brachte es sogar fertig, 1932 und 1933 jeweils noch 1,7 Millionen Tonnen Getreide zu exportieren, um die industriellen Importe für den Fünfjahrplan nicht zu gefährden.[50] Als schließlich nach den Hungerjahren des »Großen Vaterländischen Krieges«, der nach jüngsten Erkenntnissen 27 Millionen Sowjetbürgern das Leben gekostet hatte, 1946 erneut eine dürrebedingte Hungersnot ausbrach, überließ der Staat die Bauern in den betroffenen Getreideanbauregionen der Ukraine, Moldawiens und an der unteren Wolga wiederum sich selbst. Staatliche Ansprüche ihnen gegenüber wurden dabei nicht im geringsten reduziert. Wie schon in den vorangegangenen Hungersnöten, so wurde auch hier die hungernde Stadtbevölkerung über Nahrungsmittelrationierung zumindest notdürftig versorgt, während die Bauern, die sie ernährten, das Nachsehen hatten. 1946/47 kam es zwar nicht zu einer Katastrophe wie 1932/33, aber das ist weniger der Fürsorge des Sowjetstaates als dem Blutzoll, den der Krieg gefordert hatte, zuzuschreiben: Die Zahl der Esser war gegenüber normalen Verhältnissen so reduziert, dass für den einzelnen Sowjetbürger mehr blieb. Nichtsdestoweniger erreichte die Zahl der Hungertoten etwa 1,5 Millionen, während der Sowjetstaat abermals nicht auf den Export von mehreren Millionen Tonnen Getreide verzichtete.[51] Für Appelle zugunsten der ukrainischen Bevölkerung hatte Stalin nur Spott und Zynismus übrig.[52] Die Öffentlichkeit erfuhr von alledem nichts. Sie konnte nur aus der Tatsache, dass die angekündigte Aufhebung der Nahrungsmittelrationierung verschoben wurde, ihre Schlüsse ziehen.

Diese Bilanzierung absoluter Rücksichtslosigkeit gegenüber Erwägungen der Menschlichkeit und menschlichen Bedürfnissen lässt sich auch mit dem Hinweis auf das Strafrecht und die Rigidität seiner Handhabung fortsetzen. Am bekanntesten ist hier zweifellos der Umgang mit so genannten Konterrevolutionären. Auch hier liegen unterschiedliche Opferzahlen vor: Nach einem internen Bericht der sowjetischen Regierung vom Februar 1954 wurden von 1921 bis 1954 3,8 Millionen Menschen wegen konterrevolutionärer Verbrechen verurteilt, davon 643.000 zum Tode.[53] 1963 wurde durch eine Regierungskommission ermittelt, dass allein 1937/38, in den Jahren des »Großen Terrors«, fast 682.000 Menschen wegen Konterrevolution erschossen worden waren.[54] 1988 wurde, wiederum von einer Regierungskommission, für den Zeitraum von 1930 bis 1953 die Zahl von 3,8 Millionen Verurteilten, davon 786.000 Erschossene, ermittelt.[55] Die übrigen Verhafteten wurden zu Lagerhaft oder Verbannung bis zu 25 Jahren verurteilt. Hinzu kommen diejenigen, die wegen sonstiger Vergehen und Verbrechen zu »Besserungsarbeit« in Lagern und – in geringfügigeren Fällen – in »Kolonien« verurteilt wurden. Die Zahl dieser Strafgefangenen betrug seit Mitte der dreißiger Jahre ständig über eine Million, überstieg vor Kriegsbeginn die Zwei-Millionen-Grenze und bewegte sich nach kurzem Sinken während des Krieges in der Nachkriegszeit bis zu Stalins Tod bei 2,5 Millionen.[56] Die »Politischen«, das heißt die formell wegen »Konterrevolution« Verurteilten, machten davon den kleineren Teil aus. Auch hier hat sich die Diskussion an Zahlen festgebissen. Wir verfügen jetzt zwar über offizielle Daten, diese aber sind häufig in sich inkonsistent und lassen nicht den Schluss zu, dass wir damit auch über die »richtigen« Zahlen verfügen.[57] Über diese Diskussion könnte wie hinsichtlich der Hungertoten von 1932/33 das Eigentliche verloren gehen: die Einsicht, dass es sich auch bei der Verfolgung von Individuen um Massenrepression handelte und dass insbesondere an den wegen »Konterrevolution« Verurteilten der Unrechtscharakter des Regimes besonders deutlich wurde. Denn die Masse dieser Fälle wurde von »außergerichtlichen Organen«, die zum

Teil nur aus drei oder zwei Personen (»Trojki« oder »Dvojki«) bestanden, innerhalb weniger Minuten als rein bürokratischer Akt verhandelt, ohne dass Beschuldigte, Zeugen oder Verteidiger hinzugezogen wurden. Im Falle der »Dvojki«, der am extremsten vereinfachten Form sowjetischer Justiz, konnte gar ein Vertreter der Staatsanwaltschaft gemeinsam mit einem örtlichen NKVD-Vertreter reihenweise Todesurteile nach Aktenlage fällen. Richter benötigte man im Rahmen dieser administrativen Strafjustiz jedenfalls nicht. Eher folgte man politischen Vorgaben und besonders Anweisungen Stalins.[58]

Aber auch im Alltag, der gar nicht als stalinistische Repression wahrgenommen wird, zeigte das Strafrecht seine Rücksichtslosigkeit gegenüber menschlichen Bedürfnissen oder rechtsstaatlichen Erwägungen. So wurden im August 1932, als die Hungerkatastrophe sich bereits abzeichnete, Mundraub und geringfügiger Diebstahl gesellschaftlichen Eigentums unter schwerste Strafe von zehn Jahren Lagerhaft bis zum »Höchststrafmaß«, also bis zur Todesstrafe, gestellt. Das entsprechende Gesetz wurde im Volksmund nicht ohne Grund als »Ährengesetz« oder »Gesetz über fünf Ähren« bezeichnet, weil auch das Aufsammeln liegen gebliebenen Getreides unter diese Strafandrohung fiel. Insbesondere in Notzeiten wie 1932/33, während des Krieges und in den ersten Nachkriegsjahren wurde dieses Gesetz mit der in der Sowjetunion üblichen Härte vor allem gegen Kolchosbauern angewandt – allein in der RSFSR bis Dezember 1933, also binnen fünf Monaten, in über 125.000 Fällen. 5.400 Angeklagte wurden hier zum Tode verurteilt.[59] Das äußerst rigorose »Ährengesetz« wurde aufgrund von Vorgaben der Parteiführung jedoch nur in Wellen angewandt, phasenweise also auch gar nicht. Es gab jedoch weitere Strafgesetze, die für ähnliche Delikte weniger extreme, aber immer noch äußerst harte Strafen vorsahen und in großem Umfang ohne jedes Aufsehen angewandt wurden. Ein weiterer Schritt zur strafrechtlichen Repression wurde am 7. April 1935 getan, als Jugendliche ab zwölf Jahren strafrechtlich für voll verantwortlich erklärt wurden. Dabei ist unklar, ob das »Höchststrafmaß« tatsächlich erst verhängt wurde, wenn der Täter bei Begehen der Tat das 18. Lebensjahr vollendet hatte.[60] Das Politbüro hatte am 20. April 1935 in einer geheimen Anweisung »wegen der vielen Anfragen im

Anfragen im Zusammenhang mit dem Erlass des CIK und des SNK vom 7.4. d. J.« verfügt, dass auch gegen Jugendliche die Todesstrafe angewandt werden sollte.[61] Am 26. Juni 1940 wurden für »Bummelei«, das heißt Verspätung am Arbeitsplatz um zwanzig Minuten oder eigenmächtigen Arbeitsplatzwechsel, Strafen bis zu mehrmonatigem Freiheitsentzug und Zwangsarbeit unter der Aufsicht des Gulag verhängt. Binnen eines Jahres, bis zum Beginn des Krieges, wurden bereits drei Millionen Arbeiter und Angestellte aufgrund dieses Gesetzes verurteilt. Doch selbst während des Krieges wurde das Gesetz weiter mit äußerster Härte angewandt – so auch im belagerten Leningrad, wo sich die Menschen vor Hunger, Entkräftung und Kälte ohnehin kaum noch auf den Beinen halten konnten.[62]

Der Staat steigerte sich geradezu in einen Terror hinein, der vor der Verfolgung auch von geringfügigsten Bagatellfällen nicht Halt machte und zum Beispiel für bloßes »Rowdytum« Haftstrafen von mindestens einem Jahr verhängte. Rechtsstaatliche Sicherungen oder auch nur Gnade kannte er nicht. Dagegen hatte man keine Skrupel, gegen Verurteilte, die ihre Strafe bereits verbüßt hatten, ohne neuen Tatbestand rigoros neue Strafen zu verhängen.[63] Dieses Verhalten betraf die gesamte Bevölkerung als Individuen, es wirkte sich aber häufig, wenn auch nie ausschließlich, auf bestimmte, unterschiedlich definierte Gruppen aus. Im Bürgerkrieg traf es vor allem die Vertreter des alten Russlands und, was zumeist übersehen wird, die Bauern, die sich in vielen Regionen Russlands gegen die Sowjetmacht erhoben und gegen die der Staat mit allem, was er militärisch aufbieten konnte, regelrecht Krieg führte.[64] Seit Ende der zwanziger Jahre waren alle Bauern betroffen, insbesondere die in der Ukraine, an der Wolga und im Kaukasusvorland, ferner die bürgerlichen Spezialisten, aber auch gruppenspezifisch nur schwer festzulegende »Schädlinge« aller Art. Nach der Ermordung des Leningrader Parteichefs Kirov 1934 traf es die alte Garde der Partei und, insbesondere 1937/38, während des »Großen Terrors«, zum einen die neuen Eliten in Partei, Staat, Militär und Wirtschaft, zum anderen aber in zahlenmäßig weit größerem Umfang einfache Bürger wie ehemalige »Kulaken«, Kriminelle und auch Angehörige sozialer Randgruppen wie »Arbeitsscheue«, Obdachlose und Prostituierte. Die Verhafteten wurden nun in der Regel als »Volksfeinde« bezeichnet.

Im Krieg wurden dann all jene verfolgt, denen man wegen Kontakts mit den Deutschen Verrat vorwarf: nationale Gruppen wie die Sowjetdeutschen 1941 oder die Kaukasusvölker 1943/44, funktionale Gruppen wie Angehörige der Roten Armee, die in deutsche Gefangenschaft oder Einschließung geraten waren, daneben andere Gruppen wie die im besetzten Gebiet zurückgebliebene Bevölkerung oder Sowjetbürger, die als Zwangsarbeiter bei den Deutschen gearbeitet hatten. In der Nachkriegszeit ging die Repression weiter mit der Jagd auf so genannte »wurzellose Kosmopoliten« in der Intelligenz, darunter viele Juden, auf die sich die Verfolgung im Zusammenhang mit der Auflösung des Jüdischen Antifaschistischen Komitees 1948 immer mehr konzentrierte. Es erfasste aber auch die »Leningrader«, also die Partei- und Staatsfunktionäre, deren Karriere in einer bestimmten Zeit mit Leningrad beziehungsweise mit dessen Erstem Parteisekretär Ždanov in Verbindung gestanden hatte.[65]

Insgesamt gesehen traf die Repressionswut des Sowjetstaates Individuen und (soziale, ethnische und funktionale) Gruppen. Dies geschah in einem solchen Ausmaß und einer solchen Beliebigkeit, dass die Frage, ob einzelne Akte sowjetischer oder stalinistischer Repression den Tatbestand des Genozids im Sinne der UN-Definition erfüllen, zweitrangig zu sein scheint. Die schockierende Gesamtbilanz der Verbrechen und ihrer Opfer ist es, die heute zu Vergleichen mit den Verbrechen des nationalsozialistischen Deutschland führt. Der ehemalige Stellvertretende Ministerpräsident Schwedens, Per Ahlmark, geht in seiner Streitschrift »Die offene Wunde« auf Basis der Berechnungen von Rudolph J. Rummel davon aus, dass in der Sowjetunion von 1917 bis 1987 ohne Kriegseinwirkung 62 Millionen Menschen aus politischen Gründen – man könnte auch sagen: aus Systemgründen – ums Leben kamen. Der allergrößte Teil davon geht auf das Konto der Stalinschen Politik, und zwar aufgrund direkter Repression wie auch aufgrund bloßer Rücksichtslosigkeit im Umgang mit Menschenleben. Für das Dritte Reich zitiert Ahlmark im übrigen Rummels Zahl von 21 Millionen Opfern in den zwölf Jahren seiner Existenz.[66] Im »Schwarzbuch des Kommunismus«, das in der Öffentlichkeit mehr Aufsehen erregt hat als in der Wissenschaft, sind durch Stéphane Courtois ähnliche Rechnungen aufgemacht worden. Danach hat der Nationalsozialismus 25 Millionen, der Kommunismus insgesamt 100 Millionen Menschenleben auf dem Gewissen, davon allein 20 Millionen in der Sowjetunion, die übrigen in China, Kambodscha und anderswo.[67] Ob diese Zahlen korrekt sind, ist hier nicht zu prüfen, auch die Polemik in den Ausführungen Ahlmarks und Courtois' soll hier nicht zur Debatte stehen. Andere Autoren, wie etwa Stephen Wheatcroft, machen für die Sowjetunion »positivere« Rechnungen auf.[68] Wichtig ist allein, dass der Sowjetstaat bis zum Tode Stalins an seiner eigenen Bevölkerung ganz ohne jeden Zweifel durch aktives Handeln oder durch Unterlassen Massenverbrechen begangen hat und dass die Geschichtswissenschaft sich erst seit den politischen Veränderungen in der Sowjetunion selbst, die 1991 zu deren Ende geführt haben, intensiver mit diesen massenhaften Verbrechen auseinander setzt und sie in die Gesamtinterpretation der Sowjetgeschichte angemessener als früher einzubeziehen sucht.

Ob dem Verbrechenscharakter des Sowjetregimes mit den Begriffen »Genozid« und »Demozid« – Rudolph Rummel hat ihn als breiteren, Genozid und Massenmord verbindenden Begriff in die Diskussion gebracht – beizukommen ist, bleibt trotz aller Repressionsakte gegen definierte Gruppen fraglich. Manche dieser Akte kommen in ihrer Auswirkung zumindest dem nahe, was man im weiteren Sinne unter Genozid fassen könnte. Aber diese Akte machen nicht den Kern der Verbrechen eines Staates aus, der letztlich nicht gegen identifizierbare Gruppen, sondern »gegen sein Volk« gehandelt hat, wie es Nicolas Werth genannt hat. Das schließt selbstverständlich nicht aus, dass als Ergebnis dieser Politik einzelne nationale Gruppen besonders schwer betroffen waren. Dies hat bei einigen von ihnen, insbesondere den Ukrainern, dazu geführt, dass das staatliche Handeln als Völkermord an der eigenen Gruppe interpretiert und deren Leiden gegenüber dem anderer Opfer gleichsam aufgewertet wurde.

Aus Sicht der betroffenen Gruppen gibt es dafür die verschiedensten Motive, die der Historiker nicht unbedingt als legitim akzeptieren muss. Er hat vielmehr das Handeln eines Staates zu charakterisieren, der brutal gegenüber denjenigen war, die er für seine Gegner hielt, der darüber hinaus aber praktisch alle seine

Bürger aus Fahrlässigkeit und Rücksichtslosigkeit gegenüber menschlichen Bedürfnissen millionenfach leiden und umkommen ließ – ohne diese vorher als »Feinde«, als »Andere« auszusondern. Zu charakterisieren ist ein Staat, der spezifisch Ausgesonderte, die Häftlinge des Gulag, gerade in Notsituationen fürsorglicher behandelte als Bürger, die – nach seinen eigenen Rechtsbegriffen – unschuldig waren und keinen spezifischen Verdacht auf sich gezogen hatten. So gab es zum Beispiel während der Hungersnot von 1946/47, als man fast ungerührt etwa 1,5 Millionen Sowjetbürger sterben ließ, keine ähnliche Erscheinung in den Straflagern. Im Gegenteil: Hunger war für die Insassen des Gulag zwar eine tägliche Erfahrung, aber man verhungerte in aller Regel nicht. Und für die Bewohner der Hungergebiete, die aufgrund des »Ährengesetzes« ins Lager geschickt worden waren, wurde dieses wegen der täglichen Nahrungsmittelration »für die meisten von ihnen zum Ort der ›Rettung‹ vor dem Hunger«, wie ein russischer Autor geschrieben hat.[69] Ähnliches gilt für das belagerte Leningrad, da als »Spione« und »Verräter« verhaftete Sowjetbürger, falls sie nicht sofort erschossen wurden, bessere Überlebenschancen hatten als die übrigen Leningrader – deren tägliche Ration wurde im Winter 1941/42, bei 40 Grad Frost und ungeheizten Wohnungen, auf 250 Gramm Brot für Arbeitende und 125 Gramm für Abhängige festgesetzt, ohne dass an die Aufgabe der Stadt aus humanitären Gründen auch nur gedacht wurde.

Zu charakterisieren ist mithin letztlich ein Staat, der zwar das Wohl der Menschheit auf sein Banner geschrieben hatte, dem aber Menschlichkeit absolut fremd war. Zweifellos spielten bei dieser unter Stalin zum Exzess getriebenen Anwendung von Gewalt und Missachtung menschlicher Bedürfnisse Elemente der Moderne eine Rolle, wie sie Zygmunt Bauman als Bedingungsfaktoren gerade des Holocaust genannt hat: der Glaube an Notwendigkeit und Möglichkeit eines »social engineering«, die Industrialisierung und Routinisierung von Verbrechen als Folge hierarchisch-funktionaler Arbeitsteilung ohne emotionale Beteiligung der Täter, die Suspendierung persönlicher Verantwortung im bürokratisch rationalisierten Staat und nicht zuletzt die Erzeugung von moralischer Indifferenz und Unmenschlichkeit als Funktion sozialer Distanz.[70]

Aber »Moderne« erklärt beziehungsweise ist Bedingungsfaktor für vieles. Im Stalinismus kommt zusätzlich die Anfälligkeit für eine spezifische ideologische Deutung der Realität im Sinne von Klassengegensätzen und eines permanenten Bedroht-Seins von innen und außen hinzu. Gerade mit letzterem wurde ein ebenso permanenter Ausnahmezustand, die Missachtung positiven Rechts und die Anwendung von Gewalt gerechtfertigt; Gewaltenteilung als Grundprinzip des Rechtsstaates hatte man ohnehin über Bord geworfen. Sieht man aber mit Hannah Arendt die Anwendung von Gewalt als Mittel zur Durchsetzung und Erhaltung von Macht und generell als Mittel zur Erreichung eines bestimmten Zwecks,[71] dann scheint ihre Anwendung in der Sowjetunion unter Stalin so zwecklos zu sein, dass sie auch mit einem sowjetisch-stalinistisch verkrüppelten Marxismusverständnis nicht mehr zweckrational erklärt werden kann, dann haben tatsächlich die Mittel die Herrschaft über den Zweck gewonnen. Die Missachtung menschlicher Grundbedürfnisse und die enthemmte Anwendung von Gewalt – sei es durch aktives Handeln, sei es durch Unterlassung – bedürfen einer Erklärung, die über den Verweis auf das sowjetmarxistische Weltverständnis der Täter hinausweist. Stalinismus als »Gewaltgeschichte« (Plaggenborg) kann nur teilweise mit der Anwendung von Gewalt im Sinne eines wie auch immer rational begründeten Zweck-Mittel-Verhältnisses interpretiert werden.[72] In ihrer Anwendung hat sich die Gewalt von den zu erreichenden Zwecken abgelöst, ist zu überschüssiger Gewalt als Normalfall des staatlichen Verhaltens gegenüber den Bürgern geworden.

Vieles hat auch historisch dazu beigetragen, dass Stalinismus zur »Gewaltgeschichte« wurde. Zu nennen wären die schwache rechtsstaatlich-liberale Tradition des zarischen Russland und eine nach der Revolution noch verstärkte Fixierung auf Macht und ihre Anordnungen; das kulturgeschichtliche, gewaltfixierte Erbe der Bolschewiki, das Jörg Baberowski für die Entfaltung des »roten Terrors« verantwortlich macht; die sozialökonomische Rückständigkeit Russlands, die die Bolschewiki nötigte, permanente ideologische Verrenkungen zu machen, und auf den unzulänglich entfalteten bürgerlich-kapitalistischen Staat einen ebenso unzulänglichen sozialistischen folgen ließ, der Züge eines »Kasernenhof-Sozialismus« trug; das Bewusstsein der russischen Revolutionäre, die Zukunft zwar für sich zu haben, sie aber gegen eine feindliche Gegenwart erkämpfen und behaupten zu müssen – manches müsste hier noch aufgeführt werden.[73] Doch das lastende Erbe der Revolution in einem rückständigen Land und die Größe der akuten Probleme, die es zu lösen galt, machten die Brutalität des Regimes zwar möglich, aber nicht zwangsläufig: Ohne die Persönlichkeiten eines Lenin und eines Stalin und ihre spezifische Bedeutung für die Entwicklung der kommunistischen Partei und des Sowjetstaates sind all diese Deformationen nicht hinreichend zu erklären – so wenig allerdings wie allein durch sie.

Anmerkungen

1 R. Conquest: Stalins Völkermord, Wien 1977.

2 Ders.: The Harvest of Sorrow. Soviet Collectivization and the Terror-Famine, London 1986 (gekürzte dt. Ausg.: Die Ernte des Todes. Stalins Holocaust in der Ukraine 1932–33, Berlin 1990); vgl. auch ders. u.a.: The Man-Made Famine in Ukraine, Washington 1984; E. Nolte: Der europäische Bürgerkrieg 1917–1945. Nationalsozialismus und Bolschewismus, Frankfurt/M. 1987; S. Courtois: Die Verbrechen des Kommunismus, in: Ders. u.a. (Hg.): Das Schwarzbuch des Kommunismus, München 1998, S. 11–43.

3 M. Heller / A. Nekrich: Geschichte der Sowjetunion, 2 Bde., Königstein/T. 1981.

4 Siehe besonders W. Hofmann: Stalinismus und Antikommunismus. Zur Soziologie des Ost-West-Konflikts, Frankfurt/M. 1967.

5 Keesing's Archiv der Gegenwart, 1948/49, S. 1728 (dort ist von »völkischer«, nicht »ethnischer« Gruppe die Rede).

6 C. Kraft: Völkermorde im 20. Jahrhundert. Rafael Lemkin und die Ahndung des Genozids durch das internationale Strafrecht, in: J. Hösler u.a. (Hg.): Finis mundi – Endzeiten und Weltenden im östlichen Europa. Festschrift für Hans Lemberg, Wiesbaden 1998, S. 91–110.

7 A. Solschenizyn: Der Archipel GULAG, 3 Bde., Bern 1974; N. Werth: Ein Staat gegen sein Volk, in: Courtois, Schwarzbuch, S. 51–295; vgl. als umfassendste Darstellung: J. Stecovskij: Istorija sovetskich repressij, 2 Bde., Moskau 1997; S. Plaggenborg: Stalinismus als Gewaltgeschichte, in: Ders. (Hg.): Stalinismus. Neue Forschungen und Konzepte, Berlin 1998, S. 71–112; J. Baberowski: Der rote Terror. Die Geschichte des Stalinismus, München 2003; zur Entwicklung des Strafrechts siehe: P. H. Solomon: Soviet Criminal Justice under Stalin, Cambridge 1996.

8 V. A. Malyšev: »Proidet desjatok let, i eti vstreči ne vosstanoviš' uže v pamjati. Dnevnik narkoma, in: Istočnik 5 (1997), S. 103–147, hier: S. 140f.

9 A. Mikojan: Tak bylo. Razmyšlenija o minuvšem, Moskau 1999, S. 356. Die Deportationsfrage bleibt weiterhin ungeklärt. Als feststehende Stalinsche »Endlösung« behandelt L. Rapoport: Hammer, Sichel, Davidstern. Judenverfolgung in der Sowjetunion, Berlin 1992, S. 206–222, die Vorgänge. Zurückhaltender sind andere Autoren. L. Luks (Hg.): Der Spätstalinismus und die »jüdische Frage«, Köln 1998 (besonders die Beiträge von Naumov und Kostyrčenko); A. Lustiger: Rotbuch. Stalin und die Juden, Berlin 1998; Stecovskij, Istorija repressij, Bd. I, S. 479–515.

10 Zur Abstempelung von Arbeiterprotesten als »klassenfeindlich« siehe V.N. Brovkin: The Mensheviks After October. Socialist Opposition and the Rise of the Bolshevik Dictatorship, Ithaca 1987.

11 D. Wolkogonow: Trotzki. Das Janusgesicht der Revolution, Düsseldorf 1992; ders.: Lenin. Utopie und Terror, Düsseldorf 1994.

12 D. Beyrau: Archipel Gulag und Auschwitz, in: Geschichte, Politik und ihre Didaktik 16 (1988), S. 99.

13 Sud'by rossijskogo krest'janstva, Moskau 1996, S. 162–191; Werth, Ein Staat, S. 113–117; N.I. Fokin: Final tragedii. Ural'skie kazaki v XX veke, Moskau 1996; A.I. Kozlov: Vozroždenie kazačestva. Istorija i sovremennost', Rostov-na-Donu 1996; siehe auch den Dokumentenband: F. Mironov: Tichij Don v 1917–1921 gg. Moskau 1997.

14 Zur Kollektivierung vgl.: Sud'by rossijskogo krest'janstva, S. 249–297; N.A. Ivnickij: Kollektivizacija i raskulačivanie (načalo 30-ch godov), Moskau 1996; S. Merl: Bauern unter Stalin. Die Formierung des sowjetischen Kolchossystems 1930–1941, Berlin 1990.

15 L.I. Gincberg: Massovye deportacii krest'jan v 1930–1931 godach i uslovija ich suščestvovanija v Severnych krajach, in: Otečestvennaja istorija 2 (1998), S. 190–196.

16 Besonders plastisch: H. Altrichter: Agrarstruktur und Agrarpolitik am Vorabend der Kollektivierung, in: Geschichte und Gesellschaft 5 (1979), S. 378–397; M. Lewin: Who Was the Soviet Kulak?, in: Ders.: The Making of the Soviet System, London 1985, S. 121–141.

17 Text bei J. Arch Getty / O. Naumov (Hg.): The Road to Terror, New Haven 1999, S. 110f.; Solomon, Criminal Justice, S. 113f.; Stecovskij, Istorija repressij, Bd. I, S.328–332.

18 B. Bonwetsch: Der Stalinismus in der Sowjetunion der dreißiger Jahre. Zur Deformation einer Gesellschaft, in: Jahrbuch für historische Kommunismusforschung 1 (1993), S. 11–36.

19 L.L. Kerber: Stalin's Aviation Gulag. A Memoir of Andrei Tupolev and the Purge Era, Washington 1996 (erweiterte Ausgabe von A. Šaragin [Pseud.]: Tupolevskaja šaraga, Belgrad 1971); J.K. Golovanov: Korolev. Fakty i mify, Moskau 1994.

20 S. Swaniewicz: Forced Labour and Economic Development. An Inquiry into the Experience of Soviet Industrialization, London 1965; M. van der Linden: Forced labour and Non-Capitalist Industrialization. The Case of Stalinism, in: T. Brass u.a.: Free and Unfree Labour, Amsterdam 1993, S. 19–30.

21 G. Armanski: Maschinen des Terrors. Das Lager (KZ und GULAG) in der Moderne, Münster 1993.

22 A. Weissberg-Cybulski: Hexensabbat. Die Gedankenpolizei – Die große Tschistka, Wien [2]1951, S. 227, 264f.

23 So entfielen im Jahre 1938 beispielsweise acht Prozent aller volkswirtschaftlichen Anlageinverstitionen auf den NKVD. Vgl.: Ėkonomika GULAGa i ee rol' v razvitii strany v 1930-e gody. Sbornik dokumentov. Moskau 1998, S. 12.; als Überblick über die Literatur: B. Jensen: GULAG og Glemsel, Kopenhagen 2002, S. 287–289; R. Stettner: Archipel GULag. Stalins Zwangslager – Terrorinstrument und Wirtschaftsgigant. Entstehung, Organisation und Funktion des sowjetischen Lagersystems 1928–1956, Paderborn 1996, besonders S. 298ff.; G. M. Ivanova: Der Gulag im totalitären System der Sowjetunion, Berlin 2001, S. 79–133.

24 J. Keep: Recent Writing on Stalin's Gulag. An Overview, in: Crime, Histoire & Sociétés 1 (1997), S. 91–112. Keep weist auf die Problematik der Anfang der neunziger Jahre veröffentlichten Zahlen hin, die heute in der gesamten Literatur verwendet werden. Verdienstvoll zusammengestellt hat sie J. O. Pohl: The Stalinist Penal System. A Statistical History of Soviet Repression and Terror, 1930–1953, Jefferson/N. C. 1997.

25 Bis 1.1.1942 waren 856.000 abtransportiert worden, von denen 800.000 an ihren Bestimmungsorten ankamen: A. German / A. Kuročkin: Nemcy SSSR v »Trudovoj armii«, 1941–1945, Moskau 1998, S. 36f.; die Deportationen sind in zahlreichen Einzelveröffentlichungen dargestellt. Zusammenfassend: P. Poljan: Ne po svoej vole… Istorija i geografija prinuditel'nych migracij v SSSR, Moskau 2001; J. O. Pohl: Ethnic Cleansing in the USSR, 1937–1949, London 1999; V. N. Zemskov: Specposelency v SSSR 1930–1960, Moskau 2003.

26 Vgl. außer Poljan und Pohl: Repressii protiv poljakov i pol'skich graždan, Moskau 1997 (Istoričeskie sborniki »Memoriala«. Vyp. 1); Z. Domino: Syberiada polka, Warschau 2001; G. V. Kan: Korejcy Kazachstana, Almaty 1994; E. Kowalska: Przeżyć, aby wrócić! Polscy zesłańcy lat 1940–1941 w ZSRR i ich losy do roku 1946, Warschau 1998; Dorogoj gor'kich ispytanij. K 60-letiju deportacii korejcev v Rossii, Moskau 1997; Deportirovannye v Kazachstan narody, Almaty 1998.

27 Moscow News, 1992, Nr. 23, S. 5; V. N. Zemskov: Zaključennye, specposelency, ssyl'noposelency, ssylnye i vyslannye, in: Istorija SSSR 5 (1991), S. 163; 40–50-e gody. Posledstvija deportacii narodov (Svidetel'stvujut archivy NKVD-MVD SSSR), in: Istorija SSSR 1 (1992), S. 138f.

28 W. Präg / W. Jacobmeyer (Hg.): Das Diensttagebuch des deutschen Generalgouverneurs in Polen 1939–1945, Stuttgart 1975, S. 212.

29 Voennye archivy Rossii. Vyp. 1, 1993, S. 124–128, Zitat S.125; vgl. auch den Dokumentenband: Katyn'. Plenniki neob-javlennoj vojny, Moskau 1997, der allerdings den Bericht des KGB-Vorsitzenden Šelepin für Chruščev vom 3.3.1959 mit der Gesamtzahl der tatsächlich Erschossenen nur als handschriftliches Faksimile enthält: Katyn'. Mart 1940 g. – sentjabr' 2000 g. Moskau 2001, S. 563f.; vgl. ferner K.Sword: Deportation and Exile. Poles in the Soviet Union, 1939–48, London 1994, S. 1–27; Werth, Ein Staat, S. 232–235.

30 Sie wurden dementsprechend im Zusammenhang mit dem Abschluss des polnisch-sowjetischen Beistandsabkommens vom 30.7.1941 zunächst »amnestiert« und erst daraufhin den Vertretern der polnischen Exilregierung zur Bildung militärischer Verbände überstellt. Zu ihrem Schicksal: K. Popiński u.a.: Drogi smierći.

wakuacja więzień sowieckich z Kresów Wschodnich II Rzeczypospolitej w czerwcu i lipcu 1941, Warschau 1995.

31 W. Jaruzelski: Mein Leben für Polen. Erinnerungen, München 1993; M. Begin: White Nights. The Story of a Prisoner in Russia, Jerusalem 1977; J. Margolin: Überleben ist alles, München 1965; E. Hilary: Gefangen in Sibirien. Eine polnische Odyssee, Recklinghausen 1987; G. Herling: A World Apart, Oxford 1987.

32 Werth, Ein Staat, S. 235–237; Poljan, Ne po svoej vole, S. 95–102.

33 So waren Vertreter der Staatsanwaltschaft als Rechtsaufsicht keineswegs immer vertreten, und letztlich fällte der Leiter des örtlichen NKVD die Urteile, auch Todesurteile, allein, während die anderen z.T. schon im voraus »auf Kredit« unterschrieben: M. Šrejder: NKVD iznutri, Moskau 1995, S. 70f.

34 O.V. Chlevnjuk: Politbjuro. Mechanizmy, političeskoj vlast v 1930-e gody, Moskau 1996, S. 188–191; R. Binner / M. Junge: Wie der Terror »Groß« wurde. Massenmord und Lagerhaft nach Befehl 00447, in: Cahiers du monde russe 42 (2001), S. 557–614; dies.: »S etoj publikoj ceremonit'sja ne sleduet«, in: Cahiers du monde russe 43 (2002), S. 181–228.

35 Chlevnjuk, Politbjuro, S. 192. Es kursieren im übrigen verschiedene Zahlen, die sich jedoch alle in ähnlichen Größenordnungen bewegen und den Massencharakter der Repression bestätigen. Zu beachten ist, dass die einen nur wegen Konterrevolution Verurteilte, die anderen auch wegen krimineller Delikte Verurteilte einbeziehen. Die Zahlenermittlungen der Švernik-Kommission vom Februar 1963 und der Jakovlev-Kommission vom Dezember 1988 in: Istočnik / Vestnik Archiva Prezidenta RF 1 (1995), S. 120,123; die Zahlen einer »Auskunft« von 1954 für Chruščev bei Zemskov, Zaključennye, S. 153; vgl. dazu die Korrekturen von V.P. Popov: Gosudarstvennyj terror v Sovetskoj Rossii, 1923–1953. Istočniki i ich interpretacii, in: Otečestvennye archivy 2 (1992), S. 20–31, hier S. 28f.; sowie Pohl, Penal System, S. 7f.

36 Zu den Vorgängen bei Kriegsende: B. Bonwetsch: Die Sowjetunion. Triumph im Elend, in: U. Herbert / A. Schildt (Hg.): Kriegsende in Europa. Vom Beginn des deutschen Machtzerfalls bis zur Stabilisierung der Nachkriegsordnung, 1944–1948, Essen 1998, S. 59–73.

37 E. Nolte: Der europäische Bürgerkrieg 1917–1945. Nationalsozialismus und Bolschewismus, Frankfurt/M. 1987, S. 22, 64; siehe dazu besonders Beyrau, Archipel Gulag, S. 95–103.

38 Conquest, Harvest of Sorrow, S. 306.

39 D. Zlepko (Hg.): Der ukrainische Hunger-Holocaust. Stalins verschwiegener Völkermord 1932/33 an 7 Millionen ukrainischen Bauern im Spiegel geheim gehaltener Akten des deutschen Auswärtigen Amtes, Sonnenbühl 1988; R. Serbyn / B. Kravchenko (Hg.): Famine in Ukraine 1932–33, Edmonton 1986; G. Simon: Nationalismus und Nationalitätenpolitik in der Sowjetunion, Baden-Baden 1986; J.E. Mace: The Famine of 1932–33. A Watershed in the History of Soviet Nationality Policy, in: H.R. Huttenbach (Hg.): Soviet Nationality Policies, London 1990, S. 177–205; vgl. ferner den Dokumentenband: Kollektyvizacija i holod na Ukraini. 1929–1933, Kiev [2]1993.

40 S. Merl: Wieviele Opfer forderte die »Liquidierung der Kulaken als Klasse«?, in: Geschichte und Gesellschaft 14 (1988), S. 534–540, besonders S. 538f.; ders.: Entfachte Stalin die Hungersnot von 1932–1933 zur Auslöschung des ukraini-

schen Nationalismus? Anmerkungen zu neueren westlichen Veröffentlichungen über die »ukrainische« Hungersnot, in: Jahrbücher für Geschichte Osteuropas 37 (1989), S. 569–590; ders.: Kollektivierung und Bauernvernichtung, in: D. Geyer (Hg.), Die Umwertung der sowjetischen Geschichte, Göttingen 1990, S. 103–132; ders.: War die Hungersnot von 1932–1933 eine Folge der Zwangskollektivierung der Landwirtschaft oder wurde sie bewusst im Rahmen der Nationalitätenpolitik herbeigeführt?, in: G. Hausmann / A. Kappeler (Hg.): Ukraine. Gegenwart und Geschichte eines neuen Staates, Baden-Baden 1993, S. 145–166; ders.: Golod 1932–1933 – genocid ukraincev dlja osuščestvlenija politiki russifikacii?, in: Otečestvennaja istorija 1 (1995), S. 330–334.

41 N. A. Ivnickij: Golod 1932–1933 godov. Kto vinovat, in: Sud'by rossijskogo krest'janstva, Moskau 1996, S. 333–363, hier S. 361; vgl. auch I. E. Zelenin u.a.: O golode 1932–1933 godov i ego ocenki na Ukraine, in: Otečestvennaja istorija 6 (1994), S. 256–262, besonders 262; A. Kappeler: Kleine Geschichte der Ukraine, München 1994, S. 200.

42 Zur Rolle der Getreidebeschaffungs-Politik siehe Sud'by rossijskogo krest'janstva, S. 298–332.

43 E. A. Osokina: Ierarchija potreblenija. O žizni ljudej v uslovijach stalinskogo snabženija 1928–1935 gg. Moskau 1993; dies.: Cena »bol'šogo skačka«. Krizisy snabženija i potreblenie v gody pervych pjatiletok, in: Sovetskoe obščestvo. Vozniknovenie, razvitie, istoričeskij final, Moskau 1997, S. 205–243. Eine detaillierte Untersuchung gerade für Teile der Ukraine bietet B. Falk: Sowjetische Städte in der Hungersnot 1932/33. Staatliche Ernährungspolitik und städtisches Alltagsleben, Köln 2005.

44 In den großen Städten der Ukraine lebten überwiegend Russen, aber selbstverständlich auch Ukrainer.

45 Kasachische Berechnungen gehen von der Vernichtung von 2,2 Millionen, d.h. fast fünfzig Prozent der Kasachen aus: Nasil'stvennaja kollektivizacija i golod v Kazachstane 1931–1933 godach. Sbornik dokumentov i materialov, Almaty 1998, S. 15; vgl. auch Merl, Kollektivierung und Bauernvernichtung, S. 127; U. Halbach: Das sowjetische Vielvölkerimperium. Nationalitätenpolitik und nationale Frage, Mannheim 1992, S. 45; Werth, Ein Staat, S. 185, 188.

46 O. Subtelny: Ukraine. A History, Toronto 1988, S. 413, zit. nach: Halbach, Vielvölkerimperium, S. 44.

47 Vgl. als Kritik an dieser These auch A. Nove: An Economic History of the USSR, 1917–1991, London 1992, S. 180.

48 Vgl. dazu auch D. Pohl: Stalinistische Massenverbrechen in der Ukraine 1936–1953, in: Jahrbuch für historische Kommunismusforschung 1997, S. 325–337, besonders S. 336f.

49 M. Wehner: Bauernpolitik im proletarischen Staat. Die Bauernfrage als zentrales Problem der sowjetischen Innenpolitik 1921–1928, Köln 1998, S. 59–77.

50 Nove, Economic History, S. 180; Sud'by rossijskogo krest'janstva, S. 313; L. I. Gincberg: Massovyj golod v sočetanii s ėksportom chleba v načale 30-ch godov, in: Voprosy istorii 10 (1999), S. 119–128.

51 V. F. Zima: Golod v SSSR 1946–1947 godov, Moskau 1996, S. 149, S. 168–170; siehe auch die Dokumentation Golod i gosudarstvennaja politika (1946–1947 gg.), in: Otečestvennye archivy 6 (1992), S. 36–60; M. Ellman: The 1947 Famine

and the Entitlement Approach to Famines, in: Cambridge Journal of Economics 24 (2000), S. 603–630.

52 Chruschtschow erinnert sich, Reinbek 1971, S. 231–248.

53 Zemskov, Zaključennye, S. 152f.

54 Bericht der Švernik-Kommission, in: Istočnik/Vestnik Archiva Prezidenta RF 1 (1995), S. 120; vgl. auch: Otečestvennye archivy 2 (1992), S. 28f. Šverniks Zahlen schließen vermutlich als Kriminelle Verurteilte ein.

55 Istočnik 1 (1995), S. 123.

56 Zusammenfassung der veröffentlichten Zahlen bei Keep, Recent Writing, S. 109; Pohl, Penal System, S. 11.

57 Keep, Recent Writing, S. 109f.

58 Bei prominenten Verhafteten mischten sich Stalin und nach seinem Beispiel auch andere Angehörige der Parteiführung, auf der regionalen Ebene die entsprechenden Gebietssekretäre, immer wieder in die Strafverfolgung ein, z.T. auch bei Verhören. Bereits bei den Prozessen von 1930 gab Stalin Anweisungen, welche Geständnisse zu erwirken und wer zu erschießen sei: Pis'ma I. V. Stalina V. M. Molotovu, 1925–1936 gg. Moskau 1995, S. 211, 216; Istočnik 1 (1995), S. 123–130; siehe auch: Markus Wehner: Stalinistischer Terror, in: Aus Politik und Zeitgeschichte, 37/38 (1996), S. 26f.

59 Die vorliegenden, ungenauen Zahlen zur Anwendung des Gesetzes werden gegensätzlich interpretiert: Getty / Naumov, Road to Terror, S. 112–114; Solomon, Criminal Justice, S. 111–129; GULAG v gody Velikoj Otečestvennoj vojny, in: Voenno-istoričeskij žurnal 4 (1991), S. 15f.; Werth, Ein Staat, S. 181; Bonwetsch, Stalinismus, S. 32. Zur Entstehung siehe I.E. Zelenin: »Zakon o pjati koloskach«. Razrabotka i osuščestvlenie, in: Voprosy istorii 1 (1998), S. 114–123.

60 Der Erlass wurde am 8. April 1935 veröffentlicht. Solomon, Criminal Justice, S. 197–211; GULAG v gody Velikoj Otečestvennoj vojny, S. 16f.

61 O.V. Chlevnjuk (Hg.): Stalinskoe politbjuro v 30-ye gody, Moskau 1995, S. 144f.; vgl. zur Praxis der Gesetzanwendung auch: G.T. Rittersporn: Between Revolution and Daily Routine. Youth and Violence in the Sowjet Union in the Interwar Period, in: C. Kuhr-Korolev u.a. (Hg.): Sowjetjugend 1917–1941, Essen 2001, S. 66f.

62 GULAG v gody Velikoj Otečestvennoj vojny, S. 17, 23f.; nach Solomon, Criminal Justice, S. 299–325, wurde das Gesetz kaum angewandt. Er stützt sich allerdings nur auf die zeitgenössische Literatur. Zum Krieg siehe auch: Bonwetsch, Triumph im Elend, S. 56–58.

63 Ivanova, GULag, S. 63–67.

64 Sud'by rossijskogo krest'janstva, S. 100–153; Wehner, Bauernpolitik, S. 36–58; Werth, Ein Staat, S. 106–117, 125–127; O. Figes: Peasant Russia, Civil War. The Volga Countryside in Revolution, 1917–1921, Oxford 1989; O. Radkey: The Unknown Civil War in Russia. A Study of the Green Movement in the Tambov Region 1920–1921, Stanford 1976; V.V. Moskovkin: Vosstanie krest'jan v Zapadnoj Sibiri v 1921 godu, in: Voprosy istorii 6 (1998), S. 46–64.

65 B. Bonwetsch: Die »Leningrad-Affäre« 1949–1951. Politik und Verbrechen im Spätstalinismus, in: Deutsche Studien 28 (1990), S. 306–322.

66 P. Ahlmark: Det öppna saaret. Om massemord och medlöperi, Stockholm 1997, S. 44, 50, 56; Izvestija 30.10.1997, S. 1: Kommunističeskie uničtožili 110 millionov čelovek.

67 Courtois, Verbrechen, S. 16, 27.

68 S.G. Wheatcroft: Ausmaß und Wesen der deutschen und sowjetischen Massenrepressionen und Massentötungen 1930 bis 1945, in: D. Dahlmann / G. Hirschfeld (Hg.): Lager, Zwangsarbeit, Vertreibung und Deportation. Dimensionen der Massenverbrechen in der Sowjetunion und in Deutschland, Essen 1999, S. 67–109. Zu den unterschiedlichsten Zahlenberechnungen und ihren politischen Implikationen siehe Jensen, GULAG, S. 22–34.

69 V.F. Zima: Poslevoennoe obščestvo. Golod i prestupnost', in: Otečestvennaja istorija 5 (1995), S. 58.

70 Z. Bauman: Die Dialektik der Ordnung. Die Moderne und der Holocaust, Hamburg 1992.

71 H. Arendt: Macht und Gewalt, München 1970.

72 Vgl. in diesem Zusammenhang außer Plaggenborg, Stalinismus als Gewaltgeschichte; auch: D. Beyrau: Die korrekte Moral und die historische Profession. Ein Kommentar, in: Jahrbücher für Geschichte Osteuropas 47 (1999), S. 254–262.

73 Baberowski, Der rote Terror.

Christoph Mick

Die Ethnisierung des Stalinismus

Zur Wirksamkeit ethnischer Kategorien bei der Sowjetisierung der Westukraine 1944–1948

Der Ausdruck »Ethnisierung des Stalinismus« ist doppeldeutig. Die erste Lesart verweist auf die historischen Ereignisse und besagt folgendes: Während die Feinde der Sowjetgesellschaft in den zwanziger Jahren sozial definiert wurden, änderte sich dies Mitte der dreißiger Jahre. Seither gehörten ethnische Gruppen zu den Hauptopfern des Regimes. Zunächst waren einzelne Ethnien überproportional von Terror und Verschickung betroffen, dann wurde – in den Jahren des Großen Terrors – die neue Kategorie des »Feindvolkes« eingeführt und schließlich kam es zu »ethnischen Säuberungen«, die im Zweiten Weltkrieg und in der unmittelbaren Nachkriegszeit ihren Höhepunkt erreichten.[1]

»Ethnisierung des Stalinismus« verweist zweitens auf einen aktuellen Forschungstrend. Nach dem Zweiten Weltkrieg gab es eine erste Welle von Studien zur stalinistischen Nationalitätenpolitik. Sie wurde von Politikwissenschaftlern und Historikern getragen, die aus der Ukraine oder aus dem Baltikum in die Vereinigten Staaten emigriert waren. Sie diskutierten die Nationalitätenpolitik unter dem Aspekt der »Nationszerstörung«, und manche warfen der Stalinführung sogar genozidale Absichten vor. Der nationsbildende Aspekt sowjetischer Politik trat in den Hintergrund.[2]

Für Anhänger der Totalitarismustheorie diente der Stalinismus als Gefäß, in das alle Übel des 20. Jahrhunderts gepackt wurden. Ideologisch motivierter Terror gegen ethnische Gruppen ließ sich als weitere Analogie zum Nationalsozialismus deuten. Dagegen war das »ethnische Gesicht« des Stalinismus für Kritiker des Totalitarismuskonzeptes eine dauernde Irritation. Den Sozialhistorikern und Modernisierungstheoretikern der siebziger und achtziger Jahre fiel es schwer, die Zwangsumsiedlung ethnischer Gruppen und kollektive Schuldzuweisungen an Ethnien mit dem Klassenkampfparadigma in Einklang zu bringen. Galt doch gerade der Vorrang des Sozialen vor dem Biologischen als zentrales Unterscheidungsmerkmal zwischen Stalinismus und Nationalsozialismus. Die Ablehnung von Eugenik und Rassenlehre schien zu belegen, dass Rassismus kein Kennzeichen der sowjetischen Herrschaftspraxis war. Der ethnische Aspekt des Stalinismus spielte in diesen Studien nur eine Nebenrolle.[3]

Im Zuge der Perestrojka begannen Historiker und Politologen intensiv nach den historischen Wurzeln der aufbrechenden ethnischen Konflikte zu suchen.[4] Einen Schub bekam die »Ethnizitäts-Forschung« durch die kulturalistische Wende. Die Kluft zwischen der Freundschaftsrhetorik offizieller Nationalitätenpolitik und der Beharrungskraft traditioneller Wertemuster und Verhaltensweisen zog die Aufmerksamkeit von Kulturwissenschaftlern auf sich. Sie fragten nach der Bedeutung ethnischer Kategorien sowohl im stalinistischen Denken als auch in der Herrschaftspraxis. Auf den Zugriff und die Zumutungen des Regimes reagierten die Ethnien an der Peripherie mit einem Verhalten, das sich aus ihren spezifischen Traditionen speiste, sich aber marxistisch-leninistischer Formen bediente. »National in der Form – sozialistisch im Inhalt« konnte in der Praxis zu »sozialistisch in der Form – national (ethnisch) im Inhalt« werden.[5]

Ethnizität war eine wichtige Kategorie im Stalinismus. Dies zeigen die nationsbildenden Maßnahmen ebenso wie Repressionen, Terror und Deportationen ganzer Ethnien, die sich dem Zugriff des Zentrums widersetzt hatten. Es ist allerdings nicht überzeugend, diese Maßnahmen auf das primordiale Denken der Führungseliten zurückzuführen. Die Auswahl von Opfergruppen entlang ethnischer Demarkationslinien muss nicht der Bevorzugung von *nurture* (Umwelt) gegenüber *nature* (Natur) widersprechen. Versteht man Nation und Ethnos als kulturelle Produkte, kann eine entsprechende Zuschreibung für das Individuum oder eine Gruppe genauso unentrinnbar sein wie in Fällen, in denen Nationen oder Ethnien als naturgegebene Entitäten betrachtet werden. Vor kurzem stellte der amerikanische Zeithistoriker Eric Weitz in der wichtigen Fachzeitschrift *Slavic Review* die These auf, dass die stalinistische Führung phasenweise rassistische Politik betrieb. Er hat damit eine Forschungstendenz auf die Spitze getrieben und wurde dafür von den Spezialisten kritisiert, aus deren Arbeiten er seine These abgeleitet hatte.[6]

Im Folgenden wird der Stellenwert ethnischer Kategorien in der stalinistischen Herrschaftspraxis untersucht. Als Fallbeispiel dient die zweite Sowjetisierung der Westukraine zwischen 1944 und 1948. Dabei geht es um den Zusammenhang von Ethnizität und Stalinismus, wie er vor allem in neuen amerikanischen Forschungen am Beispiel der östlichen Ukraine entwickelt wurde.

Für Terry Martin ist die Sowjetunion der zwanziger und dreißiger Jahre ein *affirmative action empire*. Der Begriff *affirmative action* verweist auf die gezielte Förderung benachteiligter Gruppen, wie etwa auf die in den Vereinigten Staaten bestehenden Quotenregelungen an Universitäten. Martin nutzt dieses Konzept für seine Interpretation der sowjetischen Nationalitätenpolitik, die in Form der *korenizacija* (Einwurzelung) und Begünstigung der Titularnationen in den dreißiger Jahren in modifizierter Form fortgesetzt wurde.[7] In einer einflussreichen Studie versucht Amir Weiner das ethnische Paradigma und das Klassenkampfparadigma miteinander zu versöhnen. Er arbeitet den gesellschaftlichen *purification drive* (Reinigungsdrang) des Stalinismus heraus und ordnet diesen in den Kontext des »Gärtner-Staates« ein, das Zygmunt Baumann für ein zentrales Kennzeichen politischer Praxis im 20. Jahrhundert hält. Dieser »Reinigungsdrang« will die Gesellschaft von unerwünschten – klassenfremden, feindlichen – Elementen säubern, um das ideologische Endziel, die harmonische sozialistische Gesellschaft, zu erreichen. Die Feinde der Sowjetgesellschaft wurden nach Weiners Auffassung seit dem Krieg stärker ethnisch als sozial definiert. Im *purification drive* sieht Weiner das durchgängige Hauptmotiv bolschewistischer Politik. Die Behandlung westukrainischer Nationalisten und antisowjetischer Partisanen nach 1944 führt Weiner als Beleg für die Ethnisierung dieses Ideologems an.[8]

Den Stellenwert von Ethnizität während der Sowjetisierung der Westukraine wird hier auf drei Ebenen diskutiert. 1. Ideologie: Mit Hilfe welcher Kategorien analysierten die sowjetischen Machthaber die westukrainische Gesellschaft? 2. Krieg: Welche Rolle spielte Ethnizität im Kampf gegen die ukrainischen Partisanen? 3. Nationalitätenpolitik: Wie verhielten sich Sowjetisierung und Ukrainisierung zueinander? Die folgenden Ausführungen beruhen auf kürzlich publizierten Quellen, die auf der Ebene des Parteiapparats in Kiew und der westukrainischen Gebietsparteikomitees entstanden sind. Ergänzt werden sie durch interne Dokumente und Aufrufe der regionalen Verbände der Organisation Ukrainischer Nationalisten (OUN), deren bewaffneter Arm, die Ukrainische Aufstandsarmee (UPA), seit 1942 einen Krieg an mehreren Fronten führte, gegen deutsche Besatzer, Rote Armee und die polnische Minderheit in Ostpolen/der Westukraine.

Ideologie: Gesellschaftsanalyse

Die Sowjetisierung begann mit der ersten Besetzung Ostpolens zwischen 1939 und 1941. Bis zum deutschen Angriff hatte die Sowjetmacht große Teile der polnischen, ukrainischen und jüdischen Eliten verhaftet und ins Innere der Sowjetunion deportiert. Unter deutscher Besatzung erreichten die Leiden der Zivilbevölkerung eine neue Dimension. Das NS-Regime ermordete fast alle Juden und dezimierte die polnische Intelligenz. Unterhalb der Besatzungsebene schlug der polnisch-ukrainische Konflikt 1942/43 in bewaffneten Kampf um. Als die Deutschen abzogen, tobte ein brutaler Krieg zwischen der Ukrainischen Aufstandsarmee und der polnischen Heimatarmee, der Armia Krajowa.

In diese durch Krieg und Besatzung ausgezehrte und teilweise entvölkerte Region kehrte die Sowjetmacht im Sommer 1944 zurück. Sie setzte die drei Jahre zuvor gewaltsam abgebrochene Sowjetisierung fort und orientierte sich dabei an Mustern, die auf kanonisierten Erfahrungen der sowjetischen Geschichte beruhten. Die Parteiführungen in Moskau und Kiew analysierten die westukrainische Gesellschaft mit Hilfe gewohnter Klassenschemata. Zwar gab es seit 1936 in der alten Sowjetunion offiziell keine antagonistischen Klassen mehr, doch galt dies nicht für die neu erworbenen Gebiete im Westen. Hier wurde Klassenkampfpolitik betrieben, um die 1939 begonnene Arbeit zu beenden und die kapitalistischen Gesellschaftsstrukturen endgültig zu zerstören.

Da die Arbeiterschaft nur eine unbedeutende Rolle spielte, konzentrierte sich die Partei auf die Bauern, die sie in klassischer Manier in landlose Dorfarmut, arme Bauern, Mittelbauern und Kulaken einteilte. Die Mittelbauern sollten gewonnen werden, während die Kulaken als »Klassenfeinde« rücksichtslos zu bekämpfen waren. Die Partei wiederholte die Politik der Dekulakisierung und Kollektivierung. Zunächst wurde an der Steuerschraube gedreht, die Kulaken wurden finanziell ruiniert und die Kollektivierung propagiert. Der Beitritt zum Kolchos sollte zunächst freiwillig sein, dann legte die Parteiführung Quoten und Fristen fest und zwang die Bauern in die Kolchosen. Schließlich maßregelte die Führung lokale Funktionäre, weil sie das Freiwilligkeitsprinzip verletzt hatten.[9]

In den Städten ging es darum, die Intelligenz zu gewinnen. Die Parteiführung unterschied in der Tradition der Neuen Ökonomischen Politik drei Gruppen: Die erste, die Mehrzahl der einfachen Intelligenz (Lehrer, Dozenten, Ärzte und Schauspieler), sei »dem sowjetischen Vaterland« treu geblieben. Die zweite Gruppe sei ukrainisch-national gesinnt und schwanke zwischen verfehlten bürgerlichen Anschauungen und dem sowjetischen Standpunkt. Sie könne aber durch die »richtige Lösung der nationalen Frage« gewonnen werden. Diese nationale Intelligenz wurde umworben, um als Propagandist gegen den ukrainischen Widerstand und als Multiplikator der Sowjetisierung eingesetzt zu werden. Die dritte Gruppe galt als feindlich und wurde politisch verfolgt. Den wenigen Arbeitern wurden Sympathien für die Sowjetunion einfach unterstellt.[10]

Basis der Sowjetmacht und Hauptobjekt der Propaganda und der erzieherischen Arbeit waren somit arme Bauern und Mittelbauern, Arbeiter und fortschrittliche Intelligenz. Auch der Feind wurde sozial verankert. Als Basis der Partisanen identifizierte die Parteiführung die »Klassenfeinde« – Kulaken, übrig gebliebene Bourgeoisie und Priester. Das sowjetfeindliche Konzept der unabhängigen Ukraine, der *Samostijna Ukrajina*, wurde in Klassenkampfsprache erklärt. Das Politbüro der Ukrainischen KP forderte ihre regionalen Gliederungen wiederholt auf, »der Enthüllung der Anschläge des Kulakentums, der Händler und anderer kapitalistischer Elemente« besondere Aufmerksamkeit zu widmen. Denn diese seien »Rückhalt und Organisatoren der

Banden der ukrainisch-deutschen Nationalisten«. Die »breiten Schichten der armen und mittleren Bauernschaft« sollten um Partei und Sowjetmacht geschart und zum »Kampf gegen die Kulakenelemente und ihre bewaffneten Banden – die ukrainisch-deutschen Nationalisten« aktiviert werden.[11] Solche Argumentationen ziehen sich durch die Anweisungen der Moskauer und Kiewer Parteizentralen. Auf der Ebene der Gebietsparteikomitees sind solche Zuordnungen hauptsächlich in Stimmungsberichten an die Zentrale zu finden. Klassenkategorien spielten bei der konkreten Bekämpfung des ukrainischen Widerstands eine untergeordnete Rolle. Zusätzlich zu den identifizierten Feinden und ihren Familien wurden aber Kulaken zur Opfergruppe. Die Einstufung als Kulak war aber genauso willkürlich wie Ende der zwanziger Jahre. Der erste Sekretär der Kommunistischen Partei der Ukraine, Nikita Chruščev, belehrte die Gebietsparteisekretäre und Leiter der Gebietsverwaltungen von NKVD und NKGB (Volkskommissariat für Staatssicherheit) am 15. Mai 1945 in Lemberg, dass die »Banditen sich auf Kulaken, Händler, Popen und andere Elemente stützten«. Ihnen müsse klar gemacht werden, dass sie im Falle von Banditenaktivitäten verhaftet und zusammen mit ihren Familien verbannt würden.[12] Chruščevs zeitweiliger Nachfolger als ukrainischer Parteichef, Lazar M. Kaganovič,[13] ordnete im April 1947 an, die »Dorfarmut« zu unterstützen und zu mobilisieren, um der Sowjetmacht dadurch eine Basis im Dorf zu geben. Als Leitbild bot Kaganovič die Parteigeschichte an. Dort lerne man, wie die Liquidation der Kulaken zu bewerkstelligen sei. Einerseits sollten die Dorfsowjets die Mittelbauern nicht vor den Kopf stoßen, andererseits aber unbedingt Kolchosen gründen.[14] Diese widersprüchliche Politik ließ die lokalen Behörden genauso orientierungslos wie knapp zwanzig Jahre zuvor, und sie führte bei der Kollektivierung zu derselben Kombination von Zwangsmaßnahmen, taktischen »Rückzügen« und neuen »Offensiven«.

Die Parteiorgane in Moskau, Kiew und Lemberg nahmen die polnische Bevölkerung anders als die Ukrainer als kompakte Einheit wahr. Die Behörden stuften die Polen ungeachtet ihrer Klassenzugehörigkeit mehrheitlich als nationalistisch ein und ordneten sie der Londoner Exilregierung zu.[15] Die Agentenberichte zeigten, dass sich die Polen weiterhin als polnische Staatsbürger und ihre Wohngebiete als Teil Polens sahen. In der starken Verbundenheit mit Polen lag ein weiterer Grund, warum sich die sowjetische Führung zu einer Aussiedlung dieser Bevölkerungsgruppe entschloss. Dadurch wurde eine polnische Irredenta in der Sowjetunion ausgeschlossen.[16]

Krieg: Partisanenbekämpfung und Ethnizität

Nach Abzug der Deutschen zogen zunächst Deserteure der Roten Armee, Räuberbanden, ukrainische Partisanen und Truppen der polnischen Heimatarmee (Armia Krajowa) durch die Westukraine.[17] Die Bevölkerung stand der Sowjetmacht ablehnend, ja feindlich gegenüber. Die sowjetischen Amtsträger verkannten zudem auf bizarre Art die Stimmung ihrer neuen Untertanen. So berichtete der Lemberger Gebietsparteisekretär Hrušec'kyj dem ukrainischen Parteichef N.S. Chruščev, das Volk habe seine Treue zum Sowjetstaat bewahrt und schaue »voller Zuversicht« auf sein künftiges Leben »in der Völkerfamilie der großen Sowjetunion«.[18]

Die Propaganda hämmerte der Bevölkerung ein, die ukrainischen Nationalisten seien Werkzeuge Hitlers und »Verräter der Nation«, die die russischen und ukrainischen Brudervölker aufeinander hetzen wollten wie zuvor schon das polnische und das ukrainische Volk.[19] Die wehrtaugliche männliche Bevölkerung wurde in die Rote Armee einberufen. Damit sollten nicht nur die Reihen der Armee aufgefüllt werden, sondern der UPA der Nachschub an jungen Männern entzogen werden. Die Einberufungen hatten aber nur teilweise Erfolg, denn zunächst rief die OUN die Bevölkerung dazu auf, sich der Musterung zu entziehen.[20] Doch bald variierte sie ihre Taktik und forderte dazu auf, die Rote Armee zu unterwandern und nationalistische Propaganda unter nichtrussischen Soldaten zu betreiben, was wiederum Befürchtungen bei den Sicherheitsorganen weckte.[21]

Die UPA forderte die ukrainische Gesellschaft auf, »die Seelen der jungen Generation vor moralischen Verirrungen« zu bewahren. Sie verlangte von den Lehrern, die ukrainische Jugend nicht zur »Liebe zu Väterchen Stalin« zu erziehen und statt sowjetischer Hymnen ukrainische Volkslieder singen zu lassen. Die Jugendlichen – beklagte die UPA – seien die ganze Zeit gegnerischer Propaganda ausgesetzt und fielen dadurch »unter den Einfluss einer feindlichen Kultur«. Die Lehrer wurden massiv bedroht. Wer den bolschewistischen Parolen nicht widerstand, galt als Verräter der ukrainischen Nation und lief Gefahr, von den Partisanen zur Rechenschaft gezogen zu werden.[22] Die Partei reagierte und kommandierte in der zweiten Hälfte der vierziger Jahre fast 44.000 Lehrer aus der Ostukraine in die westlichen Gebiete. Die Parteiführung wollte im Bildungswesen nichts dem Zufall überlassen und traute einheimischen Lehrern nicht zu, die Jugend im sowjetischen Geist zu erziehen.[23]

Die Ukrainische Aufstandsarmee beließ es nicht beim Kampf um die Deutungshoheit, sondern widersetzte sich der Sowjetisierung mit allen Mitteln. Morde an Repräsentanten der Sowjetmacht waren an der Tagesordnung. Besonders hart gingen die Partisanen gegen Einheimische vor, die mit den Sicherheitsorganen zusammenarbeiteten oder Funktionen in der Verwaltung übernommen hatten.[24] Anders als die sowjetische Führung erwartet hatte, brach der Widerstand auch mit Kriegsende nicht zusammen. Die UPA hoffte auf ein Eingreifen der Westmächte, auf einen Krieg zwischen der Sowjetunion und den angelsächsischen Mächten. In der Zwischenzeit führte sie einen Partisanenkrieg, da sie zu größeren Aktionen nicht mehr in der Lage war.[25] Die Gewalt der UPA und sowjetischer Kommandos schaukelte sich gegenseitig hoch. Allein zwischen Februar 1944 und Dezember 1946 töteten die Partisanen fast 12.000 Beamte und Agenten, 3.914 wurden verletzt; 2.401 wurden vermisst und waren vermutlich von Partisanen entführt worden. Das unterste Glied der Verwaltung wurde besonders hart getroffen und die Bereitschaft der lokalen Bevölkerung zur offenen Zusammenarbeit mit der Sowjetmacht dadurch unterminiert. Die ethnische oder regionale Herkunft war für den UPA-Terror irrelevant. Mehr als die Hälfte der Opfer waren ortsansässige Ukrainer. Wer sich in sowjetische Dienste begab – dies war die Botschaft –, riskierte sein Leben.[26]

Die Sicherheitsorgane reagierten mit gnadenloser Härte. Sie machten nur ungern Gefangene. Zwischen Februar 1944 und Oktober 1945 töteten sie knapp 100.000 Partisanen und nahmen nur wenig mehr gefangen.[27] Die Parteiführung klagte, dass oft unnötig Erschießungen vorgenommen würden. Dies wurde aber nicht wegen humanistischer Skrupel kritisiert, sondern wegen der negativen Folgen für die operative Arbeit. Das Fehlen von Gefangenen erschwerte das Aufspüren der Partisanen, da damit auch Verhöre ausfielen.[28] Der Krieg wurde durch symbolische Taten ergänzt. Sowjetische Einheiten verwüsteten systematisch Gräber von Partisanen, um zu verhindern, dass sie zu Wallfahrtsstätten und Orten eines Märtyrerkultes wurden.[29]

Bereits im März 1944 ordnete Chruščev an, Familien von Partisanen nach Sibirien zu verschicken. Daraufhin gaben einige Partisanen auf und verließen die Wälder.[30] Die lokalen Sicherheits- und Parteibehörden griffen diese Repressionsvariante dankbar auf.[31] Zwei Gründe waren dafür ausschlaggebend: erstens sollte damit abgeschreckt werden, zweitens sollte der Rückhalt der Partisanen in der Bevölkerung zerstört werden. Denn aus den Familien – so die Erkenntnis der sowjetischen *Agentura* (Geheimdienste) – füllten immer wieder junge Leute die Reihen der Partisanen auf und ersetzten ihre gefallenen oder verhafteten Brüder. Im Laufe des Jahres 1946 wurde die Kollektivhaftung von Familien auf das Dorf ausgedehnt. Wurde ein sowjetischer Funktionsträger ermordet, wurden zunächst Angehörige von Partisanen, dann Kulakenfamilien, schließlich wahllos Bauernfamilien, d.h. vor allem Frauen und Kinder, verbannt. Im April 1947 empfahl ein Gebietsparteisekretär, notfalls das ganze Dorf zu verschicken. Damit reagierten die lokalen Organe auf die Schwierigkeit, der UPA ein soziales Milieu zuzuordnen. Die Basis der Partisanen war nicht auf die wohlhabende Bauernschaft beschränkt, sondern zog sich durch die gesamte westukrainische Bevölkerung. Von 416 Verurteilten eines Gebietes stammten nur 28 aus Kulakenfamilien, während 150 den Mittelbauern und etwa 30 den armen Bauern zugeordnet wurden. Die 18- bis 25-Jährigen waren die altersmäßige Basis der UPA. Nach einer amtlichen Statistik von 1946 waren von allen verurteilten Nationalisten nur vierzig Männer. Der hohe Frauenanteil hing wahrscheinlich damit zusammen, dass Männer nicht greifbar und Ehefrauen in Sippenhaft genommen wurden. Chruščev brachte es schließlich auf den Punkt: »Der Gegner befindet sich inmitten der Bevölkerung.« Die Verschickung von Familien wollte Chruščev im April 1947 allerdings auf besonders aktive Helfer für die Partisanen beschränken.[32] Die Sicherheitsbehörden erhielten keinen Blankoscheck. Wiederholt zog die Sowjetjustiz NKVD- und Parteikader zur Rechenschaft, die – oft in betrunkenem Zustand – exzessive Gewalt anwandten, raubten und mordeten.[33]

Die kollektiven Vergeltungsaktionen des lokalen Repressionsapparates zeigen, dass die in Moskau und Kiew formulierte Politik vor Ort ein ethnisches Gesicht annehmen konnte. Die feindliche Haltung eines großen Teils der Westukrainer war nicht mehr in Klassenkategorien fassbar. Die Sowjetkader waren mit der Erwartung in die neue Provinz gekommen, dort auf eine sympathisierende Bevölkerung zu treffen, die von einer kleinen Minderheit und Agenten ausländischer Mächte unterdrückt wurde. Die Schärfe des Widerstands belehrte die Kader eines besseren. Sie mussten die regionalen Freund-Feind-Bilder allein schon deshalb kennen, um die Partisanen wirksam bekämpfen zu können. Dass ethnische Kategorien für das Verhalten der einheimischen Bevölkerung wichtiger waren als soziale Unterscheidungsmuster, wirkte sich auch auf die lokalen Sowjetkader aus. Zwar übersetzten sie in ihren Rechenschaftsberichten nach Kiew und Moskau ihre Tätigkeit in die Klassenkampfsprache, in der Praxis aber traten Klassenkategorien in den Hintergrund.

Die Bauern reagierten ambivalent auf Terror und Gegenterror. Einerseits konnten die Partisanen nur wegen ihres Rückhalts in der Bevölkerung so lange Widerstand leisten. Andererseits erzwangen sie diese Unterstützung auch mit Gewalt.[34] Bereits in den ersten Monaten wurden Fälle aktenkundig, in denen Bauern sich gegen Partisanen und marodierende Banden zusammengeschlossen hatten.[35] Durch öffentliche Hinrichtungen mit Tausenden von Zuschauern versuchten die Sowjetorgane potenziellen Partisanennachwuchs abzuschrecken. Die Parteiorgane berichteten, dass die Bevölkerung die Hinrichtungen begrüßt habe.[36]

Viele Banden (auch aus Deserteuren der roten Armee) hatten keine politischen Ziele, sondern nutzten die allgemeine Gesetzlosigkeit und überfielen Dörfer und Gehöfte. Aus den sowjetischen Akten geht nicht hervor, dass die Behörden zwischen ukrainischen Partisanen und Kriminellen differenzierten. Doch auch die UPA kämpfte gegen Räuberbanden. Es ist schwer zu sagen, inwieweit die lokale Bevölkerung hier zu unterscheiden in der Lage war. Sie befand sich zwischen Hammer und Amboss. Jedwede Art der Kollaboration, ob mit den Sowjetbehörden oder mit der UPA, war lebensgefährlich. Je länger der Kampf aber dauerte und je weniger Erfolgsaussichten er hatte, desto mehr entzog die Bevölkerung der UPA ihre Unterstützung. Die Menschen hatten genug von Krieg und Terror und mussten bei Attentaten auf sowjetische Amtsträger damit rechnen, dass die eigene Familie deportiert wurde. Wie gespalten die Bevölkerung war, wird am Beispiel eines Dorfes in der Nähe von Drohobyč deutlich. Nach Erkenntnissen des NKVD kämpften im Januar 1946 61 Einwohner in den Reihen der Partisanen, während 54 in die Rote Armee eingetreten waren. Im September 1945 hatte sich sogar der Vorsitzende des Dorfsowjets der UPA angeschlossen.[37] Durch die Anschläge auf Sowjetfunktionäre war in einigen Gebieten noch im Herbst 1946 die Verwaltung paralysiert.[38]

OUN und UPA registrierten im Frühjahr 1946, dass die Unterstützung der Bevölkerung unter dem Eindruck von Propaganda und Terror ins Wanken geriet.[39] Die UPA ging zwar weiter davon aus, dass die Bevölkerung mit ihr sympathisierte, doch hätten die Massen zwar ein nationales, aber kein revolutionäres Bewusstsein und ein Teil habe sich sogar in die Dienste »des Feindes« begeben.[40]

Auf sowjetische Anregung hin bildeten Einheimische Milizen, die ihre Siedlungen gegen Banden und Partisanen zu schützen versuchten. Die Sicherheitskräfte zwangen gefangene Partisanen auf öffentlichen Versammlungen, ihre Taten zu bereuen. Bisweilen kam es dann zu Lynchjustiz und zu Angriffen von Bauern auf gefangene UPA-Leute.[41]

Doch so schnell ließ sich der Widerstand der ukrainischen Partisanen nicht brechen. Die anlaufende Kollektivierung verschaffte ihnen einen neuen Aufschwung. Im Frühjahr 1946 kamen viele Ostukrainer, aber auch Russen und Weißrussen auf der Suche nach Lebensmitteln in die Westukraine. Eine schlechte Ernte hatte ihre Gebiete getroffen, während in der Westukraine kein Mangel an Nahrungsmitteln herrschte. Die Behörden sorgten sich um die schlechte Werbung für die Sowjetmacht, die UPA fürchtete, dass dadurch NKVD-Agenten eingeschleust werden könnten. Doch nutzte die UPA diese Hungerwanderung, um gegen Kolchossystem und Sowjetmacht zu agitieren und forderte ihre Klientel auf, den Ostukrainern die Idee der unabhängigen Ukraine nahe zu bringen: »Ohne den Osten werden wir den ukrainischen Staat nicht erreichen«. Gleichzeitig wurden unter der Parole »Blick nach Osten« auch Arbeiter, Intellektuelle, Parteimitglieder, Moskaly, Georgier und alle anderen und sogar NKVD-Leute agitiert.[42] In Aufrufen tauchten häufig die Begriffe *Moskaly* und Russen auf, die mit den Attributen bolschewistisch oder sowjetisch versehen wurden. Vom Moskauer Imperialismus und seinen Satrapen war die Rede, die den ukrainischen Kindern die letzte Scheibe Brot wegnehmen wollten.[43] Je mehr Zeit verging, desto häufiger wurde von Bolschewisten und desto weniger von Russen gesprochen. Die Partisanenführung wies ihre Mitglieder sogar an, unter Russen wie unter allen anderen Nationalitäten antisowjetische Propaganda zu betreiben. Während für die lokalen Sowjetbehörden ethnische Kategorien wichtiger wurden, verlor das Ethnische in der Propaganda der UPA an Bedeutung. *Moskaly* und Sowjetmacht wurden nicht mehr pauschal in eins eingesetzt. Im Kampf gegen das Sowjetsystem wurden auch Russen zu potenziellen Verbündeten.

Die Sicherheitsorgane hatten noch unmittelbar nach der Eroberung den ukrainisch-polnischen Gegensatz genutzt, um mit Hilfe polnischer Informanten an die Partisanen heranzukommen. In den ersten Monaten arbeiteten einige Einheiten der polnischen Armia Krajowa (Heimatarmee) mit den Sicherheitsorganen zusammen. Die Armia Krajowa versuchte, ihre Landsleute vor dem Terror der UPA zu schützen, der auf Vertreibung der polnischen Siedler ausgerichtet war. Die UPA interpretierte dies als Komplizenschaft der Polen mit dem NKVD.[44] Ein NKVD-Kommandeur ging aber zu weit, als er ein rein polnisches Bataillon zusammenstellte, das dann als sowjetische Einheit ukrainische Dörfer angriff. Damit – so die Erkenntnis des Oberstaatsanwaltes der UkrSSR – wurde die »nationale Feindschaft zwischen der ukrainischen und der polnischen Bevölkerung« weiter geschürt. Erst die Anordnung eines Bezirksstaatsanwaltes hatte den Kommandeur veranlasst, die Einheit zu reorganisieren.[45]

Die wenigen überlebenden Juden hatten nach Erkenntnis der OUN Angst vor den Ukrainern und unterstützten den NKVD. Allerdings strebten sie in ihrer Mehrzahl danach, die Ukraine zu verlassen, da sie nicht glaubten, dass die Behörden in der Lage waren, sie vor Übergriffen zu schützen.[46] Wie unübersichtlich die Fronten in diesem Krieg waren, zeigte sich darin, dass es 1945/46 auch zu punktuellen Bündnissen zwischen UPA und Armia Krajowa gegen die Rote Armee kam.[47]

Die Zwangsumsiedlung der Polen erschwerte kurzfristig die Arbeit der Geheimdienstorganisationen, fehlte doch damit eine wichtige Informantengruppe aus der autochthonen Bevölkerung. Langfristig nutzte die »ethnische Säuberung« aber der Sowjetisierung. Einerseits war damit – wenn auch unter sowjetischen Vorzeichen – ein Ziel des integralen ukrainischen Nationalismus erreicht worden, andererseits standen nun Land und Wohnungen zur Verfügung, die teilweise an einheimische Ukrainer fielen. Zwar nutzte der NKVD die interethnischen Konflikte, um die ukrainischen Partisanen zu bekämpfen. Doch war diese Politik nicht eindimensional. Ein systematisches Schüren ethnischer Gegensätze als »zentrale Taktik der Sowjetmacht«[48] ist jedenfalls nicht erkennbar.

Nationalitätenpolitik: Sowjetisierung und Ukrainisierung

Die Sowjetisierung verlief doppelgleisig. Einerseits zerstörte der Repressionsapparat sowjetfeindliche Milieus mit brutaler Gewalt. Andererseits bemühte sich die Partei, die Bevölkerung durch Propaganda und Bildungsarbeit zu gewinnen. Besonders intensiv wurde mit der Vereinigung von Ost- und Westukraine geworben. Damit war der alte Traum der ukrainischen Nationalbewegung in Erfüllung gegangen. Der Ukrainisierung der Städte, der Kultur, Bildung und Wissenschaft, der Verwaltung und Wirtschaft schien nichts mehr im Wege zu stehen.

In den ersten Monaten wirkte nach, dass die sowjetische Führung während des Krieges ukrainischen Patriotismus zur Mobilisierung der Bevölkerung eingesetzt hatte. Ähnlich wie im russischen Falle transportierte die Propaganda Geschichtsbilder, in denen Invasoren aus dem Westen vom heldenhaften ukrainischen Volk zurückgeschlagen wurden. Kampf gegen nichtrussische Aggressoren und Bruderschaft mit dem russischen Volk waren der Lackmustest dafür, ob ein ukrainischer Heldenmythos sich regimekonform verwenden ließ. Dies entsprach der Praxis in allen sowjetischen Nationen. Doch hatten die Ukrainer einen besonderen Stellenwert. Zeitweise konnten die sowjetukrainischen Eliten auch ungestraft vom »großen ukrainischen Volk« sprechen, während sonst nur vom »großen russischen Volk« die Rede war. In der Hierarchie der Sowjetnationen kamen die Ukrainer direkt nach den Russen.[49]

Doch zuerst musste nach der Eroberung des Landes die polnische Bevölkerung in ihre Schranken gewiesen werden. In Lemberg patrouillierten nach der Flucht der Deutschen bewaffnete Polen mit rot-weißen Armbinden durch die Straßen. An vielen Gebäuden wehten polnische Fahnen und die Flaggen der Alliierten. Dies währte aber nicht lange. Die neuen Machthaber sorgten dafür, dass die Fahnen verschwanden; Einwohner, die polnische Farben trugen, wurden verhaftet.[50] Chruščev berichtete Stalin, dass die Ukrainer die Rache der Polen fürchteten und Angst hatten, Lemberg werde eine polnische Stadt bleiben. Zur Beruhigung der Ukrainer trug nicht gerade bei, dass die erste Verhaftungswelle Angehörige der OUN getroffen hatte.[51] Die Sowjets machten zur großen Freude der Ukrainer aber auf einer Bürgerversammlung im August 1944 klar, dass sie Lemberg nicht als polnische, sondern als ukrainische und sowjetische Stadt betrachteten. Den Polen wurde vorgeworfen, sie hätten die Stadt über Jahrhunderte hinweg polonisiert. Der Lemberger Parteisekretär machte Vorschläge, wie der »alte ukrainische Charakter« der Stadt wiederhergestellt werden konnte. Zu diesem Zweck sollten Ukrainer aus Polen, besonders städtische Bevölkerung, nach Lemberg umgesiedelt werden und im Gegenzug die Polen freiwillig die Stadt verlassen. Aus der Ostukraine sollten Arbeiter und Angehörige der Intelligenz in die neu erworbenen Gebiete kommen. Während in anderen Gebieten der Sowjetunion polnischsprachige Schulen existierten, in denen die Kinder »im Geiste eines polnischen bürgerlichen demokratischen Staates« (Chruščev) erzogen wurden, lehnte Chruščev die Einrichtung solcher Schulen in der Westukraine ab. In allen höheren Bildungseinrichtungen mussten sowjetische Schulbücher benutzt werden und der Unterricht in ukrainischer oder russischer Sprache erfolgen.[52]

Am 6. Dezember 1944 konfrontierte Parteisekretär Hrušec'kyj die polnische Intelligenz noch einmal mit der Feststellung, dass Lemberg eine ukrainische Stadt »war, ist und sein wird«. Künftig würden hier sowjetische Gesetze und sowjetische Regeln gelten. Alle Institute und Universitäten sollten in ukrainischer Sprache und nach sowjetischen Programmen unterrichten. »Wir sind keine Nationalisten, wir sind gegen so etwas, aber nicht als Nationalisten, sondern im Namen der Mehrheit werden wir eine Politik national in der Form und sozialistisch im Inhalt machen.« Wer seine Kinder in polnischer Sprache erzogen wissen wollte, müsse eben an einen anderen Ort gehen.[53]

Zuerst wurden die meisten »bürgerlichen« ukrainischen Einrichtungen und Organisationen aufgelöst, bevor unter sowjetischen Vorzeichen neue geschaffen wurden. Ukrainische Theater wurden reaktiviert, Kultureinrichtungen ins Leben gerufen und Klubs und Ortsgruppen der sowjetischen Kulturverbände gegründet. Das Gebietsparteikomitee wollte die Lemberger Museen so verändern, dass der »ewige ukrainische Charakter der Stadt Lemberg« deutlich wurde. Die Straßen erhielten neue Namen, die jetzt auf ukrainische, russische oder sowjetische Traditionen verwiesen. Geplant waren Denkmäler ukrainischer Helden wie Bohdan Chmel'nyc'kyj, Ivan Franko und Taras Ševčenko. Dazu kam es aber in den vierziger Jahren nicht mehr, da die Ukrainisierung nach 1946 verlangsamt wurde. Das obligatorische Lenin-Denkmal wurde dagegen direkt vor dem Opernhaus platziert.[54]

Bereits im September 1944 war die Aussiedlung der polnischen Bevölkerungsmehrheit beschlossene Sache. Die sowjetische Regierung und das kommunistische Lubliner Komitee vereinbarten einen umfassenden Bevölkerungsaustausch. Polen sollten hinter die neuen polnischen Grenzen abgeschoben, Weißrussen und Ukrainer aus Polen in die entsprechenden Sowjetrepubliken gebracht werden. Nachdem das Lemberger Gebietsparteikomitee zunächst die Freiwilligkeit der Ausreise betont hatte, verschärfte es die Politik, als die Polen sich störrisch zeigten. Zunächst wurde der Pflichtenkatalog für Sowjetbürger auf die polnische Bevölkerung ausgedehnt. Polen wurden in die Rote

Armee einberufen und zum Arbeitseinsatz in der Ostukraine rekrutiert. Die regionale Organisation der Heimatarmee wurde ohne große Probleme ausgehoben, viele Offiziere, aber auch einfache Mitglieder wurden verhaftet, verschickt oder kurzer Hand zum Militär eingezogen. Der Delegierte der polnischen Exilregierung, Adam Ostrowski, erklärte sich nach zweimonatiger Einzelhaft zur Zusammenarbeit mit der Sowjetmacht bereit. Er gab dem NKVD eine Liste mit den Namen seiner Mitarbeiter, die allesamt verhaftet wurden. Ostrowski wurde zur Belohnung freigelassen und machte später Karriere in der Volksrepublik Polen.[55]

Die Anhänglichkeit der Lemberger Polen an ihre Stadt war allerdings so groß, dass viele selbst bei einem Verbleib der Stadt in der Sowjetunion nicht ausreisen wollten. Erst weitere Verhaftungswellen führten schließlich dazu, dass sich fast alle Polen zur Ausreise entschlossen.[56] Sie durften die meisten ihrer Denkmäler mitnehmen. Der Rest wurde – von zwei Monumenten abgesehen – 1947 als Symbole der polnischen Herrschaft und »Beleidigung der ukrainischen nationalen Kultur« geschleift.[57]

Die Sowjetisierung der Westukraine folgte der alten Formel der sowjetischen Nationalitätenpolitik »national in der Form, sozialistisch im Inhalt«. Dieser »sozialistische Inhalt« hatte aber einen russischen Geschmack. Ein Beispiel dafür ist die Kirchenpolitik.

Hier strebte die sowjetische Führung die Vereinigung von griechisch-katholischer und russisch-orthodoxer Kirche an. Nach anfänglicher Vorsicht verhaftete der NKVD im April 1945 den neuen Erzbischof Josyf Slipyj zusammen mit allen Bischöfen und vielen Priestern, die sich der Vereinigung der beiden Kirchen widersetzten. Begleitet wurden die Verhaftungen von einer Kampagne gegen den kurz zuvor verstorbenen Erzbischof Andrij Šeptyc'kyj. Ihm wurde vorgeworfen, er sei gleichzeitig Agent des Papstes und der Deutschen gewesen.[58] Der Rat für Angelegenheiten der orthodoxen Kirche bei der ukrainischen Regierung wollte in der Anfangsphase orthodoxe Priester und Bischöfe in die Westukraine schicken, die die ukrainische Sprache beherrschten und die kirchenslavischen Texte mit ukrainischem Akzent lasen. Dadurch sollte vor allem die Intelligenz versöhnlich gestimmt werden; die sowjetischen Kirchenpolitiker versprachen sich davon aber auch positive Auswirkungen auf die gläubige Masse.[59]

Die unierten Befürworter einer Vereinigung von griechisch-katholischer und russisch-orthodoxer Kirche gründeten eine Initiativgruppe, die bis Oktober 1945 etwa sechs- bis achthundert unierte Geistliche auf ihre Seite zog.[60] Auf einer vertraulichen Versammlung empfahl der Gründer der Initiativgruppe, Havryjil Kostel'nyk, der ukrainischen Intelligenz, sich der orthodoxen Kirche anzuschließen. Als Begründung führte er an, die Bolschewiki strebten danach, die örtliche Intelligenz zu vernichten, und nur der Mantel der orthodoxen Kirche könne sie schützen. Bei seinen Besuchen in Kiew und Moskau habe er gesehen, wie sehr die Kirchenpolitiker von der Westukraine lernen wollten. Die Kirche der Westukraine müsse der Lehrer der Ostukraine sein.[61] Vom 8. bis 10. März 1946 fand schließlich die Vereinigungssynode mit 216 Teilnehmern aus der Geistlichkeit und aus dem Laienstand in der Lemberger Georgskathedrale statt.[62]

Die Reaktion der ukrainischen Intelligenz auf die Zwangsvereinigung fiel unterschiedlich aus: Ein Teil sah in ihr die Chance, die Kluft zu den Ostukrainern zu überwinden und damit die ukrainische Position in der Sowjetunion zu konsolidieren.[63] Andere suchten unter dem Mantel der russisch-orthodoxen Kirche Schutz für sich und ihren Glauben. Die meisten sahen in der Vereinigungskampagne und den Verhaftungen aber eine Russifizierungsmaßnahme. Einige Gläubige kündigten an, sie würden lieber römisch-katholisch werden als zur Orthodoxie übertreten.[64] Der Historiker Ivan Kryp'jakevyč meinte, das Ende der unierten Kirche und die Arretierung des Metropoliten bedeutete die Verhaftung des »Nationalgeistes«, ja ganz Galiziens.[65] Die Bauern waren dagegen mehr am Ritus als an der kirchenrechtlichen Zuordnung interessiert. Viele »vereinigte« Priester hielten die Gottesdienste in der gewohnten Weise ab.[66] Die UPA bedrohte aber die Vereinigungsbefürworter und wollte die »Väterchen aus dem Osten« aus den Dörfern vertreiben; allerdings scheint es in diesem Zusammenhang nicht zu größeren Mordaktionen gekommen zu sein.[67] Doch Kostel'nyk galt dem nationalukrainischen Untergrund als Verräter und fiel 1948 einem Attentat zum Opfer.

Viel stärker als die UPA unter den Befürwortern wüteten die Sicherheitsorgane unter den Gegnern der Vereinigung. Nach dem Vereinigungskongress vom März 1946 wurden – nach neuen Schätzungen ukrainischer Historiker – etwa 1.400 Priester und 400 Mönche verhaftet und 200 Priester erschossen. Falls die Zahlen stimmen, wäre innerhalb zweier Jahre mehr als die Hälfte der unierten Geistlichkeit Opfer staatlicher Repressionen geworden.[68]

Sie wurden teilweise ersetzt durch russisch-orthodoxe Geistliche, die zusammen mit russischen und ostukrainischen Beamten, Parteifunktionären und Arbeitern in die Westukraine strömten. Dadurch entstand in den früher mehrheitlich polnischen oder jüdischen Städten eine eigenartige Bevölkerungsmischung. Zu der alt eingesessenen ukrainischen Intelligenz und den städtischen Unterschichten gesellten sich ukrainische Bauern aus der Umgebung, ukrainische Flüchtlinge aus Polen sowie Arbeiter und Funktionäre aus der Ostukraine und anderen Sowjetrepubliken. Durch die Politik der beschleunigten Industrialisierung wuchs die Stadtbevölkerung rasch. Die großen Verluste und der forcierte Zuzug führten dazu, dass beispielsweise in Lemberg Mitte der fünfziger Jahre weniger als zwanzig Prozent der Bewohner schon vor dem Krieg in der Stadt gelebt hatten. Nach Abzug der Polen wurden die wichtigsten Posten in Politik, Verwaltung und Wirtschaft von Neuankömmlingen aus dem Osten besetzt. Die Parteiführung legte Wert darauf, dass dies meist Ukrainer waren. Im März 1945 kamen allein im Gebiet Lemberg 12.000 Arbeiter an, darunter 4.250 Kommunisten, mit denen Parteiorganisationen aufgebaut werden konnten. Für viele bedeutete der Transfer in die Westgebiete einen Karrieresprung. Sie gelangten auf leitende Posten, für die sie oft nicht qualifiziert waren. Zu dieser Zeit hatten es lediglich 800 Einheimische auf verantwortliche Stellen geschafft.[69] Ein Jahr später waren von 15.000 Nomenklaturaposten zwölf Prozent mit Einheimischen besetzt und selbst im August 1947 stammten von 17.275 Angehörigen der Intelligenz kaum mehr als 5.000 aus der örtlichen Bevölkerung.[70]

Die Partei befand sich in einer Zwickmühle. Bei den Westukrainern sollte nicht der Gedanke aufkommen, kolonialisiert worden zu sein. Einerseits sollten sie gefördert werden, andererseits stand eine westukrainische »proletarische« Intelligenz nicht zur Verfügung. Die meisten besser Qualifizierten, auch ein Großteil der Studenten, hatten einen sogenannten »kleinbürgerlichen« Hintergrund oder entstammten gar Priesterfamilien.[71] Die Partei startete deshalb eine Kampagne, um Einheimische mit dem richtigen Klassenhintergrund zum Studium zu bringen. Für andere Jugendliche wurde der Zugang zur höheren Bildung beschränkt.[72]

Die Ukrainisierung wurde im Laufe des Jahres 1946 verlangsamt und die Sowjetisierung in den Vordergrund gestellt. Dies war ein Reflex auf die Abkühlung des ideologischen Klimas im Zentrum. Seit Sommer 1946 gewann die Klasse als Kategorie und der Kampf gegen Klassenfeinde als handlungsleitendes Programm wieder an Bedeutung. Während die *ždanovščina* sich in Moskau und Leningrad gegen »Kosmopolitismus« und »bürgerliche« Tendenzen in Kultur und Gesellschaft richtete, hatte die ideologische Kampagne in der Ukraine eine ethnopolitische Komponente. Die sowjetukrainischen Eliten waren nach Ansicht der Parteiführung in »bürgerlichen Nationalismus« abgeglitten und hatten damit letztlich UPA und OUN in die Hände gearbeitet. Die zuvor umworbene ukrainische nationale Intelligenz geriet seit Sommer 1946 stark unter Druck.[73] Die regionalen Parteiorganisationen hatten erkannt, dass der größte Teil der ukrainischen Intelligenz den »Kampf für die Hebung des geistigpolitischen Niveaus in der Literatur und den Kampf gegen nationale Beschränktheit« als Angriff des russischen Nationalismus auffasste. Die Intellektuellen waren zwar beeindruckt von der Verteilung des Landes an die Bauern, der Entfernung der polnischen Siedler und der Ukrainisierung der Kultur- und Bildungseinrichtungen, doch trennten sie zwischen Einheimischen und Ankömmlingen aus dem Osten. Sie kritisierten russische Inschriften, die Portraits russischer Künstler in den Künstlerklubs und den Gebrauch der russischen Sprache im öffentlichen Leben. Selbst hinter der Industrialisierung vermuteten sie das Motiv, Lemberg zu russifizieren. Viele Intellektuelle verstünden den Kampf gegen die »Antivolkstheorien« des »bürgerlich-nationalen« Historikers Hruševs'kyj nicht. Auch die Kollektivierung und die mit ihr verbundenen Absichten seien umstritten.[74]

Die Widerspenstigkeit der Professoren und Hruševs'kyj-Schüler Ivan Kryp'jakevyč und Myron Korduba war ein Grund dafür, warum der Ministerrat der UkrSSR am 28. Oktober 1946 auf Antrag der Kiewer Akademiezentrale die geisteswissenschaftlichen Abteilungen der Lemberger Akademiefiliale auflöste und ihre Mitarbeiter nach Kiew versetzte. Die einheimische Intelligenz war entsetzt. Von einem Angriff der Juden und *Moskaly* auf die Ukrainer war die Rede, von der Vernichtung Lembergs als ukrainischer Kulturstadt, von der »Russifizierung der Stadt« und der »Auslöschung ihrer ukrainischen Physiognomie«.[75] Diese Äußerungen zeigen, wie nachhaltig der jahrzehntelange Kampf entlang ethnischer Linien die Erfahrung der ukrainischen Intellektuellen geprägt hatte. Denn es ging der sowjetischen Führung nicht um die Russifizierung von Stadt und Region, sondern um die Durchsetzung ihres Gesellschaftsmodells und die Bekämpfung des Strebens nach einem unabhängigen ukrainischen Staat. Zum Ausgleich wurde ein ukrainischer Partikularismus angeboten, der mit der Zugehörigkeit zur Sowjetunion kompatibel war.

Die Kampagne gegen »ukrainisch-nationalistische Positionen« in Kultur und Wissenschaft ging auch 1947 weiter und betraf das Repertoire der Opernhäuser und Theater, die ukrainische Literaturgeschichte und das Institut für Geschichte der Ukrainischen Akademie der Wissenschaften. Der bekannte Stalinist D.Z. Manuil'skij spielte in dieser Kampagne eine Schlüsselrolle. Er war Politbüromitglied der KP(b)U (1944–1952) und stellvertretender Vorsitzender des ukrainischen Ministerrats (1944–1953). In Thesen zu »bürgerlich-nationalistischen Verdrehungen der Geschichte der Ukraine« warf er Kryp'jakevyč vor, mit seiner Auffassung der ukrainischen Geschichte dem »ukrainischen bürgerlichen Nationalismus« in die Hand zu arbeiten.[76] Ähnliche Vorwürfe wurden gegen westukrainische Schriftsteller und Musiker erhoben.[77] Manuil'skij verlangte von der Intelligenz uneingeschränkte Unterstützung der Sowjetmacht im Kampf gegen die nationalukrainischen Partisanen.[78] Die Zuhörer applaudierten zwar begeistert, doch in privaten Gesprächen war das Meinungsbild keineswegs so klar. Einige stimmten Manuil'skijs Thesen zu, andere sahen darin eine Fortsetzung der »Jagd auf die ukrainische Intelligenz«.[79]

Das wissenschaftliche und künstlerische Milieu der Ukraine wurde bis zu Stalins Tod von mehreren Verhaftungs- und Säuberungswellen heimgesucht. Doch auch auf dem Höhepunkt der Kampagnen wurde die Ukrainisierung des höheren Bildungswesens nicht ausgesetzt. Die Ostukrainer waren in den ersten Jahren noch stark mit dem russischen Milieu verbunden, doch fand spätestens in der zweiten Generation ein Akkulturationsprozess an die westukrainische Umgebung statt. Die Russen formten dagegen ein eigenes selbstbewusstes Milieu und waren nicht gewillt, sich der ukrainischen Umgebung in Sprache und Verhalten anzupassen. Die Überheblichkeit von Russen war sprichwörtlich. Russische Kinder, klagte die westukrainische Schriftstellerin Irina Vil'de in einem Brief an Stalin, provozierten ihre ukrainischen Mitschüler: »Unsere Technik ist die beste der Welt, unsere Musik ist die beste der Welt, unsere Wissenschaft ist die Beste, und was habt ihr? Ihr habt keine Künstler, keine Entdecker, keine bekannten Musiker, mit einem Wort: ihr habt nichts.« Die ukrainischen Kinder wussten sich dann – heißt es weiter – meist nicht anders zu helfen, als ihre nationale Ehre mit den Fäusten zu verteidigen.[80]

Doch die Partei stufte jegliche Kritik an der Anwesenheit von Russen in der Westukraine und am öffentlichen Gebrauch der russischen Sprache als Ausdruck falschen – bürgerlich-nationalistischen – Bewusstseins ein. Sie inspirierte historische Arbeiten und Presseartikel, in denen die tiefe Verbundenheit von Russen und Ukrainern herausgestellt wurde. Hetman Bohdan Chmel'nyc'kyj wurde zum gemeinsamen russisch-ukrainischen Helden stilisiert, dessen Unterwerfungsvertrag mit dem Zaren die Historiker zu preisen hatten, während Hetman Ivan Mazepa, der Verbündete Karls XII. von Schweden, als Verräter und Symbol des fehlgeleiteten ukrainischen Nationalismus verfemt wurde.[81] Den Westukrainern wurde in Theatern und Opernhäusern, in Zeitungen und Büchern die russische Kultur nahe gebracht. In zahllosen Aufführungen wurde die Brüderschaft von Russen und Ukrainern beschworen. Allerdings blieb stets klar, wer der ältere Bruder war.

Die Sowjetisierung der Westukraine stand in der Tradition bolschewistischer Klassenpolitik. Die westukrainische Gesellschaft wurde mit Hilfe marxistisch-leninistischer Kategorien analysiert. Die »ethnischen Säuberungen«, d.h. die Aussiedlung und Deportation von Polen, Tschechen und Rumänen, waren keine Maßnahmen, die mit der »Reinigung« der Sowjetgesellschaft von feindlichen Elementen verbunden waren, sondern hatten machtpolitische Ursachen. Sie standen in der Tradition sowjetischer Nationalitätenpolitik und beseitigten einen potenziell destabilisierenden Faktor an der neuen Westgrenze. Die Polen in den Westgebieten der Sowjetunion galten als »Diaspora-Nation«. Ukrainer und Weißrussen aus Polen waren dagegen Minderheiten, die nach sorgfältiger Umerziehung in die sowjetweißrussische und sowjetukrainische Nation einbezogen werden konnten. Der Bevölkerungsaustausch mit Polen war so Teil des sowjetischen *nation building* und nicht sowjetischer Nationszerstörung. »Ethnische Säuberungen« gehörten zum *social engineering* und zum modernen Machbarkeitswahn, an dem auch die Bolschewiki teil hatten. Sie waren zweckrational motiviert, reduzierten aus machtpolitischen Gründen ethnische Komplexität und entzogen jeder Irredenta die bevölkerungspolitische Grundlage.[82] Im Kampf gegen die ukrainischen Partisanen spielten für die Parteiführung ethnische Kategorien keine vorrangige Rolle. Allerdings nahm auf lokaler und regionaler Ebene die Besatzungspraxis ein ethnisches Gesicht an. Die Repressionsorgane ließen sich bei kollektiven Vergeltungsaktionen nicht von Klassenkampfkategorien die Hände binden. Die ethnische Komponente der Sowjetisierung war nicht zuletzt dadurch verursacht, dass die autochthone Bevölkerung klassenpolitisch motivierte Maßnahmen der Sowjetmacht ethnisch deutete und als Russifizierung interpretierte. Die Frontlinien verliefen in den ersten Jahren aber nicht zwischen Russen und Ukrainern, sondern zwischen Sowjetkadern und Ankömmlingen aus dem Osten auf der einen und westukrainischer Bevölkerung auf der anderen Seite. Die *korenizacija* war im Stalinismus kein Auslaufmodell und die Parole »National in der Form, sozialistisch im Inhalt« keine bloße Floskel.[83] Sie kam allerdings in Konflikt mit der Aufwertung der Russen, die seit Ende der dreißiger Jahre eine Vorrangstellung unter den Völkern der Sowjetunion einnahmen. Der Unterschied zwischen erlaubtem sowjet-ukrainischen Partikularismus und unerlaubtem ukrainisch-bürgerlichen Nationalismus verschwamm in der Praxis. Russische Kader neigten dazu, jede

Art ukrainischer Selbstbehauptung als Ausdruck nationalistischer Ansichten aufzufassen. Irina Vil'de bezeichnete 1949 die Arroganz der Russen in einem Brief an Stalin als »Nährboden für die Entwicklung des Kosmopolitismus in der Ukraine«, als Vertiefung des »Antagonismus zwischen den beiden größten und einander am meisten verbundenen Brudervölkern«.[84] Nach fünf Jahren hatten damit zwar auch Westukrainer gelernt, ›bolschewistisch zu sprechen‹, doch wie unterschiedlich die historischen Erfahrungen von West-, Ostukrainern und Russen blieben, zeigen die konfligierenden Geschichtsbilder, in denen Sowjetisierung und nationalukrainischer Widerstand eine Schlüsselstellung einnehmen.[85]

Anmerkungen

1 Dazu T. Martin: The Affirmative Action Empire. Nations and Nationalism in the Soviet Union, 1923–1939, Ithaca 2001.

2 J.S. Reshetar Jr.: The Ukrainian Revolution, 1917–1920. A Study in Nationalism, Princeton 1952; R. Pipes: The Formation of the Soviet Union. Communism and Nationalism, 1917–1923, Cambridge/Mass. 1954; J.A. Armstrong: Ukrainian Nationalism, 1929–1945, New York 1955; Y. Bilinsky: The Second Soviet Republic. The Ukraine after World War II, New Brunswick 1964; R. Conquest: The Nation Killers. The Soviet Deportation of Nationalities, London 1970; ders.: Harvest of Sorrow. Soviet Collectivization and the Terror-Famine, New York 1986.

3 In dieser Zeit erschienen die meisten Sammelbände zum Stalinismus, ohne einen einzigen Aufsatz zur Nationalitätenpolitik oder zur Rolle von Ethnizität zu enthalten. z.B. R.C. Tucker (Hg.): Stalinism. Toronto 1977. Selbst im einflussreichsten »revisionistischen« Aufsatzband ist kein Artikel zu diesem Thema enthalten. J. Arch Getty / R.T. Manning: Stalinist Terror. New Perspectives, Cambridge/Mass. 1993.

4 Eine der besten Arbeiten stammt von R.G. Suny: The Revenge of the Past. Nationalism, Revolution and the Collapse of the Soviet Union, Stanford 1993.

5 Vgl. dazu für den islamischen Teil der Sowjetunion die Arbeiten von Jörg Baberowski. z.B. J. Baberowski: Stalinismus als imperiales Phänomen. Die islamischen Regionen der Sowjetunion 1920–1941, in: S. Plaggenborg (Hg.): Stalinismus. Neue Forschungen und Konzepte, Berlin 1998, S. 113–150.

6 E.D. Weitz: Racial Politics without the Concept of Race. Reevaluating Soviet Ethnic and National Purges, in: Slavic Review 61 (2002), S. 1–29; vgl. die überzeugende Kritik von F. Hirsch: Race without the Practice of Racial Politics, in: ebd., S. 30–43; A. Weiner: Nothing but Certainty, in: ebd., S. 44–53; siehe auch A.

Leimon: Without a »Concept«? Race as Discursive Practice, in: ebd., S. 54–61; E. D. Weitz: On Certainties and Ambivalencies: Reply to My Critics, in: ebd., S. 62–65.

7 Martin, Affirmative Action Empire, S. 15ff.

8 A. Weiner: Making Sense of War. The Second World War and the Fate of the Bolshevik Revolution, Princeton 2001; Z. Bauman: Dialektik der Ordnung. Die Moderne und der Holocaust, Hamburg 2002 (Orig.: Modernity and the Holocaust, Oxford 1989).

9 Protokoll einer Beratung der Gebietsparteisekretäre, der Gebietschefs des Ministeriums für Staatssicherheit (MGB) der Westukraine mit L. M. Kaganovič und N. S. Chruščev in Lemberg, 23.4.1947, Central'nyj Deržavnyj Archiv Hromads'kych Ob'jednan Ukrajiny (künftig: CDAHOU), f. 1, op. 1, op. 75, spr. 75, ark. 147–168 (gedruckt in: V. Serhijčuk: Desjat' buremnych lit. Zachidno-Ukrajins'ki zemli v 1944–1953 rokach, Kyjiv 1998, S. 575–587); J. Burds: AGENTURA. Soviet Informants' Network & the Ukrainian Underground in Galicia, 1944–1948, in: East European Politics and Societies 11 (1997) H. 1, S. 89–130, hier: S. 128f.

10 Aufzeichnung über die politische Stimmung der ukrainischen Intelligenz der Stadt Lemberg in der Periode der deutschen Okkupation und in gegenwärtiger Zeit vom Vorsitzenden des Lemberger Gebietsparteikomitees Hrušec'kyj, 8.9.1944, CDAHOU, f. 1, op. 23, spr. 890, ark. 66–72 (gedruckt in: Kul'turne žyttja v Ukrajini. Zachidni zemli, T. 1: 1939–1953, Kyjiv 1995, S. 203–211). Aufzeichnung des Lemberger Gebietsparteikomitees für L. M. Kaganovič über die Charakteristik der ukrainischen Intelligenz in Lemberg, 5.4.1947; CDAHOU, f. 1, op. 23, spr. 890, ark. 66–72 (gedruckt in: Kul'turne žyttja, S. 378–401).

11 Verordnung des Zentralkomitees der Kommunistischen Partei (bol'ševiki) der Ukraine (CK KP(b)U), N. S. Chruščev, 10.1.1945, CDAHOU, f. 1, op. 23, spr. 1674, ark. 2–11 (gedruckt in: Serhijčuk, Desjat' buremnych lit, S. 195–201). Verordnung des Politbüros des CK KP(b)U zur Verstärkung des Kampfes mit dem ukrainisch-nationalistischen Untergrund in den westlichen Gebieten der UkrSSR, 5.4.1947, CDAHOU, f. 1, op. 16, spr. 32, ark. 24–27 (gedruckt in: Serhijčuk, Desjat' buremnych lit, S. 572–574).

12 Mitschrift der Rede von N. S. Chruščev auf dieser Versammlung, 15.5.1945, CDAHOU, f. 1, op. 23, spr. 1670, ark. 1–7 (gedruckt in: Serhijčuk, Desjat' buremnych lit, S. 295–298).

13 Von April bis Dezember 1947 löste Lazar M. Kaganovič Nikita S. Chruščev als Vorsitzenden der KP(b) der Ukraine ab. Er unternahm einen neuen Anlauf, den Widerstand von OUN und UPA zu brechen.

14 Protokoll einer Beratung der Gebietsparteisekretäre, der Gebietschefs des MGB der Westukraine mit Kaganovič und Chruščev in Lemberg, 23.4.1947, CDAHOU, f. 1, op. 75, spr. 75, ark. 147–168 (gedruckt in: Serhijčuk, Desjat' buremnych lit, S. 575–587).

15 Chruščev an Stalin, 28.7.1944, CDAHOU, f. 1, op. 23, spr. 703, ark. 30–36 (gedruckt in: Serhijčuk, Desjat' buremnych lit, S. 91–94). Siehe auch Aufzeichnung des Gebietsparteisekretärs in Rivno für Chruščev, 31.5.1944, CDAHOU, f. 1, op. 23, spr. 892, ark. 18–33 (gedruckt in Serhijčuk, Desjat' buremnych lit, S. 65–74).

16 Vgl. die Überlegungen von Francine Hirsch zum Umgang mit Diaspora-Nationen, Hirsch, Race, S. 38.

17 Nach einem internen Bericht des sowjetischen Innenministeriums (MVD, im März 1946 wurden die Volkskommissariate in Ministerien umbenannt) gab es selbst im Mai 1946 in sechs von sieben westukrainischen Gebieten nur 101 Offiziere der Sicherheitsorgane, die wenige tausend MVD-Truppen kommandierten. Auf diesem Territorium lebten über 5,3 Millionen Menschen. V. S. Rjasnoj und Leont'ev an den sowjetischen Innenminister Kruglov, Mai 1946, GARF, f. 9478, op. 1s, d. 527, ll. 109–117, zitiert nach: Burds, Agentura, S. 113.

18 Hrušec'kyj an Chruščev, 17.7.1944, Deržavnyj Archiv L'vivskoji Oblasty (künftig: DALO), f. P-3, op. 1, spr. 62, ark. 1–13.

19 Siehe z.B. den Aufruf der Parteiführung und der Regierung der UkrSSR in ukrainischer Sprache an die Bevölkerung der zeitweise besetzten Regionen der Ukraine, 12.1.1944, CDAHOU, f. 1, op. 23, spr. 362, ark. 16 (gedruckt in: Serhijčuk, Desjat' buremnych lit, S. 16f.).

20 Aufruf der OUN, 30.3.1944, Central'nyj Deržavnyj Archiv Vyščych orhaniv vlady ta upravlinnja Ukrajiny (künftig: CDAVOVU), f. 3967, op. 1, spr. 31, ark. 1 (gedruckt in: Serhijčuk, Desjat' buremnych lit, S. 40).

21 Chruščev an Stalin über die Lage in den Gebieten Rovno und Wolhynien, März 1944, CDAHOU, f. 1, op. 23, spr. 703, ark. 1–19 (gedruckt in: Serhijčuk, Desjat' buremnych lit, S. 42–52).

22 Instruktion der OUN-Führung für ihre Unterführer, 27.11.1945, CDAHOU, f. 1, op. 23, spr. 1716, ark. 7–17 (gedruckt in Serhijčuk, Desjat' buremnych lit, S. 349–360). Mitteilung der UPA für alle Direktoren, Leiter und Lehrer, 1945, CDAHOU, f. 1, op. 23, spr. 1716, ark 4 (gedruckt in: Serhijčuk, Desjat' buremnych lit, S. 256–258).

23 O. S. Rubl'jov / Ju. A. Čerčenko: Stalinščyna j dolja zachidnoukrajins'koji intelihenciji, Kyjiv 1994, S. 211f.

24 Burds, Agentura, S. 107.

25 Ebd., S. 100.

26 Ebd., S. 109. Nach Schätzungen eines ukrainischen Historikers töteten die Partisanen bis Ende 1945 sogar 30000 Kommunisten, Soldaten und lokale Kollaborateure. M. S. Koval': Ukrajina u druhij svitovij i Velykij Vitčyznjanij vijnach, 1939–1945 gg. Sproba sučasnoho konceptual'noho bačennja, Kyjiv 1994, S. 46–47.

27 Zum Vergleich: In den baltischen Republiken und in Belarus wurden weit mehr Partisanen gefangen genommen als getötet. In Litauen etwa wurden 4.000 Partisanen getötet, aber mehr als 14.000 gefangen genommen. Die Zahlen stammen von einem Bericht L.P. Berijas an Stalin, 22.11.1945, GARF, f. R-9401, op. 2, d. 102, ll. 1–5, zitiert nach: Burds, Agentura, S. 97.

28 Aufzeichnung des Sekretärs des Gebietsparteikomitees Rivno für Chruščev, 5.1.1945, CDAHOU, f. 1, op. 23, spr. 1700, ark. 69–78 (gedruckt in: Serhijčuk, Desjat' buremnych lit, S. 188–194).

29 Burds, Agentura, S. 111.

30 Chruščev an Stalin über die Lage in den Gebieten Rovno und Wolhynien der UdSSR, März 1944, CDAHOU, f. 1, op. 23, spr. 703, ark. 1–19 (gedruckt in: Serhijčuk, Desjat' buremnych lit, S. 42–52).

31 Aufzeichnung des Sekretärs des Drohobyčer Gebietsparteikomitees für Chruščev, 13.9.1946, CDAHOU, f. 1, op. 23, spr. 2977, ark. 97–103 (gedruckt in: Serhijčuk, Desjat' buremnych lit, S. 518–523).

32 Protokoll einer Beratung der Gebietsparteisekretäre und der MGB-Chefs der Westukraine mit Kaganovič und Chruščev in Lemberg, 23.4.1947, CDAHOU, f. 1, op. 75, spr. 75, ark. 147–168 (gedruckt in: Serhijčuk, Desjat' buremnych lit, S. 575–587).

33 V.P. Kuz'min (Orlyk) an den Sekretär des Gebietsparteikomitees Stanislaviv, M. Slon', 14.4.1945, CDAHOU, f. 1, op. 23, spr. 1713, ark. 3–12 (gedruckt in: Serhijčuk, Desjat' buremnych lit, S. 266–279).

34 Chruščev an Stalin über die Lage in den Gebieten Rovno und Wolhynien der UdSSR, März 1944, CDAHOU, f. 1, op. 23, spr. 703, ark. 1–19 (gedruckt in: Serhijčuk, Desjat' buremnych lit, S. 42–52).

35 Information des Leiters der Organisationsabteilung des Gebietsparteikomitees Lemberg, I. Bogorodčenko, für Zlenko vom CK KP(b)U, 9.11.1944, CDAHOU, f. 1, op. 23, spr. 919, ark. 96–106 (gedruckt in: Serhijčuk, Desjat' buremnych lit, S. 156–163).

36 Information des Leiters der Organisations-Instruktionsabteilung des Gebietsparteikomitees von Drohobyč für das CK KP(b)U, 11.1.1945, CDAHOU, f. 1, op. 23, spr. 1695, ark. 2 (gedruckt in: Serhijčuk, Desjat' buremnych lit, S. 194–195).

37 Information über eine Operation gegen den ukrainischen Untergrund im Bezirk Drohobyč, 25.1.1946, CDAHOU, f. 1, op. 23, spr. 2975, ark. 62–66 (gedruckt in: Serhijčuk, Desjat' buremnych lit, S. 416–419).

38 Aufzeichnung des Sekretärs des Drohobyčer Gebietsparteikomitees für Chruščev, 13.9.1946, CDAHOU, f. 1, op. 23, spr. 2977, ark. 97–103 (gedruckt in: Serhijčuk, Desjat' buremnych lit, S. 518–523).

39 Burds, Agentura, S. 98.

40 Instruktion der OUN-Führung für ihre Unterführer, 27.11.1945, CDAHOU, f. 1, op. 23, spr. 1716, ark. 7–17 (gedruckt in: Serhijčuk, Desjat' buremnych lit, S. 349–360); siehe auch: Burds, Agentura, S. 101.

41 Burds, Agentura, S. 98.

42 Instruktion der OUN-Führung für ihre Unterführer, 27.11.1945, CDAHOU, f. 1, op. 23, spr. 1716, ark. 7–17 (gedruckt in: Serhijčuk, Desjat' buremnych lit, S. 349–360).

43 Aufruf der OUN, 30.3.1944; CDAVOVU, f. 3967, op. 1, spr. 31, ark. 1 (gedruckt in: Serhijcuk, Desjat' buremnych lit, S. 40).

44 Aufzeichnung der OUN über die Tätigkeit des NKVD im Ternopiler Gebiet, 5.8.1944, CDAVOVU, f. 3833, op. 1, spr. 188, ark. 42 (gedruckt in: Serhijčuk, Desjat' buremnych lit, S. 99f.).

45 Aufzeichnung des Staatsanwalts der UkrSSR S. Šugurov an den Sekretär des CK KP(b)U, D. Korotčenko, 5.12.1944, CDAHOU, f. 1, op. 23, spr. 1362, ark. 39–40 (gedruckt in: Serhijčuk, Desjat' buremnych lit, S. 170–171).

46 Information der OUN aus dem Ternopiler Gebiet, 14.8.1944, CDAVOU, f. 3833, op. 1, spr. 188, ark. 44.

47 G. Motyka / R. Wnuk: Pany i rezuny. Współpraca AK-WiN i UPA, Warszawa 1997; Hrušec'kyj an Chruščev, 14.12.1944, CDAHO, f. 1, op. 23, spr. 929, ark. 101–111.

48 So die Meinung von Burds, Agentura, S. 116.

49 S. Yekelchyk: Stalinist Patriotism as Imperial Discourse. Reconciling the Ukrainian and Russian »Heroic Pasts«, 1939–1945, in: Kritika 3 (2000), S. 51–80.

50 E. Jaworski: Lwów. Losy mieszkańców i żołnierzy Armii Krajowej w latach 1939–1956, Pruszków 1999, S. 140f.

51 Chruščev an Stalin, 28.7.1944, CDAHOU, f. 1, op. 23, spr. 703, ark. 30–36 (gedruckt in: Serhijčuk, Desjat' buremnych lit, S. 91–94).

52 Litvin, Hrušec'kyj und Bažan an Chruščev, August 1944, DALO, f. P-3, op. 1, spr. 63, ark. 14–16 (gedruckt in: Kulturne žyttja, S. 197–198). Chruščev an Stalin, 29.11.1944, CDAHOU, f. 1, op. 23, spr. 790, ark 137–139 (gedruckt in: Serhijčuk, Desjat' buremnych lit, S. 168–169).

53 Hrušec'kyj vor einer Versammlung der städtischen polnischen Intelligenz (Auszug), 6.12.1944, DALO, f. P-3, op. 1, spr. 59, ark. 282–283 (gedruckt in: Kul'turne žyttja, S. 231–233).

54 Litvin, Hrušec'kyj und Bažan an Chruščev, 3.8.1944 oder 14.8.1944; DALO, f. P-3, op. 1, spr. 63, ark. 14–16 (gedruckt in: Kul'turne žyttja, S. 197–198).

55 Jaworski, Lwów, S. 140ff.

56 G. Hryciuk: Nastroje i stosunek ludności polskiej tzw. Ukrainy zachodniej do przesiedleń w latach 1944–1945 w świetle sprawozdań radzieckich, in: Polska i Ukraina po II. wojnie światowej, Rzeszów 1998, S. 209–222.

57 Der Antrag dazu wurde vom Sekretär für Propaganda des Lemberger Gebietsparteikomitees gestellt, Juni 1947, DALO, f. P-3, op. 2, spr. 181, ark. 67 (Auszug gedruckt in: Kul'turne žyttja, S. 412).

58 Information des Leiters der Organisationsabteilung des Lemberger Gebietsparteikomitees, J. Bohorodčenko für Zlenko, CK KP(b)U, 21.4.1945, CDAHOU, f. 1, op. 23, spr. 1691, ark. 197–203 (gedruckt in: Serhijčuk, Desjat' buremnych lit, S. 279–286).

59 Der Bevollmächtigte des Rates für Angelegenheiten der orthodoxen Kirche beim Rat der Volkskommissare der UkrSSR, P. Chodčenko, an den Vorsitzenden des Rates für Angelegenheiten der russisch-orthodoxen Kirche beim Rat der Volkskommissare der UdSSR, R.G. Karpov, 11.6.1945, Gosudarstvennyj Archiv Rossijskoj Federacii (GARF), f. R-6991, op. 1, d. 33, l. 13–19.

60 Serhij S. Chruc'kyj an Chodčenko, ohne Datum (vermutlich September 1945), GARF, f. R-6991, op. 1, d. 33, l. 97–101.

61 Auszug aus einem Bericht des MGB des Gebietes Lemberg, Maksimčuk, 26.9.1946, CDAHOU, f. 1, op. 24, spr. 40–81, ark. 26–27 (gedruckt in: Serhijčuk, Desjat' buremnych lit, S. 528–529).

62 Rešenie Soboru greko-katoličeskoj uniatskoj cerkvi v L'vove, 8.–10.3.1946 (Übersetzung aus dem Ukrainischen ins Russische), GARF, f. R-6991, op. 1, d. 32, l. 167.

63 Mitteilung des NKGB der UkrSSR über die Reaktion der Bevölkerung der Westukraine auf den Artikel »Mit Kreuz oder Schwert« und die Verhaftung unierter Geistlicher, 26.4.1945, CDAHOU, f. 1, op. 23, spr. 1605, ark. 73–80 (gedruckt in: Kul'turne žyttja, S. 262–267); Stimmungsbericht des NKGB, Savčenko, April 1945, CDAHOU, f. 1, op. 23, spr. 1605, ark. 33–43 (gedruckt in: Kul'turne žyttja, S. 267–276).

64 Hrušec'kyj an Chruščev mit Stimmungsberichten aus Lemberg, 7.6.1945, CDAHOU, f. 1, op. 23, spr. 1641, ark. 9–14 (gedruckt in: Serhijčuk, Kult'turne žyttja, S. 286–290); Stimmungsbericht des NKGB, Savčenko, April 1945,

CDAHOU, f. 1, op. 23, spr. 1605, ark. 33–43 (gedruckt in: Kul'turne žyttja, S. 267–276).

65 Aufzeichnung Hrušec'kyjs für Chruščev über die Arbeit zur Vereinigung der unierten und orthodoxen Kirche, 5.9.1945, CDAHOU, f. 1, op. 23, spr. 1639, ark. 103–113 (gedruckt in: Kul'turne žyttja, S. 285–292).

66 Bericht des Bevollmächtigten für die orthodoxe Kirche im Gebiet Lemberg, Vyšnevskij, für Karpov und Chodčenko, 2.3.1949, GARF, f. R-6991, op. 1, d. 532, l. 3–14.

67 Instruktion der OUN-Führung für ihre Unterführer, 27.11.1945, CDAHOU, f. 1, op. 23, spr. 1716, ark. 7–17 (gedruckt in: Serhijčuk, Desjat' buremnych lit, S. 349–360).

68 Rubl'jov / Čerčenko, Stalinščyna.

69 Hrušec'kyj u.a. an Chruščev, 5.3.1945, CDAHO, f. 1, op. 23, spr. 1691, ark. 91–100.

70 15120 zu 1832 (12,1%). Istorija Ukrajiny, L'viv 1996, S. 330, zitiert nach: I. Pater: Povojennyj L'viv, in: L'viv. Istoryčni Narysy, L'viv 1996, S. 506–519, hier: S. 510.

71 Information des Lemberger Gebietsparteikomitees für Kaganovič, 18.8.1947, DALO, f. P-3, op. 2, spr. 181, ark. 33–35 (gedruckt in: Kul'turne žyttja, S. 438–442).

72 Noch im April 1945 waren von 126 Lehrstuhlinhabern 68 Polen, 41 Ukrainer und 17 Russen. Davon stammten 43 aus der alten Sowjetunion und nur 15 waren Westukrainer. Je weiter man die akademische Leiter hinunterstieg, desto mehr nahm allerdings der Anteil der Westukrainer zu. Im Politechnikum gab es nur wenige ukrainische Professoren (14 von 78). Aufzeichnung des Kultursektors des Lemberger Gebietsparteikomitees, nach dem 1.4.1945, DALO, f. P-3, op. 1, spr. 311, ark. 104–105 (gedruckt in: Kul'turne žyttja, S. 257–258).

73 Yekelchyk, Stalinist Patriotism, S. 79f.

74 Aufzeichnung des Lemberger Gebietsparteikomitees für Kaganovič über die Charakteristik der ukrainischen Intelligenz in Lemberg, März 1947, CDAHOU, f. 1, op. 23, spr. 4558, ark. 1–34 (gedruckt in: Kul'turne žyttja, S. 378–401).

75 Information des Lemberger Gebietsparteikomitees über die Verlegung der geisteswissenschaftlichen Institute der Akademie nach Kiew und die Kritik an Hruševs'kyj für Chruščev, 27.9.1946, CDAHOU, f. 1, op. 23, spr. 2843, ark. 17–22 (gedruckt in: Kul'turne žyttja, S. 348–352); Verordnung des Ministerrats der UkrSSR, 28.10.1946, CDAVOU, f. 2, op. 7, spr. 3934, ark. 143 (gedruckt in: Kul'turne žyttja, S. 357).

76 Rubl'jov / Čerčenko, Stalinščyna, S. 220f.

77 Ebd., S. 223ff.; Aufzeichnung des Lemberger Gebietsparteikomitees über die Arbeit des staatlichen Konservatorium im Spieljahr 1946/47 (Auszug), nach 20.6.1947, DALO, f. P-3, op. 2, spr. 262, ark. 26, 33–34, zitiert nach: Kul'turne žyttja, S. 408ff.

78 Aus dem Stenogramm der Beratung der Intelligenz Lembergs, 24.7.1947, DALO, f. P-4, op. 1, spr. 155, ark. 34, 81–82.

79 Information des Gebietsparteikomitees für das CK KP(b)U über die Reaktion der Intelligenz Lembergs auf den Vortrag Manuil'skijs zum Thema »Gegen den

ukrainischen bürgerlichen Nationalismus«, 30.7.1947, CDAHOU, f. 1, op. 23, spr. 4559, ark. 1–4 (gedruckt in: Kul'turne žyttja, S. 423ff).

80 Irina Vil'de an Stalin, 10.4.1949, CDAHOU, f. 1, op. 23, spr. 5686, ark. 125–129.

81 Zur Neubewertung Chmel'nyc'kyjs in der heutigen Ukraine vgl. F. E. Sysyn: Bohdan Chmel'nyc'kyjs Image in Ukrainian Historiography since Independence, in: Österreichische Osthefte 42 (2000) H. 3/4, S. 179–188.

82 Zu »ethnischen Säuberungen« in der Sowjetunion vgl. P. Holquist: »Conduct Merciless Mass Terror«. Decossackization on the Don, 1919, in: Cahiers du Monde Russe 38 (1997), S. 127–162; T. Martin: The Origins of Soviet Ethnic Cleansing, in: The Journal of Modern History 70 (1998), S. 813–861; zu Polen: T. Snyder: »To Resolve the Ukrainian Problem Once and for All«. The Ethnic Cleansing of Ukrainians in Poland 1943–1947, in: Journal of Cold War Studies 1 (1999), S. 86–120; zu »ethnischen Säuberungen« im europäischen Vergleich siehe N. M. Naimark: Fires of Hatred. Ethnic Cleansing in Twentieth Century Europe, Harvard 2001.

83 Siehe auch Y. Slezkine: The Soviet Union as a Communal Appartment, or How a Socialist State Promoted Ethnic Particularism, in: Slavic Review 52 (1994), S. 415–452.

84 Irina Vil'de an Stalin, 10.4.1949, CDAHOU, f. 1, op. 23, spr. 5686, ark. 125–129.

85 G. Hryciuk: Działalność OUN i UPA w latach czterdziestych i pięćdziesiątych w najnowszych publikacjach na Ukrainie, in: Studia z dziejów Europy Wschodniej (= Acta Universitatis Wratislaviensis No. 2369, Historia CLV) Wrocław 2002, S. 181–199; Ukrajins'ka Povstan'ska Armija i nacionalno-wyzwolna borot'ba v Ukrajini u 1940–1950 r. Materialy Vseukrajins'koji naukovoji konverenciji 25–26 serpnia 1992 r., Kyjiv 1992.

Gerd Koenen

Alte Reiche, neue Reiche

Der Maoismus auf der Folie des Stalinismus – Eine Gedankenskizze

Die These Anthony Giddens', wonach die innere Befriedung in den modernen bürgerlichen Nationalstaaten Europas erst die Potenziale einer konzentrierten militärischen Gewaltanwendung nach außen vollends entbunden habe, weshalb die Kriege und das imperiale Ausgreifen der europäischen Staaten zu den Strukturmerkmalen der Moderne gehöre,[1] ließe sich auf die aus dem Ersten Weltkrieg geborenen Massenbewegungen und Machtsysteme wie den italienischen Faschismus und den deutschen Nationalsozialismus in zugespitzter Form anwenden. Ihr »Primat der Innenpolitik« zielte gerade darauf ab, einen gewaltsam pazifizierten, gleichgeschalteten, homogenisierten und militarisierten Sozialkörper zu schaffen, der die einzig mögliche Basis für das Projekt der Schaffung eines großen, territorial arrondierten »Römischen Imperiums« oder »Germanischen Reiches« abgeben würde. Ihre eigentliche mörderische Gewalt entfalteten sie denn auch erst im Kontext dieser äußeren Aggressionen, die zwar anachronistische oder gar atavistische Ziele verfolgten, aber dazu alle Mittel und Methoden moderner Technik und Wissenschaft, Arbeitsteilung und sozialstaatlicher Steuerung ins Feld führten.

Die kommunistischen Staatsgründungen im 20. Jahrhundert ragten dagegen zunächst durch ihre historisch präzedenzlose Gewaltanwendung gegenüber dem eigenen Gesellschaftskörper heraus. Scheinbar ganz einem Projekt der avanciertesten Moderne verpflichtet – der forcierten und planvollen Entwicklung eines neuen, universalen Gesellschafts- und Menschentyps als dem lebendigen Zentrum einer grenzenlosen »Entfesselung der Produktivkräfte« – fielen sie sehr schnell hinter das Niveau der bereits erreichten gesellschaftlichen Arbeitsteilungen zurück und schnitten sich autarkistisch von entscheidenden Entwicklungen der modernen Wissenschaft und Technik und der globalen Kommunikation ab.

Das wirft die Frage auf, welche tatsächliche Ratio und Motivation den erfolgreichen kommunistischen Umstürzen und Staatsgründungen zugrunde lag. War das Ziel der Kommunisten tatsächlich »der Kommunismus« – oder war die »kommunistische« Zusammenfassung aller menschlichen und materiellen Ressourcen der jeweiligen Gesellschaft in den Händen einer angeblich wissenschaftlich erleuchteten, diktatorisch herrschenden Partei ihrerseits nur das zentrale Mittel zu einer anderen, womöglich hinter dem Rücken der Akteure sich durchsetzenden Zielsetzung, die die eigentliche historische Durchschlagskraft geliefert hat?

Jedenfalls fällt auf, dass die bedeutendsten kommunistischen Revolutionen des 20. Jahrhunderts im Rahmen alter, vom Zerfall bedrohter oder in halbkoloniale Abhängigkeit gerutschter Reiche stattgefunden oder sich einem eigenen expansiven Reichsgründungsprojekt mit archaisch-modernen Zügen verschrieben hatten. Das betrifft in erster Linie natürlich die beiden sozialistischen Großmächte Russland und China. Aber das gilt ebenso für Ho Chi-Minhs Projekt eines vereinten sozialistischen Indochina, für das Korea Kims mit seinen offenkundigen dynastischen Ambitionen älteren Zuschnitts, für das Kampuchea der roten Khmer mit ihren Berufungen auf das alte Großreich von Angkor Wat, oder auch für die Volksrepublik Äthiopien des roten Feldwebels Haile Mariam Mengistu. Auch Titos Föderative Sozialistische Republik Jugoslawien beerbte nicht nur die Dreivölker-Monarchie der Karadjordjevic, sondern prätendierte (mindestens zu Anfang) auf eine noch weiter ausgreifende Union »südslawischer« Sowjetrepubliken, während Titos Gegenspieler Enver Hoxha auf ein sozialistisches Großalbanien mit weit gezogenen Grenzen zielte.

Man könnte also mit einiger Berechtigung sagen, es habe sich bei den autochthonen kommunistischen Staatsbildungen des 20. Jahrhunderts fast durchweg um Neugründungen tatsächlicher oder imaginierter historischer Reiche oder »Supra-Staaten« neuen Typs gehandelt. Darin steckte jeweils ein nationales Motiv, das internationalistisch überhöht wurde. Diese revolutionären Staatsbildungen lassen sich wiederum als Reaktionen (im weiten

Sinne des Wortes) auf die kolonialen, postkolonialen und hegemonialen Zugriffe der westlichen Siegermächte der beiden Weltkriege verstehen, und mehr noch, als Reaktionen gegen die alle hergebrachten Wirtschaftsweisen und Lebensordnungen »subversiv« durchdringenden westlichen Waren und Kapitalien, Medien und Lebensstile.

Allerdings waren die historischen Resultate dieser unter Führung kommunistischer Parteien geschaffenen Staatsgründungen, vom Ende des 20. Jahrhunderts her gesehen, sehr unterschiedlich. Im Falle der Sowjetunion erwies sich der Versuch, auf dem Boden des alten Russländischen Vielvölkerreiches eine Union Sozialistischer Sowjetrepubliken zu begründen, letzten Endes doch als anachronistisches Unternehmen. Zwar hatten die »Smena-Wech«-Ideologen sicherlich recht, als sie am Ausgang des russischen Bürgerkrieges feststellten, dass die Einheit des zerborstenen Russischen Reiches nur »mit roten Händen« noch einmal hatte hergestellt werden können.[2] Tatsächlich erwies es sich jedoch auf die Dauer als unmöglich, dieses heterogene Gebilde vom Moskauer Zentrum her zu verwalten und zu beherrschen. Sowjetrussland blieb, wie das gestürzte Zarenreich, ein koloniales Großreich eigenen Typs, dessen Jahrzehnte zuvor erst eroberte fernöstliche, zentralasiatische und kaukasische Provinzen noch einmal gewaltsam »heimgeholt« werden mussten. Und das von Stalin am Beginn und am Ende des zweiten Weltkriegs militärisch erweiterte Sowjet-Imperium mit seinem Gürtel halbsouveräner Satellitenstaaten war in seiner sozialökonomischen und politischen Verfassung erst recht anachronistisch.

Im Unterschied dazu erscheint die Neugründung der »Volksrepublik China« im Jahre 1949 als ein Unternehmen, das sich dauerhaft in die ohnehin einzigartige, dreitausendjährige Geschichte dieses Reiches einreihen wird, die etwas Unerschütterliches hat. Noch die unerhörtesten sozialen Katastrophen, die sich mit den permanenten Säuberungskampagnen, den Experimenten des »Großen Sprungs« oder den blutigen Wirren der »Kulturrevolution« verbanden, blieben (so scheint es in historischer Perspektive) nur »Stürme am Wolkenhimmel«, vergleichbar der Taiping-Rebellion des 19. Jahrhunderts, in deren Folge die Bevölkerungszahl des Reiches sich in den zwanzig Jahren nach 1850 von 410 auf 350 Millionen reduzierte, was (unter

Berücksichtigung der Geburten) auf den unvorstellbaren Bevölkerungsverlust von fast 100 Millionen Menschen hinauslief.[3]

Dagegen waren die Zeiten Maos mit all ihren Massakern und Wirren, die nach gut begründeten Schätzungen zwischen 45 und 65 Millionen Menschen das Leben gekostet haben,[4] zugleich auch Jahrzehnte einer staatlich geförderten und propagierten Bevölkerungsexplosion. Das metaphysische Erschrecken, das die Figur Maos ausübt, sobald man sich näher auf sie einlässt, liegt gerade in der heiteren Entrücktheit, mit der er solche Menschenverluste als vollkommen akzeptabel in seine Rechnungen einsetzte.

Die Bildungsgeschichte Maos ist in dieser Hinsicht äußerst aufschlussreich. Der Sohn eines relativ wohlhabenden Bauern und Müllers (in russischen Kategorien: eines »Kulaken«) lebte bis 1920 als verbummelter Student und Hilfsbibliothekar in einer Welt der Bücher, vornehmlich zunächst der alten Schriften und Chroniken Chinas. Wie er seinem frühen Biographen Edgar Snow erzählte, sei er von Hause aus ein romantischer Monarchist gewesen. Schon als Schüler habe ihn »ein Pamphlet über die Zerstückelung Chinas« und »den Verlust der Oberherrschaft in Indochina, Burma und in anderen Orten« in tiefe Niedergeschlagenheit versetzt, und er habe begriffen, »dass es die Pflicht des ganzen Volkes war«, an der Rettung Chinas teilzunehmen. Neben »Berichten über die Herrscher des alten China« blieb ihm auch ein Buch über »Große Helden der Welt« wie Napoleon, Peter den Großen, Wellington und Lincoln in nachdrücklicher Erinnerung.

In den Jahren des ausgehenden Ersten Weltkrieges beteiligte der junge Mao sich an der Gründung und den Aktivitäten nationalistisch-republikanischer Zirkel. Statt sich für das andere Geschlecht zu interessieren, propagierte und betrieb er patriotisch-militärische Körperertüchtigung.[5] Und statt mit seinen Studienkameraden wie dem jungen Tschou En-lai (dem Abkömmling einer alten verarmten Mandarinfamilie) im Sommer 1920 nach Europa zu fahren, machte Mao ausgedehnte Wanderungen durch China zum Grab des Konfuzius, zur Mauer von Kanton oder auf den heiligen Berg T'ai Shan.

Erst im Winter 1920 bekam er die ersten marxistischen Schriften in die Hand – das »Kommunistische Manifest«, eine frühe Broschüre des (längst zum »Renegaten« erklärten) Kautsky sowie eine populäre »Geschichte des Sozialismus«. Viel mehr an marxistischer oder kommunistischer Literatur war in chinesischer Sprache nicht verfügbar, und Fremdsprachen beherrschte Mao nicht. Eher durch Zufall stieß er 1921 zu einem der Gründungszirkel der KP Chinas.[6]

Dass er überhaupt beschloss, Kommunist zu werden, kann am Marxismus oder Leninismus im doktrinären Sinne also kaum gelegen haben. Die Errichtung der Sowjetmacht in Russland habe ihm gezeigt, sagte er Snow, dass es einer grundstürzenden Revolution, insbesondere einer radikalen Agrarrevolution und eines Bürgerkrieges gegen die überkommenen Eliten bedürfe, um die zusammengebrochene Nation wieder aufzurichten. Agnes Semedley sagte er ein Jahr später sogar, die Kommunisten verknüpften ihr Schicksal nicht mit dem einer Klasse, sondern seien »leidenschaftlich um das Schicksal der chinesischen Nation besorgt, und noch dazu um deren Schicksal für alle Ewigkeit«.[7] Als Mao am 1. Oktober 1949 von der Tribüne am Platz des himmlischen Friedens die Volksrepublik proklamierte, war sein erster Satz: »Das chinesische Volk, ein Viertel der Menschheit, hat sich endlich erhoben … Von nun an wird uns niemand mehr beleidigen.«

Der Weg der von ihm geführten Revolution unterschied sich allerdings in vieler Hinsicht von dem, den die Bolschewiki unter Lenin eingeschlagen hatten. Wenn Mao 1926 in seinem »Untersuchungsbericht über die Bauernbewegung in Hunan« in der terroristischen Bewegung der (als traditionelle Geheimbünde organisierten) Bauernligen die Ur- und Elementarkraft der chinesischen Revolution entdeckte und sie mit einem Orkan, den keine noch so große Macht werde aufhalten können,[8] verglich, scheint diese Entdeckung durchaus derjenigen zu ähneln, die Lenin im Frühjahr und Sommer 1917 (wie bereits 1905) machte, als in Russland die Gutshöfe brannten.

Aber für Lenin hatte es sich nur um die Entdeckung einer blinden »sozialen Elementargewalt« gehandelt, die das alte System matt setzen und den Bolschewiki die Eroberung und Behauptung der Macht gestatten würde. Schon wenige Monate danach erschien ihm gerade diese »kleinbürgerliche Elementargewalt« als die gefährlichste Basis jeder kapitalistischen Konterrevolution, gegen die er daher im Mai 1918 einen »Kreuzzug« eröffnete.[9] Der russische Bürgerkrieg hatte denn auch die Grundfigur einer Eroberung des flachen Landes von den großen Städten aus, überwölbt vom Szenario einer Rundumverteidigung gegen die an der Peripherie des Reiches formierten »weißen« Armeen, und darüber hinaus eines »vaterländischen Krieges«[10] gegen eine angebliche Intervention der westlichen Imperialisten und ihrer Verbündeten.

Die chinesische Revolution dagegen stützte sich in erster Linie und über lange Zeit auf die ländlichen Gebiete; und sie endete mit der Einnahme der großen Städte durch reguläre Armeen aus Bauernsoldaten. Wenn Mao die Bauern als die primären revolutionären Subjekte ansprach, dann allerdings nicht primär als Subjekte einer sozialistischen Agrarrevolution, sondern vielmehr als Soldaten einer nationalen Revolution. Sie waren, nach einem seiner geflügelten Worte, jene »weißen Blätter, auf die man die schönsten Schriftzeichen malen kann«. Ganz China schien ihm ein solches weißes Blatt – was nur eine »sinophile« Entsprechung zu den alten slawophilen und sonstigen nationalromantischen Vorstellungen war, dass die Letzten die Ersten sein würden und der historische Rückstand sich am Ende als Vorsprung erweisen werde.[11]

Die chinesische Revolution unter der Führung Mao Tse-tungs war denn auch kein Produkt einer von Moskau ausgehenden Weltrevolution; fast im Gegenteil: alle Versuche, China in den zwanziger, dreißiger und vierziger Jahren über bevollmächtigte Komintern-Emissäre zu revolutionieren, endeten in einer Kette von Niederlagen. Ebenso wenig ließ sich der Aufstieg der chinesischen Kommunisten in den dreißiger und vierziger Jahren jedoch als integraler Teil eines großen Weltbürgerkrieges, etwa im Kampf gegen den »Faschismus«, sinnvoll verbuchen.

Mao Tse-tung übernahm die (faktische) Parteiführung auf der Konferenz in Tsunyi 1935 unter Umständen, die einem Putsch sehr nahe kamen. Diese Übernahme speiste sich aus einer Rebellion seiner auf der Flucht befindlichen roten Truppen gegen die Komintern-Instrukteure, die faktisch noch das Kommando führten, und gegen die in Moskau residierende Parteiführung Wang Mings. Bis dahin war Mao eine prominente, aber exzentrische und vielfach dissidente Figur innerhalb der KP Chinas, der seiner

Liquidierung als Linksabweichler vielleicht nur deshalb entgangen war, weil er sich zusammen mit dem abtrünnigen Kuomintang-General Tschuh Teh[12] ein eigenes Stützpunktgebiet geschaffen hatte, in dem er sich mehr als ein roter Warlord denn als disziplinierter Kader einer Einheitspartei bewegte.[13]

Der legendäre »Lange Marsch« von 1934–1936, den Mao später zu einer Anabasis des 20. Jahrhunderts und zum Gründungsmythos der chinesischen Kommunistischen Partei erhob, war eine strategische Rückzugsoperation in ein neues, entlegenes Stützpunktgebiet im Norden. Das Jahrzehnt in Jenan von 1936 bis 1945 wurde zur eigentlichen Formationsphase seiner Partei. Zwar proklamierte er eine »antijapanische Einheitsfront«, nachdem die Japaner große Teile Ost- und Südchinas besetzt hatten. Aber er unternahm wenig, um diesen Kampf tatsächlich zu führen. So glich das Feldlager in Jenan über lange Strecken weniger einer militärischen Operationsbasis als vielmehr einem Laboratorium originärer maoistischer Machtpraktiken.

Mao selbst fand hier offenbar zum ersten Mal Gelegenheit, sich – inmitten erratischer Lektüren der antiken und europäischen Philosophie – auch systematischer mit den Hauptschriften des Marxismus, des Leninismus und des Stalinismus zu befassen; und er begann damit, seinen eigenen Kanon zu schaffen. Seine Texte, in denen er marxistische Theoreme jeweils mit Maximen der klassischen chinesischen Philosophie verschnitt, wurden sofort in Broschürenform gedruckt und zehntausendfach studiert und auswendig gelernt. Dabei trat immer deutlicher »der energische Kampf gegen den Einfluss ausländischer Schemata und Dogmen« ins Zentrum.[14]

Das hieß erstens, dass Mao selbst sich das Monopol auf die Auslegung von Marx, Lenin und Stalin sicherte, so wie Marx und Lenin in der Sowjetunion nur noch vermittels Stalin zitiert und gelesen werden konnten. Gleichzeitig schöpften die unter seiner Anleitung eingeführten und praktizierten Methoden der »Selbstberichtigung« (cheng feng) aus älteren chinesischen Traditionen. »Zweimal nachdenken« hieß ein Konfuzius (sinnwidrig) entlehntes Postulat, das Mao in seiner Rede gegen den »Parteischematismus« zitierte, was bei ihm soviel hieß wie: Zweimal lesen und nochmals lesen, bis man es mit Löffeln gefressen hatte. Falsches Denken wurde zur Krankheit erklärt. Die

Methode der Heilung beschrieb Mao als eine »Schocktherapie, indem man den Patienten anschreit: ›Du bist krank!‹ – so dass er einen Schreck bekommt und ihm der kalte Schweiß ausbricht; dann soll man ihm gütlich zureden, sich behandeln zu lassen«.[15]

Dieser terroristisch-therapeutische Modus von Erziehung und Lenkung, Reue und Reform, Schock und Hilfe gehörte seitdem zum Kernbestand der politischen Doktrinen des Maoismus. In Jenan lag die Durchführung der Kampagne in den Händen von Maos Sekretär und Ghostwriter Tschen Po-Ta sowie von Kang Scheng, dem in schwarzer Tscheka-Kluft auftretenden Leiter des »Büros für soziale Angelegenheiten«, was ein bezeichnender Euphemismus für die Geheimpolizei war. Die des »Subjektivismus« oder »Sektierertums« verdächtigten Intellektuellen, Parteikader, Offiziere oder Rekruten galten immer sofort auch als potenzielle »Spione der Kuomintang« oder als »trotzkistische Agenten«.

Was die sowjetischen Praktiken wesentlich überstieg, waren die öffentlichen Verhöre, die sich oft über Tage erstreckten, worin die Beschuldigten sich zum Beweis der Echtheit ihrer Reue mit absurden Geständnissen gegenseitig belasten mussten. Diese Massenmeetings waren, in sowjetischen Kategorien betrachtet, alles auf einmal: Geheimpolizeiliche Verhöre und Schauprozesse, Parteiversammlungen mit Ritualen von Kritik und Selbstkritik ebenso wie Volkstribunale. Es wurde bereits in einem Ausmaß gefoltert und exekutiert, dass Mao sich 1944 für die exzessive Vernichtung treuer Parteikader entschuldigen musste.[16] Wenn in der Sowjetunion der Terror im wesentlichen stets eine Sache der »Organe« blieb, so gelang es Mao sehr früh schon, das Volk im ganzen oder doch große Teile davon in einen terroristischen Zwangszusammenhang zu verstricken.

Erst zum Abschluss der »Berichtigungskampagne« im April 1943 wurde Mao auch formell zum Vorsitzenden des Politbüros gewählt, wurde er jener »Vorsitzende Mao«, als der er bis an sein Lebensende tituliert wurde. Ab jetzt tauchte in den Parteidokumenten regelmäßig der Begriff des »Maoismus« – oder »Mao-Tse-tung-Denkens« – als verbindliche theoretische Leitlinie der KP Chinas auf. Auf dem Parteitag 1945 wurde diese Festlegung bereits in das Statut übernommen. Demnach hatte die Partei »das Mao-Tse-tung-Denken zur Leitlinie aller ihrer Aktivitäten gemacht«. Das wurde jetzt immer häufiger als »chinesischer Marxismus« oder auch als eine »Sinisierung des Marxismus« gerühmt, namentlich durch Tschen Po-ta, der als Kompilator der »Ausgewählten Werke« der eigentliche Erfinder und wohl auch diskrete Ko-Autor der »Mao-Tse-tung-Ideen« war.[17]

Wenn Mao bei dieser Gelegenheit als ein »Schüler Stalins« vorgestellt wurde, dann war das nur vordergründig eine Referenz an den großen Bruder in Moskau. Es hieß nicht weniger, als dass Mao sich bereits jetzt in die Reihe der Klassiker des Marxismus-Leninismus und als eine (fast) gleichberechtigte Figur an die Seite Stalins stellte – so wie sich Stalin zwanzig Jahre zuvor als »Schüler Lenins« und Ausdeuter des »Leninismus« zu dessen Erbe erhoben hatte. Im Jahr des Sieges 1945, in dem der Ruhm Stalins auf einer unüberbietbaren Höhe stand, während die Partei Maos von der Machteroberung noch weit entfernt war, war das ein ziemlich vermessener Anspruch.

Der im Sommer 1946 gegen massive Einwände der sowjetischen Führung entfesselte »Volksbefreiungskrieg« gewann seine breite Basis durch ein 1947 einseitig verkündetes »Bodengesetz«, das alles Land der »Grundbesitzer« zu nationalem Eigentum erklärte, welches durch die örtlichen Bauernligen konfisziert und verteilt werden sollte. Dabei gab es in China, anders als im vorrevolutionären Russland, so gut wie keinen »Grundbesitz« im Sinne großer Gutswirtschaften. Die in den Dokumenten der KP Chinas als »Grundherren« oder »Feudale« Apostrophierten waren lokale Notabeln, Beamte, Fabrikanten, Mühlenbesitzer oder Großbauern. Tatsächlich besaßen diese »Reichen« selten mehr als einige Hektar Boden. Als nach der ersten, gewaltsamen Welle einer Agrarrevolution vierzig Prozent der Böden umverteilt waren, verfügten die einzelnen Bauernfamilien dennoch über nicht mehr als 0,8 Hektar.[18] Dafür waren mindestens ein oder zwei, vielleicht auch fünf Millionen »Grundherren«, »Reiche« oder »Vornehme« samt »Lakaien« erschlagen oder erschossen worden; und etwa vier bis sechs Millionen »Kulaken« waren in die schon vor der Machtergreifung in den »befreiten Gebieten« errichteten Lager verschickt worden. Jean-Louis Margolin hat darauf hingewiesen, dass andere asiatische Länder dasselbe Resultat auf dem Wege einer mehr oder weniger gewaltlosen Landreform erzielt haben.[19]

Aber gerade auf die Gewaltförmigkeit des Prozesses kam es an. Die Agrarrevolution war eben kein Selbstzweck, sondern das entscheidende Vehikel zur Errichtung eines »neuen China«. Die bewaffneten Propagandatrupps der Kommunisten kamen in die Dörfer mit der Vorgabe, gegen die oberen zehn Prozent einen Krieg der Armen zu entfesseln. Was 1918/19 in Russland an der patriarchalen Geschlossenheit des Dorfes, das sich die Ländereien und das tote und lebende Inventar der adeligen Gutswirtschaften selbst angeeignet hatte, überwiegend abgeprallt war, nämlich der Versuch, einen »Klassenkampf« ins egalisierte Dorf zu tragen, das gelang in China, wo die Differenzen viel geringer waren, umso besser. Der Krieg der Armen blieb freilich weithin ein terroristisch geführter Krieg der Kommunisten. Aber da er nun einmal geführt wurde, konnten die Armen bei der Verteilung der Böden nicht abseits stehen. Und da alle die Hand heben mussten, wenn es daran ging, die »Grundbesitzer«, »Feudalen« und »Vornehmen« umzubringen, war die Masse der Bauern tatsächlich durch eine Art »Blutpakt« an das neue Regime gefesselt.[20]

In ganz anderer Weise als den Bolschewiki vor, während und nach ihrer Machteroberung im Bürgerkrieg von 1917–1920 gelang es den chinesischen Kommunisten daher in der Vergleichsperiode von 1946–1949, also vor der endgültigen Machtergreifung, das weite Land mit einem dichten Netz dörflicher Machtorgane zu überziehen. Die Eroberung und Säuberung der korrupten Städte und die Errichtung der »Volksmacht« bereitete auf dieser Basis sehr viel weniger Mühe. Nachdem die Volksbefreiungsarmee die Truppen Tschiang Kai-scheks einmal geschlagen und vom Festland vertrieben hatte, war die Macht der KP Chinas nahezu unangefochten.

Wenn die Ambitionen der beiden kommunistischen Großmächte, der UdSSR und der VR China, für einen kurzen historischen Moment (im Koreakrieg 1950–1953) konvergierten, so trennten sie sich nach Stalins Tod sofort wieder. Während die sowjetische Führung im Zuge ihres »Neuen Kurses« sich den Endkampfsuggestionen und Zusammenbruchstendenzen des späten Stalinregimes zu entziehen und neues soziales und mentales Terrain zu gewinnen versuchte, eröffnete die KP Chinas immer neue, frische Zyklen totalitärer Machtentfaltung.

Die Kampagnen gegen die »Volksfeinde«, die der Machtergreifung über Jahre hinweg in Wellen folgten, zeichneten sich durch eine erstaunliche Systematik aus. Der »Ausmerzung konterrevolutionärer Elemente« (d.h. der angeblichen oder tatsächlichen Parteigänger der Kuomintang und anderer Parteien) folgte eine Kampagne gegen das »Banditenunwesen«, im Zuge dessen bis 1951 über eine Million Menschen verhaftet und 300.000 exekutiert wurden. Es schloss sich eine weitere Welle der »Bodenreform«, begleitet von der Liquidierung der angeblich noch immer vorhandenen »örtlichen Despoten«, »Gutsbesitzer« und »üblen Vornehmen« in den schon bekannten Formen an. Parallel dazu begann im düsteren Jahr 1951 bereits eine »Drei Anti«-Kampagne, die sich gegen die westlich orientierten Intellektuellen und Stadtbürger richtete, sowie kurz darauf eine »Fünf Anti«-Kampagne gegen die Reste der Geschäftswelt und der bürgerlichen Berufe. In einem Aufwasch wurden auch die Mitglieder taoistischer Logen und anderer traditioneller Geheimgesellschaften, die Spieler und die Opiumraucher, die Prostituierten und die Schwarzhändler, die ehemaligen Beamten (»Kollaborateure«) oder die früheren Angestellten internationaler Firmen (»Spione«), kurzum, alles was nicht in das Prokrustesbett der neuen, zulässigen Gesellschaftsklassen passte, beseitigt. 1955 folgte eine weitere Kampagne gegen »versteckte Konterrevolutionäre«, parallel zur immer weiter greifenden Verstaatlichung des Handwerks und der Industrie sowie der schon beginnenden Kollektivierung der Landwirtschaft.[21]

Die Dimensionen dieser »Säuberungen« reichten sehr früh an die Jahre des Großen Terrors in der Sowjetunion heran. Aber der terroristische Effekt war womöglich noch größer durch die obligatorische Öffentlichkeit der Prozesse und der Exekutionen. In allen kleinen und großen Städten wurden »Massentribunale« inszeniert, in denen zusammengekehrte Gruppen von »Volksfeinden«, oft hunderte auf einmal, mit gesenkten Köpfen Anklagereden und Denunziationen über sich ergehen lassen mussten. Die Hauptangeklagten wurden gleich nach dem Urteil per Genickschuss vor den versammelten Massen exekutiert, das Schicksal der übrigen war schwankend. Der Terror diente also immer und obligatorisch der »Erziehung der Massen«.

Im April 1956 erklärte Mao vor einer Versammlung von Parteikadern: »Dass wir in der Vergangenheit zwei, drei Millionen [Konterrevolutionäre] getötet, eingesperrt oder überwacht haben, war ausgesprochen notwendig ... Man muss seine Zustimmung geben, dass auch in diesem Jahr einige getötet werden. In Behörden und Schulen ist zu säubern, man darf nicht erschlaffen, man muss harte Arbeit leisten.«[22] Die Nonchalance, mit der Mao die Zahl von »zwei, drei Millionen« hinwarf, signalisierte natürlich, dass es nicht nötig war, nachzuzählen und dass es auf eine Million mehr oder weniger nicht ankommen würde.

Diese Äußerungen waren gleichzeitig dazu bestimmt, Erwartungen einer Liberalisierung, die sich an Chruščevs Enthüllungen über die Verbrechen Stalins knüpften, radikal zu enttäuschen. Im Gegenteil, Mao nahm bewusst das Odium einer Verteidigung Stalins auf sich, um sich an die Spitze der kommunistischen Weltbewegung zu setzen. Im November 1957 reiste er zum 40. Jahrestag der Oktoberrevolution nach Moskau (das zweite und letzte Mal in seinem Leben, dass er China je verließ), um vor den Vertretern aller Bruderparteien offenen Widerspruch gegen eine zu weitgehende Verurteilung Stalins und gleichzeitig gegen die von Chruščev vertretenen Thesen einer »friedlichen Koexistenz« zu erheben. Dort in Moskau erklärte er, alle Imperialisten seien »Papiertiger«, und auch der Einsatz von Atomwaffen werde den US-Imperialismus nicht davor bewahren, wie Hitler oder die japanischen Militaristen gestürzt zu werden. Selbst wenn die Hälfte der Menschheit ausgelöscht werde, werde die andere Hälfte zum Sozialismus fortschreiten. Der Ostwind sei stärker als der Westwind. Das sozialistische Lager zähle bereits eine Milliarde Menschen, während das kapitalistische Lager nur noch 400 Millionen aufweisen könne.[23] Es lag in der Logik dieses Arguments, dass China mit seinen 600 Millionen Menschen dabei die Führungsrolle zufiel.

Diese Führung im sozialistischen Weltlager zu erringen, gelang Mao allerdings nicht. Nach dem offenen Schisma, dem in Form scholastischer Bannschreiben kodifizierten Bruch mit der zum »Revisionismus« übergegangenen KPdSU 1960, blieb die KP Chinas erst recht weitgehend allein. Allerdings gewann sie frische Unterstützung aus der entstehenden »dritten Welt«, zu deren Champion sie sich nun vor allem machte, und später aus dem Spektrum einer »neuen Linken« in den westlichen Ländern. Allerdings versuchte die KP Chinas niemals, daraus eine neue »Internationale« nach dem Vorbild der aufgelösten Komintern zu formen, wohl weil sie das Prinzip der staatlichen und nationalen Unabhängigkeit mit viel größerem Nachdruck zum Kernbestand ihrer Doktrinen zählte.

In gewisser Weise steckte im Begriff der »Dritten Welt« allerdings ein noch größerer und scheinbar auch realistischerer Anspruch. Er bedeutete zugleich, dass die Sowjetunion unter dem Etikett des »Sozialimperialismus« neben die USA gestellt wurde, und dass die VR China als aufsteigende Weltmacht, die sich im Schatten des Vietnamkrieges in einer konzentrierten Entwicklungsleistung die Atombombe verschaffte, ohne ideologische Rücksichten zwischen beiden manövrieren konnte.

Der Versuch einer totalen Kollektivierung der Landwirtschaft in Form der »Volkskommunen« ab 1956 und einer Industrialisierung mit bloßen Händen (im »Großen Sprung nach vorn«) ab 1958 trug durchaus stalinistische Züge, verbunden mit Zwangs- und Mobilisierungspraktiken der alten orientalischen Despotien, wie man sie seit Menschengedenken in dieser Form nicht mehr erlebt hatte. In mancher Hinsicht war auch dieses Unternehmen aber »noch totaler« als die sowjetische Kollektivierung. Mao plante, auch die Städte in Volkskommunen zu verwandeln, und schließlich tauchten Losungen auf wie: »Das ganze Land ist eine Volkskommune!« Für den Bau einer Reihe pharaonischer Bewässerungsbauten wurden 1958 nicht weniger als 100 Millionen Menschen aus dem ganzen Land mobilisiert. Und um die absurden Planvorgaben der Getreideproduktion zu erfüllen – die allein zwischen 1957 und 1959 von 185 auf 525 Millionen Tonnen pro Jahr gesteigert werden sollte, – wurden Obstgärten, Teeplantagen und Gemüsefelder untergepflügt.

Ähnlich absurde »Planziffern« wurden in anderen Bereichen aufgestellt: für Kohle von 30 auf 270 Millionen Tonnen, für Werkzeugmaschinen von 28 Tausend auf 90 Tausend Einheiten im Jahr. Den Gipfel erreichte der kollektive Irrsinn mit dem Bau von 600.000 Kleinsthochöfen, die mit Holzkohle betrieben werden sollten. Dafür wurden ganze Waldgebiete abgeholzt (mit dramatischen Erosionsfolgen), alle Eisengeräte bis hin zu den privaten Haushaltsgegenständen eingeschmolzen und die Arbeitskraft von Abermillionen vergeudet, nur um einen Stahl zu gewinnen, der nicht zu gebrauchen war. Diese Politik setzte Mao gegen alle Warnsignale und erste, offene Proteste aus der Partei (am nachdrücklichsten durch den angesehenen Marschall Peng Te-huai, der daraufhin abgesetzt und durch die willfährige Kreatur Lin Piao ersetzt wurde) durch, in einer ganz ähnlichen und noch panischeren Flucht nach vorne wie Stalin nach der eingeleiteten Totalkollektivierung 1929/30.

Die unmittelbare Folge dieser Politik war eine Hungersnot, die größte in der Geschichte Chinas und der Menschheit überhaupt. Nach heutigen, mehr oder weniger offiziellen Angaben starben damals zwanzig Millionen Menschen; andere Schätzungen kommen auf mehr als die doppelte Zahl.[24] Es war eine ausschließlich menschengemachte Katastrophe; klimatische Faktoren spielten dabei keine nennenswerte Rolle. Überwunden wurde dieses Massensterben nur durch einen partiellen Rückzug des Staates – die Wiederzulassung kleiner Privatparzellen und ländlicher Märkte. Tatsächlich brauchte das Land zwanzig Jahre, um den Rückschlag des »Großen Sprungs« wieder aufzuholen und den bescheidenen Pro-Kopf-Verbrauch der frühen fünfziger Jahre wieder zu erreichen.[25]

Die Erfahrungen dieses Desasters trieben allerdings in China – anders als in der Sowjetunion der dreißiger Jahre – eine wirkliche Opposition innerhalb der Partei- und Staatsführung hervor. Ihr Exponent war der amtierende Staatspräsident Liu Shao-tschi, der sich auf das Gros der Provinzkader stützen konnte. Ab 1962 polemisierte Mao, der sich kaum noch zeigte und faktisch von der Führung der Partei verdrängt war, gegen »rechte Tendenzen« und einen »chinesischen Revisionismus«, was nach allen Ausfällen gegen den sowjetischen Revisionismus nichts anderes meinte als die angebliche Gefahr einer »Rückkehr zum Kapitalismus«. Aber damit erzielte er keine entscheidende Wirkung. Er war immerhin über siebzig Jahre alt und körperlich gebrechlich. Man begann sich bereits auf die Zeit »nach Mao« einzurichten – als er im April 1965 seinen Bannfluch gegen das Zentralkomitee der eigenen Partei schleuderte.

Diese Kampfansage führte zwar zu heftigen Pressepolemiken, die den Rahmen der jahrelangen verdeckten Linienkämpfe gleichwohl nicht überschritten. Von einer »Kulturrevolution«

konnte keine Rede sein. Mao selbst äußerte sich in einem (erst nach ihrem Tod bekannt gewordenen) Brief an seine Frau Tschiang Tsching abgründig pessimistisch: »In der ganzen Welt gibt es hundert Parteien, die größte Zahl dieser Parteien glaubt nicht mehr an den Marxismus-Leninismus. Wenn Marx und Lenin bereits von ihnen zerschmettert wurden, um wie viel eher dann wir? ... Unsere jetzige Aufgabe heißt, die Rechten in der ganzen Partei und im ganzen Land zu einem Teil (vollständig ist unmöglich) niederzuschlagen, nach weiteren sieben oder acht Jahren kann man erneut eine Kampagne starten und die Rinderteufel und Schlangengeister wegfegen, später muss so etwas noch viele Male durchgeführt werden.«[26]

Das also war der Plan einer immer wiederholten, »antibürokratischen« Kulturrevolution, der in den Jahren darauf so viele Revolutionäre in der Dritten Welt und der »neuen Linken« im Westen begeisterte. Der erste und entscheidende Schritt war die Mobilmachung der Armee durch einen engen Gefolgsmann Maos, Lin Piao, der sich selbst als Maos designierten Erben sah und im Jahr zuvor das »Rote Buch« kompiliert hatte. Es bestand aus einer sklavischen Sammlung von Mao-Zitaten, die die Soldaten morgens beim Appell und abends in den Schulungen unablässig zu rezitieren hatten.[27]

Lin Piao malte in bewährter Putschistenmanier das Gespenst eines »konterrevolutionären Staatsstreichs« an die Wand und mobilisierte die Armee, während gleichzeitig in sorgsam instrumentierten Kampagnen Mao-treue Kräfte als Akt der Rebellion Wandzeitungen anbrachten – die erste in der Pekinger Universität am 1. Juni 1966. Darin wurde eine »finstere Bande, die einen wütenden Angriff auf die Partei, auf den Sozialismus und die Lehren Mao Tse-tungs unternommen hat«, angeprangert; und die »revolutionären Massen« wurden aufgerufen zu einem »Kampf auf Leben und Tod«.[28]

Mao adelte diese erste Wandzeitung sogleich als das »Manifest der chinesischen Pariser Commune des 20. Jahrhunderts« und verlangte ihre Verbreitung im ganzen Land. Worum es eigentlich ging und gegen wen sich der Angriff in letzter Instanz richtete, war noch immer nicht völlig klar. Aber das Zentralkomitee, unter scharfen Druck gesetzt, stimmte schließlich zu, alle Schulen und Universitäten für ein halbes Jahr zu schließen, um

»die Kulturrevolution erfolgreich zu Ende zu führen«. Die chinesische gebildete Jugend war damit in toto aufgefordert, sich »mit Politik zu befassen« und einen »Kampf auf Leben und Tod« gegen irgendwelche ominösen Verschwörungen und allerhand »Rindsteufel« und »Schlangengeister« zu entfesseln.

Diese »Kulturrevolution« wurde denn auch als ein Triumph der Jugend proklamiert, deren Aufgabe es sei, die »vier Alten« zu zerstören: die alten Ideen, die alte Kultur, die alten Sitten und die alten Lebensweisen. Als Hauptziel der Attacken wurde eine »revisionistische Clique alter Männer« ausgedeutet und als »alte Herren, die dem Weg des Kapitalismus folgen«, oder »alte Tröpfe aus der Klasse der Großgrundbesitzer« denunziert.[29] Zumindest äußerlich trug das durchaus anarchische Züge. Aufgerufen war keineswegs die offizielle Kommunistische Jugendliga, obwohl sie sehr schnell versuchte, ihre Fahne nach dem Wind zu hängen und sich an die Spitze der von Mao entfachten »Kulturrevolution« zu stellen, sondern die völlig wildwüchsigen »Roten Garden«.[30] Die der Pekinger Tshinhua-Universität angeschlossenen Mittelschüler, von denen viele nur dreizehn bis fünfzehn Jahre alt waren, schworen etwa, »die alte Welt auf den Kopf zu stellen, sie in Stücke zu zerschlagen, in Staub zu verwandeln und das Chaos zu schaffen – je größer die Verwirrung, umso besser!«[31]

Tatsächlich war der Chefeinpeitscher aller Massenaufmärsche der Rotgardisten der Verteidigungsminister Lin Piao, assistiert von Maos Sekretär und grauer Eminenz Tschen Po-ta sowie dem reaktivierten Chef der Geheimpolizei aus Jenaner Zeiten und illustren »Meister der Schatten«, Kang Scheng.[32] Hinzu trat Maos Gattin, die ehemalige Schauspielerin Tschiang Tsching, die sich zur Schöpferin einer neuen, revolutionären Massenkultur und obersten Bilderstürmerin aufwarf.[33] Dieses oberste Direktorium der Kulturrevolution, das sich eine quasi-formelle Stellung als »Gruppe für die Kulturrevolution beim Zentralkomitee« erkämpfte, trug deutliche Züge einer familiären Kamarilla.

Wenn Lin Piao im Vorwort zum »Roten Buch« die Mao Tse-tung-Ideen als eine »geistige Atombombe« pries, die die Welt erschüttern werde, war das eine beunruhigende Metapher – nicht ohne einen fatalen Beigeschmack von Wahrheit. Tatsächlich trug die »Kulturrevolution« Züge einer psychischen und geistigen

»Kernspaltung« in den Köpfen der jugendlichen Massen, die begannen, in endlosen Zügen die Städte, später auch das Land zu durchziehen, um »Propaganda unter den Massen« zu treiben, was von Beginn an vor allem die Form willkürlich inszenierter und zunehmend brutalisierter Tribunale annahm. Die mit Schandhüten oder umgehängten Schmähplakaten erniedrigten, mit vorgehaltener Pistole auf die Tribünen geschleppten und in ausgesuchter Manier gefolterten »alten Herren« oder »alten Tröpfe« waren Parteikader der ersten Stunde, ältere Fachleute, Verwaltungsbeamte, Lehrer aller Stufen (von denen allein ca. ein Drittel »niedergekämpft« wurde),[34] »dekadente« Künstler, sei es moderner oder klassischer Musik, oder »Konkubinen«.

Von den Motivationen her, die entfesselt wurden, dürfte es sich zunächst um eine Rebellion der Nachkriegs- und Nachrevolutions-Generation gegen die Übermacht der Väter gehandelt haben – in Form eines Kinderkreuzzugs, in dem sich viele Motive mischten, sicherlich auch einige emanzipatorische, etwa bei den jungen Frauen, die das Gros der hysterisierten Fans des Großen Steuermanns bei seinen raren öffentlichen Auftritten abgaben, oder bei marginalisierten Gruppen junger Arbeiter. Dennoch lässt sich diese ganze Bewegung nur in ihren ursprünglichen, blinden Antriebsmechanismen, aber nicht in ihrem Verlauf als ein Generationskonflikt beschreiben.

So wenig das Gesamtgeschehen – mangels zugänglicher Quellen und einer angemessenen historischen Aufarbeitung in China selbst – bis heute als erforscht gelten kann,[35] so deutlich zeichnen sich einige Muster ab, die durchaus Parallelen mit der älteren Geschichte der stalinistischen wie der maoistischen »Säuberungen« aufwiesen oder dazu direkt in Beziehung standen. So stand im Zentrum der »Kulturrevolution« ein handfester Macht- und Fraktionskampf innerhalb der Partei und der zentralen Staatsorgane. Sechzig Prozent der hauptamtlichen Kader, vom Zentralkomitee bis zu den Provinz- und Ortskomitees, insgesamt etwa drei bis vier Millionen Funktionäre, wurden in diesen Jahren aus ihren Ämtern getrieben, öffentlich misshandelt und gedemütigt, verhaftet und in Umerziehungslager gesteckt, allerdings größtenteils nicht ermordet. Das Gros hat überlebt und kehrte in seine Ämter zurück. Entsprechendes gilt für 400.000 Offiziere der Volksbefreiungsarmee, die abgelöst und mit Repressalien überzogen wurden. Im Ministerium für Staatssicherheit ging es nach der Übernahme durch Kang Sheng besonders blutig zu, fast wie 1937 unter Ežov und 1939 Berija; rund 1.200 wurden erschossen, über 20.000 verhaftet.[36]

Alles in allem handelte es sich bei der »Kulturrevolution« aber, wie in einer historischen Gegenbewegung zur kommunistischen Machteroberung, um ein weitgehend städtisches Geschehen. Und innerhalb der Städte blieb sie im wesentlichen (jedenfalls zu Beginn) eine Sache der Schüler und Studenten, die aufgerufen waren, »Politik zu machen«. Allerdings konnten die in Bildungseinrichtungen befindlichen Jugendlichen zwischen 14 und 24 Jahren in einigen Städten wie z.B. Shanghai ein Viertel der Gesamtbevölkerung ausmachen. Insgesamt waren es nicht weniger als fünfzig Millionen Jugendliche, die an den Kinderkreuzzügen und Kämpfen der »Kulturrevolution« teilnahmen.[37]

In Wirklichkeit waren diese Jugendlichen natürlich alles andere als »weiße Blätter«, sondern kamen aus Familien und Milieus mit einer jeweiligen Vorgeschichte. Die Unzahl von Feindkategorien der verschiedenen Repressionskampagnen der vierziger und fünfziger Jahre hatte, wie in der stalinistischen Sowjetunion, einen erblichen Charakter angenommen. Diese ganze »Soziologie à la Frankenstein« (Jean-Louis Margolin)[38] hatte sich in der früh im Bürgerkrieg bereits auftauchenden und sich verfestigenden Sammelkategorie der »schwarzen Elemente« niedergeschlagen, denen die »roten Elemente« gegenüberstanden. Das klang (zu Recht) mehr nach einem War of Roses zwischen Rot und Schwarz als nach Klassenkampf. Die ersten Ausschreitungen der Roten Garden scheinen denn auch von den »fünffach Rotgeborenen« initiiert worden zu sein, die eine Art Erstgeburtsanspruch geltend machten, und richteten sich gegen die verborgenen »schwarzen Elemente« im Lehrkörper, in den Parteigremien oder lokalen und regionalen Verwaltungen, die in Formen, die an Hexenprozesse oder Pogrome erinnerten, gefoltert, gedemütigt und nicht selten ermordet wurden.[39]

Allerdings stammte ein erheblicher Teil der Oberschüler nach wie vor aus »schwarzen« Familien. Im Oktober 1966 wurde ihnen auf Weisung Maos der Zutritt zu den Roten Garden gestattet. Vielfach gebärdeten sie sich dort ultra-revolutionär, was ihnen einerseits ermöglichte, sich durch äußerste Militanz von ihrer »schlechten Herkunft« reinzuwaschen – und gleichzeitig Revanche zu nehmen. Tatsächlich hatten die angegriffenen lokalen und regionalen Parteiinstanzen längst begonnen, eigene Rotgardistengruppen ins Leben zu rufen, die vielfach unter dem Sammeltitel der »Fortsetzer« auftraten. Somit standen sich in den verwirrendsten Kombinationen »Rote« und »Schwarze«, »Rebellen« und »Fortsetzer« gegenüber.[40]

Alle diese jugendlichen Spaltungen gehorchten psychischen Mechanismen und gleichzeitig fraktionellen Instrumentierungen, die von den Akteuren immer weniger durchschaut wurden. Die fraktionellen Spaltungen potenzierten sich auch innerhalb der einzelnen Lager. Schließlich kämpften tausende von Rotgardistengruppen gegeneinander, die sich jeweils eigene Abzeichen und eigene »Hauptquartiere« schufen. »Im übrigen hatte…über kurz oder lang jeder einen Grund, Rache zu nehmen, denn die jeweiligen Sieger kannten keine Großmut.«[41]

Aber auch Armeeeinheiten spalteten sich und lieferten einander Gefechte und Artillerieduelle. Betriebe stellten Selbstschutzeinheiten auf und kämpften mit oder gegen Rotgardistengruppen oder Armeeeinheiten. Es fanden die bizarrsten Massaker statt. Täglich trieben »Flöße« aneinandergebundener, verstümmelter Leichen den Perlfluss bei Kanton hinunter und wurden vor Hongkong angeschwemmt – nur so erfuhr die Welt etwas über die Wirren im Reich der Mitte. Aber worum es bei allen diesen Kämpfen und Massakern ging, hätte niemand mehr so recht sagen können, die Beteiligten am wenigsten. Alle Kämpfenden waren ja unter roten Fahnen angetreten, und alle schwenkten das Rote Buch. So sah es zumindest aus.

Die Kulturrevolution endete schließlich 1968 auf ein Signal Maos und auf Kommando Lin Pioas damit, dass die umherziehenden Rotgardistengruppen von der Armee, der Sonderpolizei und von Einwohnerwehren in einer zuweilen faschistisch anmutenden Manier aus ihren Hauptquartieren oder Verstecken gewaltsam herausgeholt, misshandelt, verhaftet, erschossen oder zusammengetrieben wurden, um zwangsverschickt zu werden. Zwischen zwölf und zwanzig Millionen ehemaliger Schüler und Studenten, darunter allein aus Shanghai eine Million Jugendliche (fast ein Fünftel der Bevölkerung!), wurden in großen Schüben Volkskommunen zugewiesen oder in kargen Gebieten ausgesetzt. Der ernste Hintergrund war, dass neue Hungersnöte ausgebrochen waren und dass Produktion und Verkehr in allen Sektoren am Rande des Zusammenbruchs standen, sodass die elementare Versorgung der Städte und Zentren nicht mehr gewährleistet war.[42]

Ein wenig verhülltes Grundmotiv hinter allen Proklamationen eines superlativen Internationalismus, der die »Kulturrevolution« als eine spezifische feuerrote Aura umgab, war ein revolutionärer Hyper-Chauvinismus mit weithin xenophoben Zügen. Der Bildersturm gegen die »alte«, d.h. feudale oder bürgerliche Kultur Chinas galt in gleicher Weise auch allen Symbolen und Resten »ausländischer Einflüsse«.[43] In einer programmatischen Rede auf einer Konferenz der Kulturschaffenden im November 1966 verkündete Tschiang Tsching, schon in ihrer faktischen Rolle als Kulturdiktatorin: »Die kapitalistische Kultur ist auf der ganzen Linie im Niedergang begriffen. Aber es gibt andere Dinge, die den Markt überfluten, wie Rock'n Roll, Jazz, Striptease, Impressionismus, Symbolismus, abstrakte Kunst, Fauvismus, Modernismus ... Mit einem Wort, es breiten sich Dekadenz und Schmutz aus, die das Volk vergiften und korrumpieren.«[44]

Daraufhin wurde aus den Bibliotheken und den Verlagsprogrammen die gesamte klassische und zeitgenössische Weltliteratur, aber auch ausländische Fachliteratur jeder Art aussortiert. Ende 1966 wurden sämtliche Theater, Orchester, Kinos und Filmstudios bis auf Weiteres geschlossen. Unter der persönlichen Anleitung Tschiang Tschings wurden acht »revolutionäre Musterwerke« produziert: vier Peking-Opern, zwei Balletts, ein Klavierkonzert und ein Figuren-Theater. Diese bildeten nun über Jahre hinweg das ausschließliche Repertoire sämtlicher Kulturveranstaltungen. Dazu gab es noch eine Hand voll revolutionärer Lieder wie »Der Osten ist rot« und »Für die Seefahrt braucht man einen Steuermann«. Viel mehr Lieder gab es nicht. Man sang in endloser, narkotischer Wiederholung immer dasselbe. Allein das muss zu einer Art Trance geführt haben.

Lin Piao verlangte, dass auch beim Studium des Marxismus-Leninismus »99 Prozent der Anstrengungen« auf das Studium der Mao-Schriften verwendet werden solle. Von den »Ausgewählten Werken« Mao Tse-tungs in vier Bänden waren bis 1965 bereits 11,5 Millionen Exemplare hergestellt worden, von 1966 bis 1968 waren es nicht weniger als 150 Millionen. Dazu kamen hundert Millionen mal die Gedichte Maos und zwei Milliarden Mao-Schriften in Einzelbroschüren. Aber vor allem wurden 740 Millionen Exemplare des Roten Buches ausgegeben[45] – was bedeutete, dass jedem Menschenwesen in China vom Säugling bis zum Greis ein Exemplar des »Roten Buches« zum Studieren, Rezitieren oder wenigstens zum Schwenken in die Hand gegeben wurde.

Aber die Mao-Schriften wurden auch in Abermillionen Exemplaren in 22 Fremdsprachen weltweit vertrieben. Während nach innen eine geistige Monokultur geschaffen wurde, wie sie der Sowjetunion selbst in Zeiten des extremsten Stalinkultes dann doch fern gelegen hatte und die überhaupt ohne jede historische Präzedenz war, wurde nach außen hin ein ungeschminkter weltrevolutionärer Avantgardismus in den Farben Chinas getrieben. Wenn Lin Piao erklärte: »Die Gedanken Mao Tse-tungs sind der Marxismus-Leninismus eines Zeitalters, in welchem der Imperialismus seinem völligen Zusammenbruch und der Sozialismus in der ganzen Welt dem Sieg entgegengehen«[46] – dann war klar, dass der Maoismus die weltweit und universal gültige Doktrin für alle nach Befreiung dürstenden Völker und Proletarier war.

Dabei rückte nicht zufällig der Widerspruch zur Sowjetunion immer mehr an die erste Stelle. Schon Ende der sechziger Jahre wurde der sowjetische »Sozialimperialismus« auch offiziell als der Hauptfeind Chinas und aller um Befreiung kämpfenden Völker gebrandmarkt. Der Zusammenstoß von Truppen beider Länder am Ussuri führte 1969 für einen Moment an den Rand eines großen, womöglich atomar geführten Krieges. Faktisch wurden die aus dem späten 19. Jahrhundert stammenden, regulär geschlossenen Grenzverträge zwischen beiden Ländern von der VR China nicht mehr anerkannt.

Mit diesem Konflikt trat die Welt in ein kurzes Zeitalter der »roten Kriege« ein. Der Empfang Nixons 1972 in China, noch während US-Truppen in Vietnam standen und ganz Indochina von US-Flugzeugen »in die Steinzeit« bombardiert wurde, war vor allem ein Schachzug gegen die Sowjetunion. Die Unterstützung der Roten Khmer durch die Pekinger Führung, einschließlich der Deckung ihrer monströsen Vernichtungspolitik gegenüber den städtischen Schichten, die chauvinistischen Proklamationen eines Groß-Kampuchea, die Invasion Kampucheas durch das von der Sowjetunion unterstützte Vietnam, das noch immer seine »indochinesischen« Reichspläne verfolgte, und schließlich die mörderische »Lektion« der in Übermacht einfallenden, keine Menschenverluste scheuenden chinesischen Armee gegen das erschöpfte Vietnam im Jahre 1980 – diese und andere Ereignisse machten endgültig klar, dass von einem einheitlichen Welt-Kommunismus jetzt wie in Zukunft keine Rede mehr sein konnte. Während sich das um die Sowjetunion gruppierte und von ihr massiv alimentierte und aufgerüstete »sozialistische Weltlager« noch immer ausdehnte, stand es bereits unmittelbar vor dem Zusammenbruch.

Als Mao 1976 starb, bebte die Erde und die »Rinderteufel und Schlangengeister« kamen (wieder einmal) hervor. Nur einen Monat nach seinem Tod wurde die von seiner Witwe angeführte so genannte »Viererbande« verhaftet, Jahre nachdem Maos Kronprinz Lin Piao geflüchtet und als »Faschist« denunziert worden war. Nicht viel anders klangen die Anklagen im Schauprozess gegen die »Viererbande«. Und wie in einem Vexierspiel wurden noch einmal alle kulturrevolutionären Register gegen sie gezogen, mit Wandzeitungen und Transparenten, auf denen Tschiang Tsching mal als Hexe und unzüchtige Verführerin, mal als feudale Machthaberin mit den Allüren einer Kaiserin und mal als bourgeoise Dekadente mit den Accessoires eines westlichen Filmstars firmierte.[47]

Womöglich noch schneller als im Falle Stalins begann die »Entmaoisierung«. Enttäuschte Rotgardisten waren die ersten und bittersten Kritiker. 1978 war das »Jahr der Rückkehr« in China, in dem zum ersten Mal eine schüchterne Dissidentenbewegung an einer kurzlebigen »Mauer der Demokratie« auftrat.[48] Und dann stand da bei einem Staatsempfang im zerknitterten Kaderanzug, aus einem Schweinekoben geholt, einer der Hauptattackierten der Kulturrevolution, die er dank stoischer Haltung und Selbstkritik überlebt hatte: der »zweite Mann« hinter dem elend ums Leben gebrachten Liu Shao-tschi, Teng Hsiao-ping.

Hier müsste dann eine neue Transkription der chinesischen Namen beginnen, die sich vom strengen Ton der alten, revolutionären Aussprache löste. Ab 1978 begann Teng, nunmehr als

Deng, die Fäden der Politik zu ziehen. Mit einem Minimum an ideologischem Aufwand, der aus wenig mehr als einer Hand voll lakonischer Sentenzen bestand, stellte Deng das Reich zunächst wieder auf seine breite Grundlage: das Bauerntum. Seine »Reform der Revolution« war durchaus noch sozialistischen Zielen verpflichtet. Sozialismus hieß für ihn nur: Die Politik muss die Ökonomie kommandieren. Sein berühmtes Zitat, wonach es ihm egal sei, ob eine Katze schwarz oder grau sei, wenn sie nur Mäuse fange, lässt sich dahin übersetzen: dass die »Katze« Wirtschaft ein Mittel zum Zweck war, dem Staat »Mäuse fangen« zu helfen. Wie der Sozialismus früher Mittel zum Zweck war, so nun der Kapitalismus. Eine andere, immer wiederkehrende Formulierung in Dengs Kanon lautete, es müsse um jeden Preis verhindert werden, dass China ein »Haufen loser Sand« werde.[49] Das war noch einmal die Ideologie einer Reichserneuerung. Die um Deng gruppierte, post-maoistische Führung begriff, dass einer starker Staat im 20. Jahrhundert dazu vor allem einer starken ökonomischen Basis bedarf.

Dazu musste zweierlei geschehen: Es mussten die Volkskommunen als Zwangsverbände aufgelöst und den Bauern die Möglichkeit gegeben werden, wieder in ihren hergebrachten familiären und dörflichen Formen, jenseits staatlicher Plandiktate zu wirtschaften. Das taten die Bauern über Nacht. Das unmittelbare Ergebnis war eine Explosion sozialökonomischer Potenzen, die damit frei wurden. Der zweite Schritt war noch bedeutender und in Dengs lakonischen Sätzen deutlich: »Wir müssen unser Land der Welt zugänglich machen, das bringt keinen Schaden.« In dieser Rolle, als Bauernbefreier und als derjenige, der die Öffnung Chinas eingeleitet hat, wird man Deng – trotz seiner düsteren Rolle bei der Niederschlagung der Demokratiebewegung im Sommer 1989 – in historischer Perspektive immer sehen.

Die ungeheure Dynamik der chinesischen Entwicklung der letzten zwanzig Jahre ging zu einem ersten, entscheidenden Teil vom Land, nicht von den Städten aus, und hat sich mit dem Weltmarkt verknüpft. Das war und ist genau diejenige Entwicklung, gegen die Stalin sich am Ausgang der NEP gewandt hatte, und die auch Mao 1955/56 in der kurzen Phase des von Osteuropa auf China übergreifenden »Tauwetters« alarmiert hatte. Heute geht China (um mit Mao zu sprechen) tatsächlich »den kapitalistischen Weg«, aber es behält zugleich den alles übergreifenden Machtapparat der Einheitspartei und ein Residuum von Staatssozialismus bei: in Gestalt von Planbehörden und Entwicklungsplänen, staatlichen Grundstoffindustrien und Infrastrukturen, Zensurbehörden für die Medien und die Künste, enger ideologischer Kontrolle des Bildungssektors, von Lagerkomplexen und massenhafter Zwangsarbeit[50] sowie anderen Repressionsinstrumenten unter der Regie der Geheimpolizei, und schließlich in Gestalt eines ausgedehnten »militärisch-industriellen Komplexes« als eines Staats im Staate. Die Volksrepublik wahrt, wenn nötig, mit großer Brutalität (wie in Tibet oder Sinkiang) die Einheit des neuen Reiches; und sie betreibt mit großer Hartnäckigkeit die Heimholung der abgetrennten Teile des alten Reiches – zunächst Hongkongs, dann Taiwans.

Dass dieses System einer durch nichts als die blanke Staatsraison legitimierten Parteidiktatur über kurz oder lang in eine tiefe Krise geraten muss, ist sicher – eben weil es mittlerweile eine historische Tatsache kaum abzuschätzenden Gewichts ist, dass China die Gleise einer mehrtausendjährigen, oft zirkulären Geschichte in Form eines nahezu beispiellosen ökonomischen take-off verlassen hat. Die maoistische Ära wird dagegen vielleicht einmal als ein letzter, gewaltsamer Akt der Reichseinigung und damit als ein letztes dramatisches Kapitel der alten Reichsgeschichte verstanden werden. Es wäre allerdings ein intellektuell und moralisch revoltierender Gedanke, sie mit ihren willkürlichen Menschenopfern und dramatischen Verheerungen etwa als eine Phase der »schöpferischen Zerstörung« (im Sinne Schumpeters) zu verstehen.

Anmerkungen

1 A. Giddens: The Nation-State and Violence, Cambridge 1985.

2 So der Herausgeber der in Charbin 1920 erschienenen Anthologie »Smena Vech« (Wechsel der Wegzeichen), Nikolaj Ustrjalov, die der Bewegung der »weißen Rückkehrer« das Leitmotiv lieferte. Vgl.: M. Heller: Geschichte der Sowjet-

union, Bd. I: 1914–1939, Königstein 1981, S. 137–140; ausführlicher bei: M. Agursky: Ideologija Nacionalbolshevisma, Jerusalem 1979, S. 37–45.

3 J.K. Fairbank: Geschichte des modernen China 1800–1989, München 1989, S. 90.

4 J.-L. Margolin: China – Ein langer Marsch in die Nacht, in: S. Courteois (u.a.): Das Schwarzbuch des Kommunismus. Unterdrückung, Verbrechen und Terror, München-Zürich 1998, S. 511.

5 Maos erster schriftlicher Text, ein Zeitungsbeitrag im April 1917, hieß »Eine Studie über die Körperkultur«. Er begann mit dem Satz: »Unserer Nation fehlt es an Stärke.« Und er fasst sich in dem Satz zusammen: »Der Hauptzweck körperlicher Ertüchtigung ist soldatisches Heldentum.« Vgl.: S. S. Schram: Mao Tse-tung, Frankfurt/M. 1966, S. 34f.

6 E. Snow: Roter Stern über China, Frankfurt 1970. Im Teil IV: Entwicklungsgeschichte eines Kommunisten (S. 163–239) zeichnet Snow als eine Art Eckermann Maos selbst erzählte Entwicklungsgeschichte auf.

7 A. Smedley: Battle Hymn of China, London 1944, zit. nach: A. Schram, Mao Tse-tung, S. 198.

8 Mao Tse-tung: Untersuchungsbericht über die Bauernbewegung in Hunan, in: Ders.: Ausgewählte Werke (AW), Bd. 1, S. 21–27.

9 Den Gedanken, dass die »kleinbürgerliche Anarchie« zur Hauptgefahr für die Revolution geworden sei, entwickelte Lenin systematisch in seiner Broschüre »Über ›linke‹ Kinderei und über Kleinbürgerlichkeit«, in: W.I. Lenin: Werke, Bd. 27, S. 318. Den »Kreuzzug« gegen die angeblich das Getreide zurückhaltenden Bauern proklamierte er in »Über die Hungersnot (Brief an die Petrograder Arbeiter)« vom 22. Mai 1918, in: Ebd., S. 385ff.

10 Vom »vaterländischen Krieg« hatte Lenin bereits Ende April 1918 in seinem Artikel »Eine ernste Lehre und eine ernste Verantwortung« gesprochen. In: Ebd., S. 69.

11 Im April 1958, am Vorabend des »Großen Sprungs«, erklärte Mao programmatisch: »Chinas 600 Millionen (haben) zwei besondere Eigenarten: erstens sind sie arm und zweitens leer. Das mag schlecht erscheinen, ist aber in Wirklichkeit gut … Ein leeres Blatt Papier hat keine Flecken, und deshalb kann man es mit den neuesten und schönsten Worten beschreiben, den neuesten und schönsten Bildern bemalen.«, zit. nach: Schram, Mao Tse-tung, S. 190f.

12 Die Biographie Tscheh Tehs, der Maos erster Militär und Marschall der Volksrepublik werden sollte, ist auf ihre Weise bezeichnend. Als junger kaiserlicher Offizier hatte er sich der Kuomintang angeschlossen, unter deren Herrschaft er rasch zum General avanciert war. 1922 hatte er in einem privaten Autodafé seine Opiumpfeifen verbrannt, seine Konkubinen nach Hause geschickt und sich bei einem Studienaufenthalt in Deutschland vom jungen Tschou En-lai zum Kommunismus bekehren lassen. Nach China zurückgekehrt, trat er – noch immer als mit Geheimdienstaufgaben betrauter Kuomintang-General – konspirativ der KP bei. In der Krise 1927 stellte er sich mit seinen Leuten auf die Seite der Kommunisten und errichtete als Militärchef Maos das erste »rote Stützpunktgebiet«. Damit war auch klar, dass die Revolution von vornherein die Form eines militärischen »Befreiungskrieges« haben würde. Die Landung der Japaner 1931 in der Mandschurei gab diesem Unternehmen dann eine völlig neue nationale Bedeutung.

13 Allerdings sind die genauen Umstände der – eher informellen als formellen – Machtübernahme Maos weniger klar, als es die spätere maoistische Geschichtsschreibung gerne wollte. Vgl.: C. Hulot: Der Lange Marsch, Frankfurt/M. 1972, S. 161–182; K. Heng-yü: Maos Weg zur Macht und die Komintern, Paderborn 1975, S. 58ff.; oder Schram, Mao Tse-tung, S. 178–190.

14 H. Martin: Kult und Kanon. Entstehung und Entwicklung des Staatsmaoismus 1935–1978, Hamburg 1978, S. 9ff.; ders.: China ohne Maoismus? Wandlungen einer Staatsideologie, Reinbek 1980, S. 18–22.

15 Mao Tse-tung: Gegen den Parteischematismus. Rede auf einer Funktionärskonferenz in Jenan am 8. Februar 1942, in: AW, Bd. III, S. 58.

16 Zu der blutigen Verfolgungswelle in Jenan, vgl.: R. Faligot / R. Kauffer: Kang Sheng et les services secrets chinois (1927–1987), Paris 1987, S. 186–206.

17 Martin, China ohne Maoismus, S. 18–29; ders., Kult und Kanon, S. 12ff. Wie Thomas Heberer (unter Berufung auf den US-Historiker Holubnychy) erwähnt, waren ein Drittel der Zitate in Maos »Ausgewählten Werken« chinesischen Klassikern entnommen, während sich nur etwa vier Prozent auf Marx und Engels bezogen. Dass das Gros der Zitierungen (über vierzig Prozent) Lenin und Stalin entnommen war, war kein bloßer doktrinärer Tribut, sondern hatte mit den faktischen engen Beziehungen beider Parteien schon vor der Machteroberung zu tun. Vgl.: T. Heberer: Chinesischer Sozialismus = Sozialistischer Konfuzianismus? Der Widerstreit zwischen Tradition und Moderne, in: U. Menzel (Hg.): Nachdenken über China, Frankfurt/M. 1990, S. 134.

18 Vgl. etwa die tabellarische Übersicht über die Verteilung des Grundbesitzes und die agrarrevolutionären Veränderungen im Fall des Dorfes Lange Biegung. W. Hinton: Fanshen. Dokumentation über die Revolution in einem chinesischen Dorf, Bd. 2, Frankfurt/M. 1972, S. 364.

19 Margolin, Ein langer Marsch, S. 527–531.

20 Ebd., S. 531.

21 Ebd., S. 531–537.

22 Rede zum Abschluss einer Kampagne gegen »versteckte Konterrevolutionäre«, hier zit. nach: R. Simon: Verblichene Blutspuren. Die Opfer der chinesischen Revolution, in: U. Menzel: Nachdenken über China, S. 260. Weit milder klingen seine Ausführungen in der Rede »Über die zehn großen Beziehungen«, die er auf einer erweiterten Tagung des Politbüros Ende April 1956 gehalten haben soll. Freilich spricht vieles dafür, dass die später gedruckten Reden völlig anders klangen als die intern gehaltenen. In diesem Falle handelt es sich ohnehin um die nach Maos Tod veröffentlichte Version in dem von seinem kurzlebigen Nachfolger Hua Guofeng kompilierten Band V der Ausgewählten Werke, Beijing 1977, insbesondere Abschnitt VIII. Die Beziehungen zwischen Revolution und Konterrevolution siehe S. 335–339.

23 Mao Tse-tung: Alle Reaktionäre sind Papiertiger, in: Ausgewählte Werke, Bd. V, S. 587f.; vgl. auch: Schram, Mao Tse-tung, S. 288ff.

24 J. Becker: Hungry Ghosts. China's Secret Famine, London 1996, S. 270–273.

25 Becker, Hungry Ghosts; Margolin, Ein langer Marsch, S. 552.

26 H. Martin (Hg.): Mao intern. Unveröffentlichte Schriften, Reden und Gespräche Mao Tse-tungs, München 1974, S. 207. Ganz ähnlich äußerte er sich auch

im Gespräch mit Edgar Snow, der ihn 1965 nach fast drei Jahrzehnten wieder besuchte und den Eindruck hatte, einem von Todesahnungen bewegten Mann gegenüberzusitzen. Mao kam sehr schnell auf die Aussicht zu sprechen, dass »die Jugend die Revolution negieren und eine schwache Leistung erbringen könnte«, indem sie »mit dem Imperialismus ihren Frieden machen« und sich »auf die Seite des geringen Prozentsatzes von Konterrevolutionären stellen könnte, die noch im Lande sind.« E. Snow: Die lange Revolution. China zwischen Tradition und Moderne, Stuttgart 1973, S. 233ff.

27 Vgl. die Einleitung des Herausgebers Tilemann Grimm in: Das Rote Buch. Worte des Vorsitzenden Mao Tse-tung, Frankfurt/M. 1967, worin der deutsche Sinologe von einer »Milliarde dienstbereiter Revolutionäre« schwärmte, die gemäß den Weisungen des Vorsitzenden Mao »entschlossen den Weg der proletarischen Revolution weitergehen.«, S. 8.

28 Hier zit. nach: Margolin, Ein langer Marsch, S. 578.

29 Der Zusammenhang zwischen der Furcht »vor dem voraussichtlichen Tod des großen Führers und vor dem ›Tod der Revolution‹«, der Mao selbst und seine Kamarilla zu ihrem desperat maßlosen und unerwartet wirkungsvollen Appell an die Jugend zur Zerstörung des »Alten« veranlasste, findet sich sehr plausibel dargelegt bei R.J. Lifton: Die Unsterblichkeit des Revolutionärs. Mao Tse-tung und die chinesische Kulturrevolution, München 1970, S. 30f., 55f.

30 Vgl. etwa die sklavisch schrifttreue Darstellung von A. Hsia: Die chinesische Kulturrevolution. Zur Entwicklung der Widersprüche in der chinesischen Gesellschaft, Neuwied-Berlin 1971, S. 164ff.

31 Peking Rundschau Nr. 37/1966, 9. September 1966, hier zit. nach: Schram, Mao Tse-tung, S. 333.

32 Zu Kang Sheng vgl.: Faligot / Kauffer, Kang Sheng.

33 Zu Tschiang Tsching vgl. die auf ausführlichen Interviews beruhende, zwiespältig bewundernde Biographie der amerikanischen Sinologin R. Witke: Genossin Tschiang Tsching. Die Gefährtin Maos erzählt ihr Leben, München 1977.

34 Nach: Margolin, Ein langer Marsch, S. 581.

35 Jonathan Spence hat angesichts der mehr als eine Generation andauernden Blockade aller Aufarbeitungsbemühungen den beklemmenden Gedanken geäußert, dass es im Gegensatz zu anderen historischen Ereignissen in diesem Falle immer schwieriger werden könnte, »eine der katastrophalsten und kompliziertesten Massenbewegungen und politischen Umwälzungen, die China je erlebt hat, zu verstehen«. J.D. Spence: Li Zhensheng – Fotograf einer Zeit des Schreckens, in: Li Zhensheng, Roter Nachrichtensoldat, Berlin 2003, S. 11.

36 J.-L. Domenach: Chine – L'archipel oublié, Paris 1992, S. 273–285.

37 Vgl. H. Harding: The Chinese State in Crisis, in: R. MacFarquar / J.K. Fairbank (Hg.): The Cambridge History of China, Bd. 15, Vol. 2: Revolutions within the Chinese Revolution, 1966–1982, Cambridge 1991, S. 208–211.

38 Margolin, Ein langer Marsch, S. 529.

39 H. Linshan: Les Années rouges, Paris 1987. Vgl. auch die einzigartige Fotodokumentation des Harbiner Lokalfotografen und ehemaligen Rotgardisten Li Zhensheng, Roter Nachrichtensoldat.

40 Margolin, Ein langer Marsch, S. 587–592.

41 Ebd., S. 591.

42 Ebd., S. 594.

43 Vgl. den Bericht des in Trinidad aufgewachsenen britischen Staatsbürgers und nach Peking zurückgekehrten Mitarbeiters und zeitweisen Rotgardisten J. Chen: Chinas Rote Garden, Stuttgart 1988, S. 229f.

44 Witke, Genossin Tschiang Tsching, S. 349f.

45 Martin, China ohne Maoismus?, S. 24.

46 L. Piao: Vorwort zur zweiten Auflage, in: Worte des Vorsitzenden Mao Tsetung, Peking 1968, S. 1.

47 Witke, Genossin Tschiang Tsching, S. 506–513 sowie die Abbildungen auf S. 296ff. Die Treffen und Interviews mit Witke selbst im Jahr 1975 galten als Beweis ihrer eitlen Machtambitionen.

48 Vgl. etwa: J. Kremb: Bis zum letzten Atemzug. Wei Jingsheng und das Schicksal einer chinesischen Familie, München 1997; J. Spence: Das Tor des Himmlischen Friedens. Die Chinesen und ihre Revolution 1895–1980, München 1985, hier nach der Tb-Ausgabe München 1992, S. 365–371.

49 So zitiert von Helmut Schmidt in der Einleitung zu: D. Xiao-ping: Die Reform der Revolution, Berlin 1988, S. 9, 24.

50 Es ist eine auffällige Tatsache, dass – anders als im Falle der Sowjetunion und ihres GULag – das ebenso ausgedehnte chinesische System der Zwangsarbeitslager (Laogai) kaum eine angemessene Darstellung gefunden hat, offensichtlich, weil es weder eine ähnlich ausgedehnte Rückkehrerliteratur und »inoffizielle Literatur« in China gibt noch eine reguläre historiographische Bearbeitung auf Basis zugänglicher Quellen. In der Gesamtschau von J. Kotek / P. Rigoulot: Das Jahrhundert der Lager, Berlin-München 2000, spielen die chinesischen Lager nur eine Nebenrolle, obwohl sie doch wahrscheinlich nach den absoluten Häftlingszahlen die größten Zwangsarbeitseinrichtungen der Weltgeschichte waren und (in abgeschwächter Form) bis heute sind. Die Todesraten scheinen in den ersten Jahrzehnten der Volksrepublik durchaus denen der sowjetischen Lager der Stalinära entsprochen zu haben. Der erste ausführlichere Bericht über Maos »Laogai« stammte 1973 von dem selbst über Jahre inhaftierten Jean-Pasqualini, verfasst unter seinem Häftlingsnamen Bao Ruo-Wang, zusammengestellt von R. Chelminiski: Prisoner of Mao, New York 1973. Es folgte das ebenfalls auf eigenen Hafterfahrungen beruhende Buch von H. Wu Hongda: Laogai. The Chinese Gulag, Nashville TE 1992; ders.: Bitter Winds. A Memoir of my Years in China's Gulag, Hoboken NJ 1993. Weitere Darstellungen finden sich in: Domenach, L'Archipel obulié; Margolin: Ein versteckter »Gulag«, in: Ein langer Marsch, S. 553–570.

Die Autoren

Jörg Baberowski, geboren 1961, Prof. Dr., Professor für Geschichte Osteuropas an der Humboldt-Universität zu Berlin. Arbeits- und Forschungsschwerpunkte: Geschichte des Stalinismus, Gewaltgeschichte, Theorie der Geschichte. *Wichtigste Veröffentlichungen:* Der Feind ist überall. Stalinismus im Kaukasus, München 2003; Der rote Terror. Die Geschichte des Stalinismus, München ²2004; Der Sinn der Geschichte. Geschichtstheorien von Hegel bis Foucault, München 2005. *Homepage* des Lehrstuhls Geschichte Osteuropas der Humboldt-Universität zu Berlin: http://oeg.geschichte.hu-berlin.de.

Dietrich Beyrau, geboren 1941, Prof. Dr., Direktor des Instituts für Osteuropäische Geschichte und Landeskunde der Universität Tübingen. Arbeits- und Forschungsschwerpunkte: Wissenschaftsgeschichte, Geschichte des Krieges. *Wichtigste Veröffentlichungen*: Intelligenz und Dissens. Die russischen Bildungsschichten in der Sowjetunion 1917–1985, Göttingen 1993; Schlachtfeld der Diktatoren. Osteuropa im Schatten von Hitler und Stalin, Göttingen 2000; Petrograd, 25. Oktober 1917. Die russische Revolution und der Aufstieg des Kommunismus, München 2001. *Homepage* des Instituts für Osteuropäische Geschichte und Landeskunde der Universität Tübingen: http://www.uni-tuebingen.de/uni/goi/.

Bernd Bonwetsch, geboren 1940, Prof. Dr., Direktor des Deutschen Historischen Instituts Moskau (DHI). Arbeits- und Forschungsschwerpunkt: Geschichte des Zweiten Weltkrieges. *Wichtigste Veröffentlichungen:* Die russische Revolution 1917. Eine Sozialgeschichte von der Bauernbefreiung 1861 bis zum Oktoberumsturz, Darmstadt 1991; Sowjetische Politik in der SBZ 1945-1949. Dokumente zur Tätigkeit der Propagandaverwaltung (Informationsverwaltung) der SMAD unter Sergej Tjul'panov, Bonn 1998 (herausgegeben mit Gennadij Bordjugov

und Norman Naimark); The People's War: Popular Response to World War II in the Soviet Union, Chicago 2000 (herausgegeben mit Robert W. Thurston).
Homepage des DHI Moskau: http://www.dhi-moskau.de/.

Gerd Koenen, geboren 1944, Dr., freier Publizist und Schriftsteller, Autor historischer Sachbücher. Arbeitsschwerpunkt: Geschichte des Kommunismus und der revolutionären Ideen. *Wichtigste Veröffentlichungen:* Utopie der Säuberung. Was war der Kommunismus?, Berlin 1998 und Frankfurt/Main 2000; Das Rote Jahrzehnt. Unsere kleine deutsche Kulturrevolution 1967–1977, Köln 2001 und Frankfurt/Main 2002; Die großen Gesänge. Lenin – Stalin – Mao Tse-tung, Frankfurt/Main 1991; Der Russland-Komplex. Die Deutschen und der Osten 1900–1945, München 2005. *Homepage:* www.gerd-koenen.de.

Dieter Langewiesche, geboren 1943, Prof. Dr., Professor und Direktor der Abteilung für Neuere Geschichte der Universität Tübingen. Arbeits- und Forschungsschwerpunkte: Geschichte des Liberalismus, des Nationalismus und des Krieges. *Wichtigste Veröffentlichungen:* Liberalismus in Deutschland, Frankfurt/Main 1988; Föderative Nation. Deutschlandkonzepte von der Reformation bis zum Ersten Weltkrieg, München 2000 (herausgegeben mit Georg Schmidt); Kriegsniederlagen. Erfahrungen und Erinnerung, Berlin 2004 (herausgegeben mit Horst Carl, Hans-Henning Kortüm, Friedrich Lenger). *Homepage* der Abteilung für Neuere Geschichte des Historischen Seminars der Universität Tübingen: http://www.uni-tuebingen.de/neuere/.

Christoph Mick, geboren 1961, Dr. habil., Dozent am Department of History der Universität Warwick (Großbritannien). Arbeits- und Forschungsschwerpunkte: Geschichte der sowjetischen Außenpolitik, Wissenschaftsgeschichte, Geschichte des Ersten und Zweiten Weltkrieges. *Wichtigste Veröffentlichungen:* Sowjetische Propaganda, Fünfjahrplan und deutsche Russlandpolitik 1928–1932. Probleme der deutsch-sowjetischen Beziehungen in den letzten Jahren der Weimarer Republik, Stuttgart 1995; Forschen für Stalin. Deutsche Fachleute in der sowjetischen Rüstungsindustrie 1945–1958, München/Wien 2000;

Kriegserfahrungen in einer multiethnischen Stadt. Lemberg 1914–1950, Universität Tübingen 2003 (Habilitationsschrift, unveröffentlichtes Manuskript). *Homepage* des Department of History der Universität Warwick: http://www2.warwick.ac.uk/fac/arts/history/.

Igor Narskij, geboren 1959, Prof. Dr., Leiter des Zentrums für moderne kulturhistorische Forschungen der Südural-Universität Čeljabinsk (Russische Föderation). Arbeits- und Forschungsschwerpunkt: Russische Alltagsgeschichte im 19. und 20. Jahrhundert. *Wichtigste Veröffentlichungen*: Žizn' v katastrofe. Budni naselenija Urala v 1917–1922g., Moskva 2001 (Leben in der Katastrophe. Vom Alltag der Bevölkerung im Ural in den Jahren 1917 bis 1922). *Homepage* des Internationalen Seminars zur Russischen und Osteuropäischen Geschichte, ein Gemeinschaftsprojekt der Universität Basel und der Südural-Universität Čeljabinsk: http://isem.susu.ac.ru/welcen/.